对外汉语本科系列教材
语言技能类(一年级)

汉语听力教程

第三册

杨雪梅 编著
杜 彪 翻译

主　编：杨寄洲
副主编：邱　军
编　委：戴悉心　胡　波　李　宁
　　　　彭志平　邱　军　隋　岩
　　　　王　静　杨寄洲　杨雪梅
　　　　赵冬梅　朱庆明
（按音序排列）

北京语言大学出版社

(京) 新登字 157 号

图书在版编目(CIP)数据

汉语听力教程・语言技能类・一年级教材・第3册/杨雪梅编著;杜彪译.
—北京:北京语言大学出版社,2005 重印
对外汉语本科系列教材
ISBN 7 - 5619 - 0875 - X

Ⅰ. 汉…
Ⅱ. ①杨… ②杜…
Ⅲ. 对外汉语教学 - 视听教学 - 高等学校 - 教材
Ⅳ. H195.4

中国版本图书馆 CIP 数据核字(2000)第 36993 号

书　　名:	汉语听力教程・语言技能类・一年级教材・第3册
责任印制:	乔学军

出版发行:	**北京语言大学出版社**
社　　址:	北京市海淀区学院路15号　邮政编码 100083
网　　址:	http://www.blcup.com
电　　话:	发行部 82303648/3591/3651
	编辑部 82303647
	读者服务部 82303653/3908
印　　刷:	北京北林印刷厂
经　　销:	全国新华书店
版　　次:	2000年8月第1版　2005年8月第7次印刷
开　　本:	787毫米×1092毫米　1/16　印张: 21
字　　数:	373千字　印数: 35000 - 45000 册
书　　号:	ISBN 7 - 5619 - 0875 - X/H・0055
定　　价:	42.00元

凡有印装质量问题本社负责调换,电话: 82303590

说 明

《汉语听力教程》第三册共三十六课,每五课为一个单元,每个单元后边儿有一课复习课。每课有听力理解练习和泛听练习两部分。听力理解练习包括:(一)听后选择正确答案;(二)听对话(或短文)并做练习。其中第一部分听的内容主要是单句或简单的对话,其词语或句式也多是在《汉语教程》第三册中出现过的;第二部分为四百字左右的对话或短文,是每课重点练习的内容,我们在训练听力技能的同时,在内容上也力求丰富多彩。泛听练习部分每课一般有两段小课文,内容多与听力理解练习部分的第二个练习听的内容有关,听后的练习相对比较简单。

本册的编排顺序为学生用书部分在前,教师用书部分在后,最后是生词总表。

为了使大家更好地理解本册教材的编写意图,我们对教材的使用作几点说明:

1. 课时安排:每课应学习两个学时。
2. 关于生词:
   (1) 生词的出现以《汉语教程》一、二册和《听力教程》一、二册为准,凡在以上四册书中出现过的生词,本书不再列出。泛听部分没有把课文中出现的生词全部列出,主要挑选有可能影响理解的生词。
   (2) 生词的处理:听力理解练习的生词应该放在听录音以前学习,重点词语教师应该多作些解释,最好要求学生预习。泛听课文的生词只供学生参考,不需要学习。
3. 听力理解练习的第(二)部分,教师用书中有"重点及难点提示",主要是供教师备课时参考,教师可酌情进行取舍。

编 者
2000年3月

INTRODUCTION

This is Book 3 of *Listening Course*. It contains altogether 36 lessons, with 5 lessons as one unit. Following each unit there is a review lesson. Each lesson has two sections: listening comprehension and extensive listening. The first section is subsequently divided into (1) "Listen and choose the correct answers"; and (2) "Listen to the dialogue (or passage) and do the exercises". The first part mainly focuses on single sentences or simple dialogues; the vocabulary and sentence patterns used in this part have, mostly, appeared in Book 3 of *A Course in the Chinese Language*. The second part consists mainly of dialogues and passages of about 400 characters long. This is the most important part of each lesson. The extensive listening section contains two short passages, the contents of which vary from lesson to lesson and are mostly related to the content of the second exercise in the listening comprehension section. The exercises in the extensive listening section are comparatively simple.

In order for the user of this book to have a clear understanding of our purpose in compiling this book, we would like to add a few explanations:

1. Class hours: Each lesson is designed for 2 class hours.
2. About the new words:
   (1) New words are picked out on the basis of the vocabulary in Books 1 and 2 of *A Course in the Chinese Language* and Books 1 and 2 of *Listening Course*. If a word has already appeared in those books, it will not be considered a new word and therefore will not be listed. Not all new words in the extensive listening section are listed—only those which may affect comprehension are listed.
   (2) The teaching of new words: The instructor should explain the new words in the listening comprehension section before playing the tapes. And the students are encouraged to preview the lessons before attending the class. Students are not required to learn all the new words in the extensive listening section.
3. In the teacher's book there are notes on the "key points" in the second part of the listening comprehension section. The instructor may make his/her own decision if this should be used.

Compiler
March, 2000

目　录

第 一 课	迎来送往 ……………………………………	(3)(147)*
第 二 课	左邻右舍 ……………………………………	(7)(151)
第 三 课	跟中国不一样 ………………………………	(11)(155)
第 四 课	送什么礼物呢？ ……………………………	(15)(159)
第 五 课	谢谢你的"生日" ……………………………	(18)(163)
复习（一）	………………………………………………	(22)(168)
第 六 课	谈婚论嫁 ……………………………………	(25)(172)
第 七 课	男人和女人 …………………………………	(29)(177)
第 八 课	"二人世界"的家庭 …………………………	(33)(182)
第 九 课	望子成龙 ……………………………………	(37)(187)
第 十 课	妈妈和儿子 …………………………………	(41)(193)
复习（二）	………………………………………………	(45)(197)
第十一课	命都不要了 …………………………………	(48)(201)
第十二课	可以打扰一下吗？ …………………………	(52)(206)
第十三课	话说过年 ……………………………………	(56)(211)
第十四课	你最好还是戒了吧！ ………………………	(60)(217)
第十五课	你试过这个办法吗？ ………………………	(65)(223)
复习（三）	………………………………………………	(69)(228)
第十六课	该听谁的？ …………………………………	(72)(233)
第十七课	企鹅的婚恋 …………………………………	(76)(238)
第十八课	该怎么说？ …………………………………	(81)(242)
第十九课	起名字 ………………………………………	(85)(247)
第二十课	换工作 ………………………………………	(89)(252)
复习（四）	………………………………………………	(93)(257)

---

* 每课后边的第一个页码为听力练习（学生用书）页码，第二个页码为录音文本（教师用书）页码。

第二十一课	"前后左右"和"东西南北"	(97)(261)
第二十二课	想开点儿	(101)(266)
第二十三课	说说广告	(105)(271)
第二十四课	电脑的用途	(109)(276)
第二十五课	保护环境	(113)(281)
复习(五)		(117)(286)
第二十六课	衣服和人	(120)(292)
第二十七课	中国菜	(124)(297)
第二十八课	买房好还是租房好？	(128)(302)
第二十九课	你想买汽车吗？	(132)(306)
第 三 十 课	请跟我来	(136)(311)
复习(六)		(141)(316)
词汇表		(321)

听力练习

Listening Exercises

第一课　迎来送往

一、听力理解练习　Listening comprehension

（一）听后选择正确答案　Listen and choose the correct answer.

1. A. 今天阴天
   B. 今天有雨
   C. 今天晴天

2. A. 很苦恼
   B. 很着急
   C. 很寂寞

3. A. 快毕业的时候再去找工作，时间来不及
   B. 毕业以前就不要再去找工作了
   C. 到毕业的时候再找工作还来得及

4. A. 我心里的话不能说出来
   B. 我心里的话说不出来
   C. 我心里非常难受

5. A. 我已经知道这件事了
   B. 这件事你们在瞒着我吗
   C. 我不想告诉你们这件事

6. A. 他跑着跑着摔了一下
   B. 他跑着跑着突然摔倒了
   C. 他跑了一下摔倒了

7. A. 他们已经知道小张不去
   B. 他们不给小张买票
   C. 他们已经给小张买了票

8. A. 小王因为有事呼我
   B. 如果有事就呼我
   C. 有人在呼我

9. A. 他正忙着工作呢
   B. 他正联系工作呢
   C. 他今天很忙

10. A. 很多父母对孩子的教育方法不正确
    B. 父母对孩子的教育方法有很多地方是不正确的
    C. 他现在的这种结果主要是因为父母不正确的教育方法造成的

（二）听下面的对话并做练习　Listen to the following dialogue and do the exercises.
迎来送往

　　人际交往中，难免会有些迎来送往，这时候我们怎么做才会比较得体呢？请听录音。

生 词 New Words

1. 基本　　　（形）　　jīběn　　　　basic, fundamental
2. 生硬　　　（形）　　shēngyìng　　crude; stiff; harsh
3. 礼节　　　（名）　　lǐjié　　　　courtesy; etiquette
4. 主人　　　（名）　　zhǔrén　　　host
5. 急　　　　（形）　　jí　　　　　anxious, impatient; urgent
6. 难得　　　（形）　　nándé　　　 rare; unusual
7. 尽可能　　　　　　 jǐnkěnéng　　as...as possible
8. 甚至　　　（副）　　shènzhì　　　even (to the extent that)

练 习 Exercises

1. 听第一遍录音,判断正误　Listen to the recording and decide if the following statements are true.

   1) 男的是一位外国人。
   2) 中国人见面的时候,只能说"你好"。
   3) 男的不知道跟朋友见面时应该说什么。
   4) 男的觉得送客人的时候,只说"再见"不太好。
   5) 中国人送客人一般没有什么礼节。
   6) 中国人常常只把客人送到门外边儿。

2. 听第二遍录音,选择正确答案　Listen to the recording again and choose the correct answer.

   1) A. 送客人的时候要送到哪儿　　2) A. 你去哪儿
      B. 中国人怎么送客人　　　　　　 B. 今天上班吗
      C. 见面时该说什么　　　　　　　 C. 上班去啊

   3) A. 一句也不知道　　　　　　　4) A. 马上站起来
      B. 只知道说"再见"　　　　　　　B. 立刻打开门
      C. 知道一些　　　　　　　　　　C. 客人站起来以后再站起来

   5) A. 客人来的时候,主人说的　　6) A. 请客人多玩儿一会儿
      B. 送客人的时候,主人说的　　　 B. 请客人一起吃饭
      C. 客人走的时候,客人说的　　　 C. 把客人送到楼下

7) A. 好像客人不受欢迎
   B. 好像主人没有礼貌
   C. 好像主人很生气

8) A. 楼下
   B. 马路上
   C. 尽可能远的地方

9) A. 不太客气
   B. 比较随便
   C. 送到楼下

10) A. 不送了
    B. 以后有时间来玩儿
    C. 别送了

3. 听第三遍录音,选择填空　Listen once more and fill in the blanks.
   1) 要等客人先站起来,主人才可以站起来;不然,好像_____(着急、急着)让客人走似的。
   2) 不然的话,好像主人不_____(欢迎、喜欢)这位客人。
   3) 中国人一般是把客人送下几层楼,_____(一直到、直到)外边儿的马路上。
   4) 如果是_____(重要、主要)的客人,甚至会送到汽车站。
   5) 如果是年纪跟你差不多或者比你年轻的朋友,就比较_____(随便、方便)一些。

4. 模仿课文,练习怎样送客　Imitate the text and practise seeing a visitor out.

二、泛听练习　Extensive listening

(一) 待客

生　词　New Words

1. 招待	(动)	zhāodài	receive; entertain
2. 加	(动)	jiā	add
3. 盛	(动)	chéng	fill; hold; contain
4. 尊敬	(形)	zūnjìng	respectful; distinguished

练　习　Exercise

根据课文内容,判断下面的做法是否正确　Decide if the following is appropriate according to the information given in the text.
1. 给客人倒茶的时候一定要倒得很满才行。
2. 客人杯子里的茶喝完了,要马上再倒。
3. 跟客人聊天儿的时候不能总是看表。

4. 给客人倒酒一般倒大半杯就可以了。
5. 给客人盛饭时不要盛得太满。
6. 吃饭的时候鱼头一定要给客人吃。
7. 主人不能自己先吃完饭,让客人一个人吃。

(二) 握手

生 词 New Words

1. 握手   wò shǒu   shake hands
2. 职位   (名)   zhíwèi   position; post
3. 礼貌   (名)   lǐmào   politeness

练 习 Exercise

听录音,说一说下面的做法对不对? Listen to the tape and decide if the following will be regarded as good manner(s).

1. 握手时女人应该先伸出手。
2. 年龄小的人要等年龄大的人伸出手以后才能伸手。
3. 职位低的人应先伸手。
4. 客人来的时候和走的时候,主人都应该先伸出手。
5. 戴着手套跟别人握手很不礼貌。
6. 男人和女人握手时不要握得太重。
7. 为了表示亲热,可以用两只手去握别人的一只手。
8. 中国人认为左手不干净,所以不要用左手跟中国人握手。
9. 不要同时跟两个人握手。

第二课　左邻右舍

一、听力理解练习　Listening comprehension

（一）听后选择正确答案　Listen and choose the correct answer.

1. A. 很难受
   B. 很惭愧
   C. 很失望

2. A. 小王没有说错，你的脸色真的不好
   B. 小王说：没有错，你的脸色不好
   C. 小王说的对，你的脸色很好

3. A. 我很想去，经理不让我去
   B. 我不想去，经理让我去
   C. 我不想去，经理也没让我去

4. A. 很着急
   B. 很感激
   C. 很遗憾

5. A. 他的病好了
   B. 他已经能起来了
   C. 他的身体在变好

6. A. 不好意思
   B. 很生气
   C. 很奇怪

7. A. 他一点儿也没变
   B. 他的变化很小
   C. 他有很大的变化

8. A. 他比小王瘦一些
   B. 小王比他高
   C. 他和小王差不多高

9. A. 发音比声调更重要
   B. 汉语的声调很重要
   C. 练习发音的时候也要注意声调

10. A. 小红的妈妈
    B. 小红的同学
    C. 小红的男朋友

（二）听下列对话并做练习　Listen to the following dialogue and do the exercises.

左邻右舍

　　一个月前，小周一家从原来的胡同搬到了现在的楼房，本来这是一件值得高兴的事儿，可是小周的妻子却由此生出了很多烦恼。请听录音。

生 词 New Words

1. 平房 （名） píngfáng one-storey house
2. 张嘴 zhāng zuǐ open one's mouth (to ask for)
3. 可 （副） kě (an adverb used to emphasize the tone)
4. 亲密 （形） qīnmì intimate
5. 隐私 （名） yǐnsī private matters; privacy
6. 过问 （动） guòwèn enquire; concern oneself with

练 习 Exercises

1. 听第一遍录音，判断正误 Listen to the recording and decide if the following statements are true.
   1) 他们是丈夫和妻子。
   2) 他们搬到这儿一个多月了。
   3) 他们以前住楼房，现在住平房。
   4) 因为现在住的房子面积太小，妻子觉得不太习惯。
   5) 丈夫觉得住四合院儿虽然不错，可是住楼房也挺好。

2. 听第二遍录音，把左右两边意思相关的内容用线连起来 Listen to the recording again and match the relevant phrases in the two columns.

   住四合院　　　　　跟邻居关系很亲密
   　　　　　　　　　女人不太习惯
   　　　　　　　　　房间面积很小
   　　　　　　　　　邻居之间很少聊天儿
   住楼房　　　　　　邻居帮助他们看孩子、买菜
   　　　　　　　　　邻居之间没有隐私

3. 理解下面各句的含义 Try to understand the following sentences.
   1) A. 他不知道一天能跟邻居见多少次面
      B. 他问一天能跟邻居见多少次面
      C. 每天跟邻居见很多次面
   2) A. 对别人家的事儿很了解
      B. 别人不太了解他家的事儿
      C. 他只了解自己家的事儿
   3) A. 以前邻居比较多
      B. 现在的邻居比以前多很多
      C. 现在的邻居跟以前差不多

4) A. 跟邻居见面的时候,很少聊天儿
   B. 跟邻居很少见面,聊天儿的机会就更少了
   C. 跟邻居很少见面,也很少聊天儿

5) A. 住四合院的时候,房子面积比较大   B. 住楼房,房子的面积比较大
   C. 住楼房、住四合院,房子面积都比较大

6) A. 张大爷、李大妈他们很少帮咱们看孩子、买菜什么的
   B. 张大爷、李大妈他们没帮咱们看过孩子、买过菜什么的
   C. 张大爷、李大妈他们经常帮咱们看孩子、买菜什么的

7) A. 问谁家有事儿,需要不需要大家帮忙
   B. 有了什么事儿,不用张开嘴,大家会过来帮忙
   C. 一家有了困难,不用请求,邻居们都会来帮忙

8) A. 以后可能没有这么好的邻居了   9) A. 经常来帮助你的
   B. 我害怕以后没有这么好的邻居了   B. 总是不关心你的
   C. 以后一定没有这么好的邻居了   C. 平时不太关心你,你遇到困难
                                              的时候才来帮助你的

4. 听第三遍录音,口头回答问题 Listen to the recording once more and answer the following questions.
   1) 住四合院有什么好处? 有什么坏处?
   2) 住楼房有什么好处? 有什么坏处?
   3) 你喜欢住平房还是住楼房? 为什么?

二、泛听练习 Extensive listening

(一) 我的几家邻居

生 词 New Words

1. 对门	(名)	duìmén	(of two houses) face each other; the house opposite
2. 气味	(名)	qìwèi	smell
3. 营养	(名)	yíngyǎng	nutrition
4. 老伴儿	(名)	lǎobànr	husband or wife (of an old married couple)

练习 Exercise

根据录音,把相关的内容用线连起来　Listen to the tape and match the relevant information.

          孩子对人很有礼貌

 对门   季家   家里很安静

          身体好像不太健康

 楼下   齐家   妻子在医院工作

          孩子打扮得很漂亮

 楼上   李家   丈夫每天早出晚归

          老伴儿去世了

(二) 他们的家

生　词　New Words

1. 村子　　　(名)　　cūnzi　　　　village
2. 根本　　　(副)　　gēnběn　　　simply (usu. used in the negative)
3. 靠　　　　(动)　　kào　　　　　stand by the side of

听下面的三段录音并判断正误　Listen to the following three passages and decide if the following statements are true.

1. 问题:1) 在他们家后边儿很远的地方有一座山。
   2) 那条河在他们家的东边儿。
   3) 他们的村子和另外一个村子中间有一条河。
   4) 他小时候在自己的村子里上学。

2. 问题:1) 他的房子太小了,所以租金很便宜。
   2) 他的房子前边儿是一个饭馆儿。
   3) 他每天工作很忙,到晚上12点才能休息。
   4) 他每天早上7点多去饭馆儿上班。

3. 问题:1) 这个四合院里住着五家人。
   2) 钱家有三口人,住在四合院北边儿的房间里。
   3) 四合院东边儿的房间里住着老王一家。
   4) 老刘一家住在四合院西边儿的房间里。
   5) 四合院的南边儿只有一个房间,住着老马一家。

第三课　跟中国不一样

一、听力理解练习　Listening comprehension

(一) 听下列句子并选择正确答案　Listen to the following sentences and choose the correct answers.

1. A.很冷
   B.很热心
   C.不热心

2. A.要去海南
   B.还没决定
   C.我不太想去

3. A.屋子里有很多人
   B.屋子里有一个人
   C.每个屋子里都有很多人

4. A.小张可能今天来
   B.小张没有准备跟你联系
   C.小张有可能今天找你

5. A.衣柜里
   B.衣柜的上边儿
   C.箱子里

6. A.担心
   B.可能
   C.一定

7. A.大学毕业以后,我就不再跟他见面了
   B.大学毕业以后,我再也不去见他了
   C.大学毕业以后,我没有再见过他

8. A.他正在高兴呢
   B.他很高兴
   C.他不太高兴

9. A.犹豫
   B.不犹豫
   C.很慢

10. A.她很犹豫
    B.她在推辞
    C.她在考虑

(二) 听下面的对话并做练习　Listen to the following dialogue and do the exercises.

跟中国不一样

你来中国多长时间了？在这段时间里有没有发现中国跟你们国家有什么不同？你听,乔治就发现了很多不同的地方。

生 词 New Words

1. 相反　　（形）　　xiāngfǎn　　contrary；opposite
2. 顺序　　（名）　　shùnxù　　order；sequence
3. 通讯　　（名）　　tōngxùn　　communication
4. 街道　　（名）　　jiēdào　　street
5. 身材　　（名）　　shēncái　　stature；figure
6. 留　　　（动）　　liú　　　grow（a beard）
7. 实际　　（名）　　shíjì　　actual；practical

练 习 Exercises

1. 听第一遍录音，判断正误　Listen to the recording and decide if the following statements are true.

   1）他们俩谈了中国和美国有哪些不同。
   2）乔治发现两个国家人的姓名、日期的顺序不一样。
   3）中国人习惯按从大到小的顺序说。
   4）中国人通讯地址的写法对送信来说比较方便。
   5）乔治把那个中国人的年龄猜大了。
   6）中国人常常觉得外国人比他们的实际年龄大。
   7）外国人常常觉得中国人比他们的实际年龄小。

2. 听第二遍录音，选择正确答案　Listen to the recording again and choose the correct answer.

   1）A."林"和"乔治"　　　　　2）A.国家、城市、地区、街道、房号
   　　B."林"和"布朗"　　　　　　　B.国家、地区、城市、街道、房号
   　　C."达"和"布朗"　　　　　　　C.国家、城市、街道、地区、房号

   3）A.结婚的年龄　　　　　　4）A.50岁左右
   　　B.个子　　　　　　　　　　B.30多岁
   　　C.打扮的样子　　　　　　　C.70多岁

   5）A.50岁左右
   　　B.30多岁
   　　C.70多岁

3. 听第三遍录音，按中国人的习惯说一说 Listen to the recording once more and learn to say the following in Chinese.
   1) 今天的日期。
   2) 如果你是北京语言文化大学的学生，怎样自我介绍？
   3) 你现在的通讯地址。

4. 根据录音内容说一说中国和英国有哪些不同？中国跟你们国家呢？ Oral practice: Based on what you have heard in the recording, what are some of the differences between China and Britain? And between China and your own country?

二、泛听练习 Extensive listening

（一）座位的学问

生　词 New Words

1. 位置	（名）	wèizhì	place; seat
2. 端	（名）	duān	end; side
3. 分别	（副）	fēnbié	separately

练　习 Exercise

听录音，判断正误 Listen to the tape and decide if the following statements are true.
1. 中国人吃饭习惯用圆的桌子。
2. 中国人请朋友来家里吃饭的时候，男女主人分别坐在桌子的两端。
3. 中国人认为重要的座位是厨房门对面的座位。
4. 在西方国家，客人来家里吃饭时，男女主人一般坐在一起。
5. 在西方国家，客人来家里吃饭时，最重要的男客人坐在男主人的右边儿。
6. 在中国，朋友一起吃饭时，总是让男的坐在一起，女的坐在一起。

（二）手的语言

生　词 New Words

1. 拇指	（名）	mǔzhǐ	thumb
2. 食指	（名）	shízhǐ	index finger
3. 中指	（名）	zhōngzhǐ	middle finger
4. 小手指	（名）	xiǎoshǒuzhǐ	little finger
5. 捏	（动）	niē	pinch; bring together
6. 钩	（动）	gōu	hook

13

| 7. 翻动 | （动） | fāndòng | turn over |
| 8. 手掌 | （名） | shǒuzhǎng | palm (of the hand) |

练 习　Exercise

你来做一做,下边的情况用手怎么表示？　Have a try: Use your hand(s) to express or indicate the following.

1. 从6到10用一只手表示。
2. 让别人过来。
3. 表示"自己"。
4. 提醒你的同桌注意看黑板。
5. 别人给你倒酒。

第四课 送什么礼物呢?

一、听力理解练习 Listening comprehension

(一)听后选择正确答案 Listen and choose the correct answer.

1. A.今年这儿从来没下过雨
   B.这场雨很大
   C.我从来没见过这么大的雨

2. A.她现在不在上海了
   B.她在上海生活了四年了
   C.她现在住在上海

3. A.他们现在知道她的地址、电话
   B.他们当初问了她的地址、电话
   C.他们现在不知道她的地址、电话

4. A.你个子高,穿这种裙子很合适
   B.你个子太矮,穿这种裙子不合适
   C.这种裙子不适合你这种高个子的人穿

5. A.她说话的声音很好听
   B.我不太了解她
   C.她说的很好,但是做得不好

6. A.我心里很难受
   B.我心里没有滋味
   C.我不知道是什么滋味

7. A.只要你去请他,他就会来
   B.你只有去请他,他才来呢
   C.只有你能请他来

8. A.他现在的学习成绩不太好
   B.他现在学习努力了
   C.他现在的成绩很好

9. A.有的老人说心情很愉快
   B.老人最重要的是心情愉快
   C.老人的什么问题都很重要

10. A.会用了
    B.能听懂中国人说话了
    C.都听懂了

(二)听下面的对话并做练习 Listen to the following dialogue and do the exercises.

送什么礼物呢?

好朋友要结婚了,我们要送什么东西作礼物呢?请听下面的对话。

生 词 New Words

1. 红包 （名） hóngbāo a red envelope containing money as a gift; an extra sum

2. 人家 （代） rénjia a person or persons other than the speaker or the hearer

3. 既……又……	（连）	jì…yòu…	not only...but also
4. 意义	（名）	yìyì	meaning; significance
5. 点(歌)	（动）	diǎn(gē)	request (a song, a programme, etc.)
6. 提前	（动）	tíqián	do sth. in advance
7. 舍不得		shě bu de	grudge; begrudge
8. 既然	（连）	jìrán	now that; since
9. 真心	（名）	zhēnxīn	wholeheartedness; sincerity

练 习　Exercises

1. 听第一遍录音，判断正误　Listen to the tape and decide if the following statements are true.
    1) 他们的朋友要结婚了。
    2) 给朋友送什么礼物，丈夫想了四个办法。
    3) 因为不知道朋友喜欢什么，所以妻子觉得给别人买礼物很难。
    4) 妻子觉得应该送自己最喜欢的东西，丈夫觉得要送既有用又有纪念意义的东西。
    5) 那套"夫妻茶杯"不是在中国买的。

2. 听第二遍录音，然后做练习。
   他们在谈话中共提到了送哪些东西？在左边一栏中选出，并与右边相关的内容连线　Listen to the tape again and find out what kind of gifts are mentioned in the dialogue. Match the relevant items in the two columns.

   钱　　　　　　　　既有用又有纪念意义
   包　　　　　　　　提前半个月
   电视　　　　　　　没有纪念意义
   点歌　　　　　　　人家想买什么就买什么
   茶　　　　　　　　就像夫妻两个
   茶杯　　　　　　　自己都舍不得用

3. 选择正确答案　Choose the correct answer.
    1) A. 4月1号　　　　　　　　2) A. 请咱们全家去喝酒
       B. 10月1号　　　　　　　　　B. 请咱们全家去吃饭
       C. 10月7号　　　　　　　　　C. 请咱们全家参加婚礼

    3) A. 咱们要带着礼物去　　　4) A. 3月15号以前
       B. 咱们不能让他的手空着　　B. 9月15号以前
       C. 咱们要在手上戴些东西去　C. 9月20号以前

    5) A. 它是从国外带回来的　　6) A. 送"夫妻茶杯"很好
       B. 他们还没有用过　　　　　B. 送"夫妻茶杯"，我舍不得
       C. 它既有用又有纪念意义　　C. 从国外带回来的东西送人不太好

7) A.好吧,按你说的做吧
   B.好吧,我听你说
   C.好吧,你听我说

4. 听第三遍录音,填空 Listen to the tape once more and fill in the blanks.
   1) _____,什么都不用买,送他们点儿钱就行。
   2) 你买的礼物,_____人家还不喜欢呢。
   3) _____,可是送钱没有什么纪念意义吧?
   4) _____,不过,点歌要提前半个月,现在来不及了。
   5) _____,把家里那套"夫妻茶杯"送给他们。

二、泛听练习 Extensive listening

(一) 大学校园里的社交

生 词 New Words

1. 校园	(名)	xiàoyuán	campus
2. 社交	(名)	shèjiāo	social contact; social life
3. 方式	(名)	fāngshì	way; manner
4. 高雅	(形)	gāoyǎ	elegant
5. 及时	(形)	jíshí	prompt; timely
6. 聚	(动)	jù	gather; get together

练 习 Exercise

听录音,回答问题 Listen to the tape and answer the following questions.
1. 在大学校园内,同学之间送礼物与社会上有什么不同?
2. 文中共谈到了哪几种送礼物的方式?对每种方式都有哪些评论?

(二) 怎样送礼物

生 词 New Words

| 1. 独特 | (形) | dútè | unique |
| 2. 心意 | (名) | xīnyì | regard; kindly feelings |

练 习 Exercise

听录音,回答问题 Listen to the tape and answer the questions.
1. 去中国朋友家做客,你可以给谁准备礼物?准备什么样的礼物?
2. 给女主人送礼物的时候,要注意什么问题?

第五课　谢谢你的"生日"

一、听力理解练习　Listening comprehension

（一）听下列句子，选择正确答案　Listen to the following sentences and choose the correct answers.

1. A.他只去过一个
   B.还有一个地方没去过
   C.他还都没去过

2. A.你感冒好了以后再去上课吧
   B.你感冒好了，应该去上课
   C.你感冒没好，为什么去上课

3. A.他说不下楼去了
   B.他激动得不能继续说了
   C.他不想说了

4. A.学汉语最难的是听力
   B.学汉语他听的最多
   C.学汉语最重要的是听力

5. A.她们班只有两个女生
   B.日本人中有7个是男生
   C.她们班一共有9个女生

6. A.不笨，但是不努力
   B.很笨，不过很努力
   C.很笨，学习又不努力

7. A.没有办法了
   B.不知道吃什么药
   C.不想吃药

8. A.喜欢吹牛
   B.不会说骗人的话
   C.有什么话不说出来

9. A.这儿的工艺品不太多
   B.这儿的工艺品商店只有几十家
   C.这儿的工艺品商店很多

10. A.北京大学
    B.马路上
    C.公共汽车上

（二）听下面的对话并做练习　Listen to the following dialogue and do the exercises.

谢谢你的"生日"

　　当我们遇到困难时，一位陌生人默默地伸出一双援助的手，这时我们心里除了感激以外，还是感激。请听这个发生在火车上的故事。

生 词 New Words

1. 穿着　　　（名）　　chuānzhuó　　dress; apparel
2. 专心　　　（形）　　zhuānxīn　　　concentrated
3. 好在　　　（副）　　hǎozài　　　　fortunately; luckily
4. 节省　　　（动）　　jiéshěng　　　save; use sparingly
5. 例外　　　（动）　　lìwài　　　　　be an exception
6. 钞票　　　（名）　　chāopiào　　　bank note

专有名词 Proper Noun

郑州　　　　　　　　Zhèngzhōu　　Zhengzhou

练 习 Exercises

1. 听第一遍录音，判断正误　Listen to the tape and decide if the following statements are true.
   1) 这个故事发生在火车上。
   2) 在郑州车站的时候，他发现钱包没了。
   3) 对面的男人送给他一个苹果。
   4) 那天正好是对面那个男人的生日。
   5) 杂志里的那100块钱是对面的男人送给他的。

2. 听第二遍录音，把下面的话按故事发生的顺序排好　Listen to the tape again and rearrange the following sentences in the correct sequence.
   1) 对面的男人快下车了，交给他一本杂志。（　　）
   2) 他一支接一支地抽烟。（　　）
   3) 他发现钱包没有了。（　　）
   4) 桌子上放着三瓶啤酒、一只烤鸭；对面的男人抽着烟，拿着一瓶酒给他喝。（　　）
   5) 他不停地喝水。（　　）
   6) 他打开杂志，里面夹着一张100元的钞票。（　　）
   7) 邻座的女人送给他一个苹果，他没有要。（　　）

3. 选择正确答案　Choose the correct answer.
   1) A. 我发现钱包没了，我每一个地方都找了还是没有
      B. 我发现钱包没了，我找了一遍还是没有
      C. 我发现钱包没了，我在一个地方找了找

2) A. 我身上还有半包烟,于是我就抽了一支
   B. 我身上还有半包烟,于是我就抽了两支
   C. 我身上还有半包烟,于是我就不停地抽了起来

3) A. 那个女人觉得他太节省了
   B. 那个女人觉得他可能饿了
   C. 那个苹果很好

4) A. 其实我心里很想吃
   B. 其实我心里不想吃
   C. 我没有说我想吃

5) A. 我只是生日的时候不吸烟
   B. 除了生日以外,我一般不吸烟
   C. 我很少吸烟,生日也不例外

6) A. 四瓶啤酒、一只烤鸭
   B. 两瓶啤酒、半只烤鸭
   C. 两瓶啤酒、一只烤鸭

7) A. 过了一会儿,他就到了下车的地方
   B. 过了很久,他就到了下车的地方
   C. 过了几个车站,他就到了下车的地方

8) A. 觉得他在车上会很寂寞
   B. 那本杂志是他的,对面的男人还给他
   C. 对面的男人想送给他点儿钱

4. 听第三遍录音,简单讲一讲这个故事 Listen to the tape once more and retell the story.

二、泛听练习 Extensive listening

(一) 一个红苹果

生　词 New Words

1. 卧铺	(名)	wòpù	sleeping berth; sleeper
2. 警惕	(动)	jǐngtì	be vigilant; watch out for
3. 脑子	(名)	nǎozi	mind
4. 中毒		zhòng dú	be poisoned
5. 信任	(动)	xìnrèn	trust

专有名词 Proper Noun

白雪公主　　　　　Báixuě Gōngzhǔ　Snow White

练习 Exercise

听录音,回答问题 Listen to the tape and answer the questions.
1. 故事发生在什么地方?
2. 那位中年妇女给了她一个什么?她开始为什么没有吃?
3. 那位中年妇女给她的东西原来是要送给谁的?
4. 那位中年妇女的女儿什么样?
5. 听了这个故事,你有什么想法?

(二)举手

生 词 New Words

1. 举手		jǔ shǒu	raise one's hand
2. 课堂	(名)	kètáng	classroom
3. 笑话	(动)	xiàohua	joke
4. 约好		yuēhǎo	arrange; agree to

练 习 Exercise

听录音,回答问题 Listen to the tape and answer the questions.
1. 每次老师问问题的时候,他会怎么做?为什么要这样做?
2. 周围的同学为什么偷偷儿地笑话他?
3. 老师和他约好什么事儿?你觉得老师为什么要这样做?
4. 他为什么会从一个被别人笑话的学生变成了一个好学生?

复习（一） Review (1)

一、听力理解练习 Listening comprehension

（一）听后选择正确答案 Listen and choose the correct answer.

1. A.买今天的火车票
   B.今天去买火车票
   C.买明天的火车票

2. A.小刘不同意老王的意见
   B.老王对小刘很了解
   C.小刘知道老王不会同意

3. A.刘经理希望大家提意见
   B.刘经理不喜欢别人给他提意见
   C.如果没有人提意见，刘经理心里就不舒服

4. A.他们帮助了小明
   B.他们和小明素不相识
   C.素不相识的人帮助了小明

5. A.他今天不高兴，要喝很多酒
   B.他很少像今天这样高兴
   C.他今天高兴，喝了很多酒

6. A.听说这次考试的问题不太难
   B.这次考试的问题太难了
   C.他觉得考得还可以

7. A.我觉得张老师不一定来
   B.我觉得张老师一定不来
   C.我觉得张老师一定来

8. A.喝一杯酒
   B.喝两杯酒
   C.不停地喝酒

9. A.学汉语
   B.听力
   C.汉字

10. A.有人不喜欢猫
    B.有人很喜欢猫
    C.为什么有人很喜欢猫

11. A.可能是这样
    B.能去的话就去吧
    C.我可能去

12. A.男的说过不过外国的节日
    B.男的以前很少买圣诞卡
    C.男的总是给别人寄圣诞卡

13. A.刘经理不记得参加了会议
    B.刘经理没有参加会议
    C.小王忘了提醒刘经理了

14. A.她早就大学毕业了
    B.她两年以后才大学毕业呢
    C.她两年以前就大学毕业了

15. A.你说的话没有错,我以后一定这么做
    B.你说的话不对
    C.不完全同意男人的意见

16. A.不贵,一节课才100块钱
    B.是很贵,100块钱一节课
    C.一节课100块钱不算贵

17. A.她有点儿犹豫
    B.她不太放心
    C.她有钱

18. A.不想换
    B.快点儿换吧
    C.哪天换呢

19. A.一个男孩儿
    B.一个女孩儿
    C.一个叫齐雨的人

20. A.最近这几年的情况跟以前不同
    B.说话人自己这些年跟前几年的不同
    C.坐飞机跟坐火车的不同

(二) 听下面的短文并做练习 Listen to the following passage and do the exercises.

都生气了

生 词 New Words

1. 公共场合   gōnggòng chǎnghé   public places
2. 让   (动)   ràng   offer
3. 尊敬   (动)   zūnjìng   respect
4. 上铺   (名)   shàngpù   upper berth
5. 下铺   (名)   xiàpù   lower berth
6. 车厢   (名)   chēxiāng   railway carriage
7. 占   (动)   zhàn   occupy
8. 懂事   dǒng shì   sensible
9. 礼貌   (名)   lǐmào   politeness; manners

练 习 Exercises

1. 听第一遍录音,判断正误 Listen to the tape and decide if the following statements are true.
1) 在中国,人们都很尊敬老年人。
2) 在中国,老年人不喜欢别人说自己是老人。
3) 在中国,公共汽车上年轻人应该把座位让给老年人。
4) 麦克和约翰是同学,麦克比约翰大40岁。
5) 小王刚参加工作不久。
6) 小王他们坐火车去西安旅游。

2. 听第二遍录音,选择正确答案　Listen to the tape again and choose the correct answer.

1) A. 帮约翰拿行李
   B. 占了下铺
   C. 把行李放在上铺

2) A. 生麦克的气了
   B. 生约翰的气了
   C. 生自己的气了

3) A. 下铺比较贵
   B. 下铺比较大
   C. 下铺比较方便

4) A. 小王不知道他多大了
   B. 小王说他小
   C. 小王让他到上铺去

5) A. 小王说他年纪大了
   B. 他不想去上铺
   C. 小王不知道照顾他

3. 听第三遍录音,回答问题　Listen to the tape once more and answer the following questions.
   1) 小王说了一句什么话,让麦克和约翰都生气了?
   2) 你觉得为什么会发生这样的事儿?你还发现中国人的传统习惯跟你们有哪些是不一样的?
   3) 你觉得不同国家的人在一起时应该注意什么问题?

二、泛听练习　Extensive listening

说轻声(小相声)

问题:他们一共说了多少对轻声和非轻声的词,请你把它们写出来,并说一说它们的意思。

第六课　谈婚论嫁

一、听力理解练习　Listening comprehension

（一）听后选择正确答案　Listen to the tape and choose the correct answer.

1. A.我问小刘,是不是他把自行车骑走了
   B.我问了小刘一声,是他把自行车骑走了
   C.小刘没有告诉我,就把自行车骑走了

2. A.山田在中国学习了一年汉语
   B.山田回国以后每天都练习说汉语
   C.山田在中国学的汉语没有用

3. A.让小王和李小姐结婚
   B.劝小王不要和李小姐结婚
   C.劝小王不要再想李小姐了

4. A.山田觉得他在这个班很合适
   B.山田想换到别的班
   C.山田的汉语水平很高

5. A.别去旅游
   B.不要犹豫,去吧
   C.快去吧,别迟到

6. A.那个孩子不知道为什么哭了
   B.我不知道邻居家的孩子哭
   C.不知道为什么,邻居家的孩子不停地哭

7. A.这块石头真新鲜啊
   B.这种石头我们那儿有很多
   C.这块石头就是我们那儿的

8. A.一种人
   B.一种书
   C.一个故事

9. A.老王找到工作了
   B.老王不想告诉人家自己的年龄
   C.老王已经40多岁了

10. A.男的要出国了
    B.男的不想出国
    C.男的没有尽到作儿子的责任

（二）听下面的对话并做练习　Listen to the following dialogue and do the exercises.

谈婚论嫁

在当代都市中,生活着一批已经过了法定的结婚年龄,但仍然没有成家的

未婚青年。他们对婚姻和家庭抱什么样的态度呢？请听记者的采访录音。

生 词 New Words

1. 单身　　（名）　　dānshēn　　　single; unmarried
2. 害怕　　（动）　　hàipà　　　　fear
3. 婚姻　　（名）　　hūnyīn　　　 marriage
4. 物质　　（名）　　wùzhì　　　　material
5. 共同　　（形）　　gòngtóng　　 shared; common
6. 成熟　　（形）　　chéngshú　　 mature

练 习 Exercises

1. 听第一遍录音，判断正误　Listen to the tape and decide if the following statements are true.

   1) 叶(yè)小姐现在一边工作，一边读书，所以每天都很忙。
   2) 聂(niè)小姐现在工作还不太稳定。
   3) 叶(yè)小姐因为没有结婚，所以有时会觉得很寂寞。
   4) 列(liè)小姐的很多朋友离婚了，所以她现在对结婚的事儿很小心。
   5) 聂(niè)小姐觉得很难遇到一个合适的男孩子。
   6) 列(liè)小姐因为害怕结婚，所以也不想找男朋友。
   7) 李先生觉得跟女孩子没有什么共同语言。
   8) 黎(lí)先生已经35岁了。
   9) 李先生觉得现在的女孩子不太重视精神方面的要求。
   10) 立华先生以前不太想结婚，现在很想结婚。

2. 听第二遍录音，把下列相关的内容用线连起来　Listen to the tape again and match the relevant information.

黎(lí)先生	机场工作	想结婚，但找一个合适的人不容易
列(liè)小姐	中学教师	不太理解现在的女孩子
立华先生	公司职员	寂寞的时候会想到结婚
聂(niè)小姐	剧场工作	很想结婚，但现在还没有结婚的条件
李华先生	记者	害怕结婚
叶(yè)小姐	外企工作	年纪比较大了，所以很想结婚

3. 理解下面各句的含义　Try to understand the following sentences.

   1) A. 我也想结婚，但走过去以后就不想了
      B. 我也想过要结婚，但时间很快就过去了
      C. 我也有过结婚的想法，但过一会儿就不想了

2) A. 感觉不到他们在这儿
   B. 对身边的男孩子没有爱的感觉
   C. 那些男孩子都没有感觉

3) A. 谈了10多个男朋友,都没有成功
   B. 谈了10多个男朋友,有一个没有成功
   C. 谈了10多个男朋友,只成功了一个

4) A. 人一定要结婚
   B. 人可以结婚也可以不结婚
   C. 人一定不要结婚

5) A. 没有钱,没有房子,不能结婚
   B. 结了婚就会没有钱、没有房子
   C. 没有钱,没有房子,怎么能算是结婚呢?

6) A. 我以前不想结婚,现在想了
   B. 我以前就想结婚,现在更想了
   C. 我以前就不想结婚,现在更不想了

4. 听第三遍录音,用(　　)内的词语口头回答问题　Listen to the tape once more and use the words in the parentheses to answer the questions.
   1) 叶小姐现在有没有结婚的打算?为什么?(因为、寂寞、再说)
   2) 聂小姐想结婚吗?为什么她现在还没结婚?(合适、熟悉、陌生)
   3) 列小姐对结婚是什么态度?(越来越、离婚、害怕)
   4) 李华先生对结婚是什么态度?(可有可无、理解、共同语言)
   5) 黎先生想结婚吗?为什么现在还没有结婚呢?(……怎么……呢?条件、成熟)
   6) 立华先生为什么想结婚?(比……更……)

二、泛听练习　Extensive listening

(一) 我希望他(她)什么样?

生　词　New Words

1. 博士	(名)	bóshì	doctor; Ph.D
2. 文静	(形)	wénjìng	gentle and quiet
3. 无所谓	(动)	wúsuǒwèi	not matter
4. 稳重	(形)	wěnzhòng	steady; staid
5. 相似	(形)	xiāngsì	similar
6. 郊游	(动)	jiāoyóu	go on an outing
7. 依靠	(动)	yīkào	rely on

练 习 Exercise

听录音，填表 Listen to the tape and fill out the following form.

问题＼姓名	刘英	安静	陆大勇	时超
最重视对方哪一项				
对对方的要求				
业余爱好				
自己是什么样的人				

(二) 征婚

生 词 New Words

1. 耽误　　（动）　　dānwu　　　　delay
2. 娶　　　（动）　　qǔ　　　　　marry (a woman)
3. 媳妇　　（名）　　xífù　　　　wife
4. 时兴　　（动）　　shíxīng　　　be fashionable; be a popular practice
5. 征婚　　（动）　　zhēnghūn　　look for candidates (for marriage)
6. 广告　　（名）　　guǎnggào　　advertisement
7. 凭　　　（介）　　píng　　　　with
8. 未婚　　　　　　 wèihūn　　　unmarried
9. 报社　　（名）　　bàoshè　　　newspaper office
10. 抱歉　（形）　　bàoqiàn　　　sorry
11. 更正　（动）　　gēngzhèng　　correct; correction

练 习 Exercise

听录音，回答问题 Listen to the tape and answer the questions.

1. 蔡福是在多大的时候离开家乡的？
2. 他第一次登征婚广告的时候写的是多大年纪？第二次呢？
3. 他第三次登征婚广告的时候，想把年龄改成多大？实际上广告上边写的是多大年龄？
4. 你觉得前两次为什么没有女人给他写信？最后一次为什么有很多姑娘给他来信呢？

第七课　男人和女人

一、听力理解练习　Listening comprehension

（一）听后选择正确答案　Listen and choose the correct answer.

1. A.他不知道为什么小王和小李吵架
   B.小王和小李是突然吵起来的
   C.他没想到小王和小李会吵架

2. A.这次考试他考得很好
   B.这次考试他考得不好
   C.他现在对这次考试没有信心了

3. A.房间里有一个人
   B.房间里有很多人
   C.一个屋子里有人

4. A.刚才我跟一个熟人打招呼了
   B.刚才我跟一个不认识的人打招呼了
   C.刚才一个不认识的人跟我打招呼了

5. A.这个电影我看了两遍
   B.我想去看看这个电影
   C.这个电影我看过了

6. A.我不买
   B.我只买一点儿
   C.我再问问别的

7. A.中国队应该能赢
   B.中国队可能会输
   C.中国队可能会有意外

8. A.男的看了电视剧的前边的部分
   B.男的觉得现在的电视剧很好看
   C.男的觉得现在的电视剧没有意思

9. A.张叔叔是中医
   B.张叔叔是西医
   C.女孩儿不喜欢爸爸

10. A.他的收入太少了
    B.挣钱的目的到底是什么
    C.出租车太贵了

（二）听下列对话并做练习　Listen to the following dialogue and do the exercises.

男人和女人

　　世界是由男人和女人组成的。可是,作为一个男人,你真的了解女人吗?作为一个女人,你真的了解男人吗?其实男人和女人存在着很多不同。请听录音。

生 词 New Words

1. 夸张　　　（形）　　kuāzhāng　　exaggerated
2. 烦人　　　　　　　　fán rén　　　annoying
3. 准确　　　（形）　　zhǔnquè　　 accurate
4. 迷路　　　　　　　　mí lù　　　　lose one's way
5. 减少　　　（动）　　jiǎnshǎo　　reduce; lessen

练 习 Exercises

1. 听第一遍录音,判断正误　Listen to the tape and decide if the following statements are true.
   1) 他们在讨论为什么男人和女人不同。
   2) 女人喜欢把自己的困难告诉别人,男人不喜欢。
   3) 丈夫遇到困难的时候,妻子一定要去问一问。
   4) 女人说话的时候喜欢用准确的词。
   5) 夫妻吵架常常是由于互相不了解造成的。

2. 听第二遍录音,选择正确答案　Listen to the tape again and choose the correct answer.
   1) A.他们遇到的困难不同,说话时用的词语不同
      B.他们遇到困难时的表现不同,说话时用的词语不同
      C.他们遇到困难时的表现不同,说话时的样子不同

   2) A.哭　　　　　　　　　　　3) A.别人来安慰他
      B.请朋友来帮助　　　　　　 B.喝一杯茶
      C.找人聊一聊　　　　　　　 C.单独呆一会儿

   4) A.听她说说话　　　　　　　5) A.问问他为什么不高兴
      B.赶快帮她想办法　　　　　 B.只给他倒杯茶就可以了
      C.让她自己呆一会儿　　　　 C.跟他说说话

   6) A.我们多长时间没去公园了
      B.我为什么好久没去公园了
      C.我想跟你一起去公园

3. 选择与下列各句意思相近的句子　Choose the sentences that are similar to the following sentences in meaning.
   1) A.这样说虽然有些夸张,但是男人和女人确实有很多不同。
      B.这样说不但有些夸张,而且男人和女人确实有很多不同。

C.这样说要是有些夸张,男人和女人确实有很多不同。

2) A.她这时想当一个听众。
   B.她这时需要一个人来安慰她。
   C.她这时需要别人听她说话。

3) A.这时女人不要说着话给他倒茶。
   B.这时女人什么也不要问,只给他倒一杯茶就可以了。
   C.这时女人不说话,男人来给她倒一杯茶就行了。

4) A.当她看到丈夫把妻子一个人关在房间里的时候……
   B.当她看到丈夫把他自己一个人关在房间里的时候……
   C.当她看到丈夫把一个人关在房间里的时候……

5) A.你来一次,我去一次,俩人就吵起来了。
   B.你说一句,我说一句,俩人就吵起来了。
   C.你过来,我过去,俩人就吵起来了。

4. 听第三遍录音,找出与录音内容不一致的地方,并写出正确的内容 Listen to the tape once more and find out the sentences that are different from the information given in the tape, and write out the correct information.
   1) 男人和女人有很大的不同,还有人说,男人和女人确实是两种不同的动物。
   2) 这样说尽管有些夸张,但是男人和女人其实有很多不同。
   3) 在工作和生活中碰到困难的时候,女人往往是去找人聊天儿。
   4) 这时女人最好什么话也不要说,只给他倒一杯茶就行了。
   5) 这样一来二去,俩人就吵起架来了。
   6) 男人说话一般尽可能用标准的词,女人不是这样。

二、泛听练习 Extensive listening

(一) 女人的秘密

生 词 New Words

1. 寿命　　（名）　　shòumìng　　　life span; life
2. 唠叨　　（动）　　lāodao　　　　be garrulous
3. 缺点　　（名）　　quēdiǎn　　　shortcoming
4. 优点　　（名）　　yōudiǎn　　　merit; strong point

练 习 Exercise

回答问题 Choose the right answer for the question.
你觉得这段短文的大意是什么？
1. 女人为什么喜欢说话？   2. 女人和男人有什么不同？
3. 女人为什么比男人寿命长？   4. 怎样才能保持身体的健康？

（二）谁该进厨房？

生 词 New Words

1. 稿费   （名）   gǎofèi   author's remuneration
2. 牙科   （名）   yákē   dentistry
3. 诊所   （名）   zhěnsuǒ   clinic
4. 儿媳妇   （名）   érxífur   daughter-in-law
5. 国营   （名）   guóyíng   state-run
6. 合资   hézī   joint-venture

练 习 Exercise

根据录音把人物与相应的情况用线连起来 Match the persons with the relevant information according to the tape.

A 先生   现在在一家中外合资企业工作
B 太太   什么收入也没有
儿子小 C   因为工资低，所以在家里的地位也降低了
儿媳妇小 D   一个月挣的钱比爱人一年挣的都多
孙子小 E   出租车司机

第八课 "二人世界"的家庭

一、听力理解练习　Listening comprehension

（一）听后选择正确答案　Listen and choose the correct answer.

1. A.大家听了小王的话都笑了起来
   B.小王说完一句话就笑了起来
   C.小王听了大家说的一句话就笑了起来

2. A.会一点儿程序设计
   B.不会程序设计
   C.简单操作、程序设计都一点儿也不会

3. A.很生气
   B.很难过
   C.很失望

4. A.今天
   B.明天
   C.以后

5. A.在埋怨男的
   B.不知道什么时候男的来看她和孩子
   C.问男的什么时候回家

6. A.中国人每天吃饭的时间太长了
   B.中国人每天做饭的时间太长了
   C.他不喜欢一边吃饭一边聊天儿

7. A.开车了
   B.工作了
   C.睡觉了

8. A.找一份工作不容易
   B.现在的工作也不错
   C.对工作应该有什么样的态度

9. A.在看照片
   B.在照相
   C.在理发

10. A.男的想到了儿子会辞职
    B.男的以前曾经建议儿子辞职
    C.男的以前让儿子不要辞职

（二）听下列对话并做练习　Listen to the following dialogue and do the exercises.

"二人世界"的家庭

　　中国人在婚礼上，常常祝新郎、新娘"早生贵子"，意思是希望他们早一点儿生个孩子，可见中国人对孩子的渴望。然而不知从什么时候起，有些人的想法就发生了变化，结婚后不急着要孩子，甚至根本不想要孩子。

生 词 New Words

1. 丁克　　　（名）　　dīngkè　　　dink (double income, no kids)
2. 贵族　　　（名）　　guìzú　　　 nobility
3. 何况　　　（连）　　hékuàng　　much less; let alone
4. 难道　　　（副）　　nándào　　 (used to give force to a rhetorical question)
5. 反而　　　（副）　　fǎn'ér　　　on the contrary

练 习 Exercise

1. 听第一遍录音,判断正误　Listen to the tape and decide if the following statements are true.

   1) "丁克"家庭是结婚以后不要孩子的家庭。
   2) 女人觉得"丁克"家庭不太好。　　3) 男人觉得"丁克"家庭很好。
   4) "丁克"家庭对中国人口会有很大影响。

2. 听第二遍录音,选择正确答案　Listen to the tape again and choose the correct answer.

   1) A.刘佳和王涛结婚快六七年了还不要孩子　　　2) A.这样不好
      B.刘佳和王涛已经结婚六七年了还不要孩子　　　 B.这样不好吗
      C.刘佳和王涛结婚才六七年就要孩子　　　　　　 C.这样很好

   3) A.现在有很多年轻人,三十多岁了都不结婚呢
      B.现在有几个年轻人,三十岁了都不结婚呢
      C.现在有一些年轻人,快三十岁了都不结婚呢

   4) A.要丈夫,不要孩子
      B.不想结婚,更不想要孩子了
      C.没有丈夫,更没有孩子

   5) A.没有孩子的家庭,不能算真正的家
      B.没有孩子的家庭,算什么样的家庭呢
      C.没有孩子的家庭,也是一个家啊

   6) A.等你老了,儿子会在你身边照顾你
      B.等你老了,儿子不会在你身边照顾你
      C.你想一想,你老了,儿子会在你身边照顾你吗

7) A. 你说什么
   B. 培养一个孩子不会花很多钱
   C. 他们不要孩子不是因为钱的问题

8) A. 这种家庭越来越多,中国人就会越来越少吗
   B. 这种家庭越来越多,中国人就会越来越少
   C. 这种家庭越来越多,中国人不会越来越少

9) A. 中国人口太少了
   B. 中国人口不少了
   C. 中国人口很少吗

10) A. 不生孩子不是坏事,对国家也有好处
    B. 不生孩子不但是坏事,而且对国家没有好处
    C. 不生孩子不是好事,对国家没有好处

3. 听第三遍录音,下面哪些不是他们的观点?请你说一说 Listen to the tape once more and find out which of the following is (are) not their viewpoint(s).

女人觉得这种"丁克"家庭不太好。没有孩子,根本不能算真正的家。而且他们老了以后,身边没有孩子会很寂寞。他们不要孩子可能是由于经济的原因。不过这种家庭越多,中国人口就会越少。

男人觉得这种"丁克"家庭没什么不好的,要不要孩子是别人的自由,而且培养一个孩子要花很多钱。中国人口很多,他们不要孩子对国家有好处。我们应该向他们学习。

4. 对话中有一些反问句,请你找出来 Locate the rhetorical questions in the dialogue.

二、泛听练习 Extensive listening

(一) 陪妻子逛商场

生 词 New Words

1. 任务　　　(名)　　　rènwù　　　　task
2. 进口　　　(形、动)　jìnkǒu　　　　imported, import
3. 柜台　　　(名)　　　guìtái　　　　counter
4. 嫌　　　　(动)　　　xián　　　　　dislike; mind; complain of

练 习 Exercise

根据录音内容,指出他们今天去的地方的顺序,写在(　　)内,并与相关的活动连线 Write a number in the parentheses to indicate the sequence of the places they have been to today and then match the places with the activities.

( )　　　西城　　　　看皮包
( )　　　东城　　　　看皮鞋、香水等
( )　　　蓝天大厦　　买皮鞋
( )　　　南城　　　　看服装、皮鞋

(二) 说话儿

生　词 New Words

1. 酱油　　(名)　　jiàngyóu　　soy sauce
2. 路过　　(动)　　lùguò　　　　pass by (a place)
3. 顺路　　(形)　　shùnlù　　　 on the way

练 习 Exercise

听录音,回答问题 Listen to the tape and answer the questions.
1. 对话中的两个人是什么关系?
2. 他们在哪儿?
3. 女的对男的有什么意见?
4. 男的在家里做家务吗?做什么?女的认为这是做家务吗?为什么?
5. 男的认为女的在家里做饭是不是做家务?为什么?

第九课　望子成龙

一、听力理解练习　Listening comprehension

（一）听后选择正确答案　Listen and choose the correct answer.

1. A.他一直在和同学联系
   B.他跟同学一直有联系
   C.他一定要和同学保持联系

2. A.他看了我一会儿就认出我来了
   B.我看了他很长时间才认出他来
   C.他看了我很长时间才认出我来

3. A.妈妈生病的时候,我哭了
   B.我生病的时候妈妈哭了
   C.我看着毛衣哭了

4. A.5号和7号
   B.8号和2号
   C.7号和8号

5. A.去年
   B.今年
   C.明年

6. A.他现在很紧张
   B.他现在很忙
   C.他现在放心了

7. A.开会的时候老王一会儿点头,一会儿摇头
   B.对老王说的话,有的人同意,有的人不同意
   C.大家不知道老王说的是什么

8. A.提高工作能力比赚钱更重要
   B.这些年他不但赚了很多钱,而且工作能力也提高了
   C.他和王经理都学到了很多东西

9. A.这个司机开车太快了
   B.汽车到了长城饭店,司机把他推醒了
   C.这个人上车以前刚从长城饭店里出来

10. A.她抽烟了
    B.男的抽烟了
    C.女的感冒了

（二）听下列对话并做练习　Listen to the following dialogue and do the exercises.

望子成龙

在中国,一个家庭只能有一个孩子,叫"独生子女"。因为只有一个,所以父母对孩子就有很大的希望,也就是"望子成龙"。然而对于怎样教育孩子,并不是每个家长都清楚的。请听录音。

生 词 New Words

1. 砸　　　　（动）　　zá　　　　　fail
2. 简直　　　（副）　　jiǎnzhí　　 simply; almost
3. 保姆　　　（名）　　bǎomǔ　　 (children's) nurse
4. 改掉　　　　　　　 gǎidiào　　 give up; drop
5. 名牌　　　（名）　　míngpái　　prestigious

练 习 Exercise

1. 听第一遍录音,判断正误　Listen to the tape and decide if the following statements are true.
   1) 对话中的两个人是小民的妈妈、爸爸。
   2) 小民的"老毛病"是在家里什么事儿都不做。
   3) 女的对小民的学习不太满意。
   4) 男的觉得孩子的学习习惯跟他的生活习惯有关系。
   5) 女的希望小民将来能上大学。

2. 听第二遍录音,选择正确答案　Listen to the tape again and choose the correct answer.

   1) A.小民的考试成绩　　　　　　2) A.他不太认真
      B.小民在家做不做事　　　　　　B.他不好好学习
      C.怎样改掉小民的毛病　　　　　C.他不聪明

   3) A.数字的顺序写错了　　　　　4) A.考试的时候一定要认真
      B.少做了一道题　　　　　　　　B.做完以后要检查一下
      C.少写了一个数字　　　　　　　C.考试的时候要快一点儿写

   5) A.帮他整理房间　　　　　　　6) A.小民不会做
      B.帮他洗衣服　　　　　　　　　B.妈妈喜欢帮小民做
      C.帮他买书　　　　　　　　　　C.节省时间让小民学习

   7) A.为了孩子应该这样
      B.这样做对孩子不好
      C.应该让孩子多锻炼身体

3. 理解下列每句话的含义　Try to understand the following sentences.
   1) A.很生气　　　　　　　　　　2) A.他自己没办法改掉这个毛病
      B.很着急　　　　　　　　　　　B.我没办法让他改掉这个毛病
      C.很为难　　　　　　　　　　　C.他不改掉这个毛病,我就没办法

3) A. 在家里什么事儿不是我帮他做呀
   B. 在家里我什么事儿都要做啊
   C. 在家里什么事儿他都帮我做啊

4) A. 我帮他做这些，他就没有更多的时间学习了
   B. 我帮他做这些，他还有时间学习吗
   C. 我帮他做这些，他就有更多的时间学习了

5) A. 他将来能考上一个名牌大学，我就很满意了
   B. 他考上了一个名牌大学，我很满意
   C. 我觉得他将来一定能考上名牌大学

6) A. 不会耽误他的时间，还可以让他锻炼身体
   B. 不会耽误他的时间，而且可以锻炼他
   C. 不但会耽误他的时间，而且还会影响他锻炼

7) A. 我让他做他自己的事儿
   B. 我让他做我自己的事儿
   C. 他让我做我自己的事儿

4. 听第三遍录音，用（　　）里的词口头回答问题　Listen to the tape once more and answer the questions with the words in the parentheses.
   1) 老师说小民这次考试怎么样？（说起来、不是……就是……、要不就）
   2) 每次考试以前妈妈都要对小民说什么？（一定要）
   3) 小民在家里做事吗？（连……都……、简直）
   4) 小民妈妈为什么要帮小民做很多事儿？（不如、不就……吗？）
   5) 老师认为很多事儿应该让孩子自己去做，他是怎么跟小民妈妈说的？（不但不、对……有好处）

二、泛听练习　Extensive listening

（一）关于独生子女教育的调查

生　词　New Words

1. 大多数　　（名）　　dàduōshù　　　majority
2. 独生子女　　　　　　dúshēng zǐnǚ　only child
3. 调查　　　（动）　　diàochá　　　　investigate

4. 居民	（名）	jūmín		resident
5. 角色	（名）	juésè		role
6. 品质	（名）	pǐnzhì		character

练 习 Exercise

根据录音内容,在空格中填出你所听到的百分比(录音中没有的不用填):
Fill in the boxes with the percentages you hear (Leave a box blank if the information is not given).

父母的文化水平 \ 父母担心的问题	孩子的学习	孩子的工作	孩子的健康
小学以下			
高中			
大学			

（二）父子对话

生 词 New Words

1. 数学	（名）	shùxué	mathematics
2. 语文	（名）	yǔwén	Chinese (as a subject)
3. 作文	（名）	zuòwén	composition
4. 强项	（名）	qiángxiàng	strong point
5. 推迟	（动）	tuīchí	postpone
6. 倒	（动）	dào	(turn) upside down

练 习 Exercise

听录音,回答问题　Listen to the tape and answer the following questions.

1. 儿子什么成绩是100分？　　2. 儿子说1加1等于几？
3. 儿子考试的作文题目是什么？　4. 儿子的作文是怎么写的？
5. 儿子的历史考了多少分？

第十课　妈妈和儿子

一、听力理解练习　Listening comprehension

（一）听后选择正确答案　Listen and choose the correct answer.

1. A.很生气
   B.很难过
   C.很冷

2. A.教我们的方法一样
   B.对我们的态度一样
   C.性格一样

3. A.他咳嗽得不能去上课了
   B.他咳嗽得不能下去了
   C.他咳嗽得不能继续上课了

4. A.我不想唱歌
   B.我喜欢唱歌
   C.唱歌不难

5. A.很吃惊
   B.不同意
   C.很害怕

6. A.相信了
   B.不相信
   C.可能不相信

7. A.把书放在书包里
   B.把书放在桌子上
   C.快点儿做作业吧

8. A.不要买了
   B.应该买
   C.买不买都行

9. A.很想去
   B.不想去
   C.想明天去

10. A.有一个没来
    B.来了一个
    C.一个也没来

（二）听下列对话并做练习　Listen to the following dialogue and do the exercises.

妈妈和儿子

　　爸爸、妈妈要舒服、方便，孩子要漂亮、潇洒；父母要节约、少花钱，子女却要追求时尚、时髦。这好像是大人与孩子之间永远的矛盾。你听，在这个家里也有这样的矛盾。

生 词 New Words

1. 雨衣　　　（名）　　yǔyī　　　　raincoat
2. 万一　　　（副）　　wànyī　　　in case
3. 管　　　　（动）　　guǎn　　　 care about; bother about
4. 脏　　　　（形）　　zāng　　　 dirty
5. 茶馆　　　（名）　　cháguǎn　 tea house

练 习 Exercises

1. 听第一遍录音，判断正误　Listen to the tape and decide if the following statements are true.
   1) 他们谈话的时候是晚上。
   2) 小强平时坐汽车上班。
   3) 妈妈让小强明天坐汽车去上班。
   4) 小强明天想穿雨鞋，他让妈妈帮他找出来。
   5) 小强的名牌衬衣花了240块钱，他穿上感觉不太好。
   6) 明天晚上，朋友要请小强去茶馆喝茶。

2. 听第二遍录音，选择正确答案　Listen to the tape again and choose the correct answer.
   1) A.在报纸上看到的　　　　　　2) A.穿上雨衣、雨鞋
      B.在电视上看到的　　　　　　　 B.带上雨伞，穿上雨鞋
      C.听朋友说的　　　　　　　　　 C.穿上雨衣，带上雨伞

   3) A.穿雨鞋很难受　　　　　　　4) A.穿皮鞋去
      B.明天是晴天，不会下雨　　　　 B.穿雨鞋去，带着皮鞋
      C.他的脚有毛病　　　　　　　　 C.穿皮鞋去，带着雨鞋

   5) A.不是名牌　　　　　　　　　6) A.并不贵
      B.不划算　　　　　　　　　　　 B.是很贵
      C.不是新的　　　　　　　　　　 C.穿起来感觉很好

   7) A.太贵了　　　　　　　　　　8) A.不如在家里好
      B.比在家里好得多　　　　　　　 B.环境和气氛比较好
      C.环境、气氛都不好　　　　　　 C.不贵

3. 理解下面每句话的含义 Try to understand the following sentences.

1) A. 现在一般情况下人们都不穿雨鞋
   B. 只有卖鱼的不穿雨鞋
   C. 卖鱼的人一定要穿雨鞋

2) A. 尽管
   B. 如果
   C. 即使

3) A. 很好
   B. 有点儿不高兴
   C. 有点儿奇怪

4) A. 名牌就是好
   B. 名牌是名牌,但是穿上感觉也不太好
   C. 名牌跟名牌也不一样

5) A. 你们为什么一定要去喝茶呢?
   B. 你们不去茶馆喝茶不行吗?
   C. 你们为什么一定要去茶馆喝茶呢?

6) A. 家里的环境不比茶馆好
   B. 家里的环境比茶馆差很多
   C. 家里的环境比茶馆好很多

7) A. 家和茶馆不一样
   B. 这是家,那是茶馆
   C. 家和茶馆一样

4. 听第三遍录音,回答问题 Listen to the tape once more and answer the questions.
   1) 明天下雨了,妈妈会怎么做?儿子呢?他为什么这样做?
   2) 妈妈买衬衣的话,会怎么做?为什么?儿子呢?为什么?
   3) 儿子为什么要去茶馆喝茶?妈妈为什么反对?
   4) 在一些家庭里,可能会有爸爸妈妈不理解子女的时候。你的家庭里有这种情况吗?你怎么看这个问题?

二、泛听练习 Extensive listening

(一) 先救谁?

生 词 New Words

1. 翻	(动)	fān	capsize
2. 残忍	(形)	cánrěn	cruel; ruthless
3. 狡猾	(形)	jiǎohuá	cunning
4. 避免	(动)	bìmiǎn	avoid
5. 正面	(形)	zhèngmiàn	direct

| 6. 一旦 | （副） | yīdàn | once |
| 7. 反正 | （副） | fǎnzhèng | anyway |

练 习 Exercise

听录音，回答问题 Listen to the tape and answer the following questions.
1. 课文中说的妻子常常问丈夫的问题是什么？
2. 对这个问题，不同的男人常常会怎么回答？
3. 有人说要先救妈妈，为什么？
4. 有人说应该先救儿子，为什么？
5. 你的答案是什么？为什么？

(二) 心跳与寿命

生 词 New Words

1. 心跳		xīn tiào	heart beat
2. 寿命	（名）	shòumìng	life span; life
3. 周期	（名）	zhōuqī	cycle
4. 反比	（名）	fǎnbǐ	inverse proportion
5. 极限	（名）	jíxiàn	the maximum; the limit
6. 明显	（形）	míngxiǎn	evident; obvious
7. 剧烈	（形）	jùliè	violent; drastic
8. 恢复	（动）	huīfù	recover

练 习 Exercise

回答问题 Choose the right answer for the question.
这段话的主要意思是什么？
1. 为什么人们的寿命不一样长？
2. 心跳和寿命的关系以及怎样放慢心跳？
3. 心跳和寿命为什么成反比的关系以及怎样放慢心跳？

复习(二) Review (2)

一、听力理解练习 Listening comprehension

(一) 听后选择正确答案 Listen and choose the correct answer.

1. A.晚上不爱迷路
   B.晚上有时候会迷路
   C.晚上更爱迷路

2. A.他不是每天锻炼身体
   B.他身体不太好
   C.他身体很好

3. A.学习的态度要诚实
   B.有的地方懂,有的地方不懂
   C.不懂的地方一定要弄懂

4. A.来得比他早
   B.来得比他晚
   C.今天没有坐车来

5. A.不重视他
   B.不想见到他
   C.没有看见他

6. A.他今天没来听讲座
   B.他今天白天没来
   C.他今天听的讲座很好

7. A.告诉老王武汉的天气情况
   B.劝老王不要去武汉
   C.问老王生了病应该怎么办

8. A.很顺利的事儿
   B.很高兴的事儿
   C.不顺利的事儿

9. A.他想让那位先生把车放在别的地方
   B.那位先生的车被别人撞坏了
   C.他的车被那位先生撞坏了

10. A.让这位小姐看看这种香水
    B.告诉这位小姐这种香水很容易卖
    C.让这位小姐买这种香水

11. A.即使他有钱,也不买汽车
    B.如果他有钱的话,他就不想骑车了
    C.尽管他很有钱,但是也不想买汽车

12. A.小强不去茶馆喝茶,也不去酒吧喝酒,只是去饭馆吃饭
    B.每个月只花一半的工资
    C.每个月要花很多钱

45

13. A.以前很忙,现在更忙了
    B.不用说现在也很忙
    C.以前很忙,现在不太忙

14. A.谈恋爱会耽误学习
    B.谈恋爱不会耽误学习
    C.小丽会比她的男朋友更努力

15. A.让他去医院
    B.听她说话
    C.让他吃药

16. A.你不要相信小刘的话
    B.你为什么不相信小刘的话
    C.小刘说的是对的

17. A.这对孩子来说太不容易了
    B.这对你爱人来说太难了
    C.你们应该为孩子想想

18. A.还学习了经济、法律、计算机和旅游
    B.学习了经济、法律、计算机,有时候还去旅游
    C.学习了经济、法律、计算机和游泳

19. A.他想在晚报上征婚
    B.他喜欢看晚报上的文章
    C.他想看晚报上的征婚启事

20. A.很矛盾
    B.很幸福
    C.很辛苦

(二)听下面的短文并做练习 Listen to the following passage and do the exercises.

朋友的意见

生 词 New Words

1. 正直　　(形)　　zhèngzhí　　righteous; upright
2. 般配　　(形)　　bānpèi　　　well-matched
3. 内向　　(形)　　nèixiàng　　introvert

练 习 Exercises

1. 听第一遍录音,做练习 Listen to the tape and do the exercises.
   关于小李,小王的 A、B、C、D、E、F 几个朋友有很多看法,下面哪一项是她们没有谈到的?
   年龄、身高、体重、长相、性格、工作、收入、学历、家庭、专业

2. 听第二遍录音,判断正误 Listen to the tape again and decide if the following statements are true.
   1) 小李的个子比小王矮。　　2) 小李工作很忙。

3) 小王家人很多。   4) 小李家的日子不好过。
5) 小李是研究生。   6) 小王和小李的性格不一样。
7) 小王和小李的专业不一样。

3. 听第三遍录音,选择正确答案 Listen to the tape once more and choose the correct answer.
   1) A.家务事只有小王一个人做   2) A.我没考虑其他方面
      B.小王只做一个人的家务   B.其他方面没有问题
      C.家里只有小王一个人   C.其他方面也觉得没什么好的

   3) A.他没有钱   4) A.俩人不会在一起说话
      B.他的钱没了   B.俩人不会有共同的兴趣、爱好
      C.他的钱不多   C.她们俩说了不会走到一起去

4. 回答问题 Answer the following questions.
   1) 小王自己觉得小李怎么样?她为什么要请朋友看看小李是不是合适?
   2) 听了几位朋友的话以后,小王是怎么想的?

二、泛听练习 Extensive listening

你想学唱一首歌吗?请你先听录音,然后写出歌词 Do you want to learn to sing a song? Listen to the tape and try to complete the following verse.

小　芳

村里_____叫小芳,　　　_____,
_____又_____,　　　今生今世我不忘怀,
一双美丽的_____,　　　_____,
辫子粗又长。　　　　　　　　伴我度过那个年代。
在回城之前的_____,　　多少次我回回头看_____,
你和我_____,　　　　衷心祝福你_____。
从未流过的泪水,　　　　　　多少次我回回头看_____,
随着小河淌。　　　　　　　　你站在小村旁。

第十一课　命都不要了

一、听力理解练习　Listening comprehension

（一）听后选择正确答案　Listen and choose the correct answer.

1. A.老王今天和平时对孩子的态度不一样
   B.老王对别人和对孩子的态度不一样
   C.老王对孩子的态度跟孩子对老王的态度不一样

2. A.小王考试以前没有认真复习
   B.考试以前小王不知道该做什么
   C.小王没有考好,怪别人

3. A.丽丽经常和爸爸妈妈去公园
   B.丽丽想跟小朋友去公园
   C.丽丽很少跟爸爸妈妈去公园

4. A.不要把衣服淋湿了
   B.带着雨伞吧
   C.多穿点儿衣服吧

5. A.快把衣服晒在外边儿
   B.快起来穿衣服吧
   C.快把外边儿的衣服拿进来吧

6. A.半年
   B.两个月
   C.四个月

7. A.要让俩人生活习惯一样是很难的
   B.俩人的生活习惯应该一样,免得发生矛盾
   C.俩人生活习惯不一样,很容易发生矛盾

8. A.7点50
   B.8点钟以后
   C.8点钟以前

9. A.你要在哪儿工作
   B.这儿没有工作
   C.我们很累,不想干下去了

10. A.大海
    B.一个人
    C.一个城市

（二）听下列对话并做练习　Listen to the following dialogue and do the exercises.

命都不要了

　　在日常消费中，我们需要做出适当的计划、合理的打算，但是过分地计算，就难免小气了。请听王先生是怎么精打细算的。

生　词　New Words

1. 小气	（形）	xiǎoqi	stingy
2. 划算	（形）	huásuàn	be to one's profit; pay
3. 防止	（动）	fángzhǐ	prevent
4. 不得不	（副）	bùdébù	have no choice but to; have to
5. 端	（动）	duān	bring in; serve
6. 拒绝	（动）	jùjué	refuse; decline
7. 炖	（动）	dùn	stew
8. 煎	（动）	jiān	fry (in shallow oil without stirring)
9. 烩	（动）	huì	braise
10. 睁	（动）	zhēng	open (the eyes)
11. 张	（动）	zhāng	open (the mouth)

练　习　Exercises

1. 听第一遍录音，判断正误　Listen to the tape and decide if the following statements are true.

   1) 王先生很爱面子，也很小气。
   2) 王先生觉得别人家的饭很好吃，所以常去别人家吃饭。
   3) 王先生也很喜欢朋友来他家，所以有一天他请李先生来他家做客。
   4) 到了12点，李先生还不走，王先生只好请他吃饭。
   5) 王先生在李先生家，看见豆腐，眼睛睁得圆圆的，嘴巴张得大大的，吃了很多。

2. 听第二遍录音，选择正确答案　Listen to the tape again and choose the correct answer.

   1) A. 不但可以跟朋友聊天儿，而且还可以跟朋友一起吃饭
      B. 不仅可以吃朋友家的饭，而且朋友不能去他家吃
      C. 不但他可以吃别人的，而且别人也可以吃他的

2) A.王先生希望李先生快点儿走
　　B.王先生有点儿事儿
　　C.王先生想知道几点了

3) A.李先生喜欢吃豆腐
　　B.豆腐很有营养
　　C.豆腐非常便宜

4) A.王先生说他很喜欢吃豆腐
　　B.豆腐很有营养
　　C.豆腐很便宜

5) A.豆腐
　　B.鱼和肉
　　C.鱼、肉、豆腐都喜欢

3. 理解下面各句的含义　Try to understand the following sentences.

1) A.他三天中有两天要去别人家
　　B.他经常去别人家
　　C.他第一天和第三天去别人家

2) A.在别人家呆一个上午
　　B.在别人家一直坐12小时
　　C.只要去别人家,就呆很长时间

3) A.我每顿饭都要有它
　　B.即使只吃一顿饭,也要有它
　　C.我只吃了一次就离不开它了

4) A.王先生想请李先生在他家吃饭
　　B.王先生只好请李先生在他家吃饭
　　C.王先生必须请李先生在他家吃饭

5) A.王先生很吃惊
　　B.王先生很害怕
　　C.王先生吃得很高兴

6) A.看见桌子上只有鱼和肉
　　B.他只吃鱼和肉
　　C.他没看见有鱼和肉

7) A.他一点儿豆腐也没吃
　　B.他吃了一口豆腐,没吃别的
　　C.他没吃别的,只吃了豆腐

8) A.虽然我很喜欢吃豆腐,但是如果有鱼和肉,我就不吃豆腐了
　　B.鱼和肉比我的命还重要
　　C.即使有鱼和肉,我也要吃豆腐

4. 听第三遍录音,填空　Listen to the tape once more and fill in the blanks.

1) 他觉得这样很划算,_____可以吃别人的,_____还可以防止别人来自己家吃。

2) 他刚要去别人家,_____,他的老同学李先生先到他家来了。

3) 王先生_____跟李先生聊天儿,_____不停地偷偷看表。

4) 我最爱吃豆腐了,它_____就是我的命,我一顿饭也_____它。

5) 你_____最爱吃豆腐,_____豆腐就是你的命_____?

6) 你知道吗?看见鱼和肉,我就_____命_____了。

二、泛听练习 Extensive listening

(一) "花昨天的钱"和"花明天的钱"

生 词 New Words

1. 分期付款　　　　　　　fēnqī fùkuǎn　　payment by instalments
2. 冒险　　　（动）　　　màoxiǎn　　　　take a risk
3. 精明　　　（形）　　　jīngmíng　　　　astute; shrewd
4. 发达　　　（形）　　　fādá　　　　　　developed

练 习 Exercise

听录音,回答问题 Listen to the tape and answer the questions.
1. 课文中"花昨天的钱"和"花明天的钱"是什么意思?
2. 在花钱的问题上,中国人一般有什么样的习惯?
3. 现在有多少中国人愿意接受"分期付款"这种消费方式?
4. 在对"分期付款"的态度上,南方人和北方人有什么不同?
5. 南方人和北方人为什么有这种不同?

(二) 什么时间去买东西?

生 词 New Words

1. 季节性　　（名）　　　jìjiéxìng　　　　seasonal
2. 上市　　　　　　　　　shàng shì　　　go on the market

练 习 Exercise

听后回答问题 Listen and answer the following questions.
1. 如果你要买游泳衣的话,什么季节买比较好? 为什么?
2. 为什么刚刚上市的东西,不要急着去买?
3. 为什么上午去商场比较好?

第十二课　可以打扰一下吗？

一、听力理解练习　Listening comprehension

（一）听后选择正确答案　Listen and choose the correct answer.

1. A.25个人
   B.20个人
   C.40个人

2. A.这家商场欢迎顾客去买东西
   B.这家商场的东西很好
   C.顾客很喜欢这家商场

3. A.他是小学老师
   B.妈妈是小学老师
   C.他学习很认真

4. A.我不听音乐睡不着觉
   B.隔壁的声音太大，吵得我不能睡觉
   C.我睡不着觉，所以就听音乐

5. A.我妈妈训我了
   B.小明的妈妈训我了
   C.小明的妈妈训他了

6. A.不知道这件衬衣质量怎么样
   B.这件衬衣很便宜，质量也很好
   C.这件衬衣太便宜了，质量不会很好

7. A.她对给孩子念书感兴趣
   B.孩子对念书感兴趣
   C.她要让孩子对书感兴趣

8. A.黑板上写着通知呢
   B.黑板上写了通知
   C.黑板上可能写了通知

9. A.现在时间很晚了
   B.你说什么
   C.我已经感冒了

10. A.上课的时候不带课本，不太认真
    B.上课的时候总是笑
    C.他教得很好

（二）听下列对话并做练习　Listen to the following dialogue and do the exercises.

可以打扰一下吗？

　　汉语有一个词："充电"。我们今天说的可不是给电池充电啊，是给人"充电"。什么意思呢？什么人在忙着"充电"呢？为什么要"充电"呢？听了录音你就知道了。

生 词 New Words

1. 充电　　　　　　　　chōng diàn　　　　　charge（a battery）；go back to school for further study
2. 打扰　　　（动）　　dǎrǎo　　　　　　　interrupt；disturb
3. 培训　　　（动）　　péixùn　　　　　　　train
4. 中专　　　（名）　　zhōngzhuān　　　　　secondary specialized school
5. 提高　　　（动）　　tígāo　　　　　　　　improve
6. 家务　　　（名）　　jiāwù　　　　　　　　household duties
7. 教学　　　（名）　　jiàoxué　　　　　　　teaching
8. 各种各样　　　　　　gè zhǒng gè yàng　　　various
9. 千差万别　　　　　　qiān chā wàn bié　　　differ greatly

练 习 Exercises

1. 听第一遍录音，判断正误　Listen to the tape and decide if the following statements are true.

   1）那位记者是《中国青年》杂志的记者。
   2）记者采访了小马和小王办培训班的问题。
   3）小马在公司工作，小王在学校工作。
   4）小马和小王都参加了电脑培训班。
   5）小马和小王都是下班以后来参加培训班学习的。
   6）小王对自己在培训班的学习成绩不是很满意。

2. 听第二遍录音，选择正确答案　Listen to the tape again and choose the correct answer.

   1）A. 不满一年　　　　2）A. 换工作　　　　　　3）A. 去学校当老师
   　　B. 够一年了　　　　　 B. 提高工作能力　　　　 B. 提高工作能力
   　　C. 正好一年　　　　　 C. 以后当秘书　　　　　 C. 换工作

   4）A. 电脑专业　　　　5）A. 去中学当老师　　　6）A. 不少
   　　B. 中文　　　　　　　 B. 去公司当秘书　　　　 B. 很多
   　　C. 经济管理　　　　　 C. 挣钱比较多的工作　　 C. 不太多

   7）A. 培训班的教学质量不好　　8）A. 英语培训班
   　　B. 没有时间　　　　　　　　　 B. 法律培训班
   　　C. 没有钱　　　　　　　　　　 C. 电脑培训班

9) A.英语培训班
   B.中文培训班
   C.法律培训班

10) A.法律培训班、电脑培训班
    B.英语培训班、电脑培训班
    C.英语培训班、法律培训班

11) A.电脑培训班、经济管理培训班
    B.经济管理培训班、英语培训班
    C.电脑培训班、英语培训班

12) A.跟她原来想的差不多
    B.教学质量不太好
    C.学生们的水平很好

3. 理解下面每句话的含义 Try to understand the following sentences.

1) A.你说得对
   B.你说错了
   C.你错了

2) A.你怎么这么说呢
   B.我不知道该怎么说
   C.你说什么

3) A.上一个培训班要交多少钱
   B.上一个培训班要交很多钱
   C.上一个培训班要交一些钱

4) A.我实在不满意
   B.实际上我很不满意
   C.说心里话,很不满意

5) A.跟我原来想的差不多
   B.我原来想的很差,现在觉得很好
   C.我原来想的很好,现在觉得很差

6) A.他可能以后不参加培训班了
   B.他不知道自己以后是不是还参加培训班
   C.他以后还要参加培训班

4. 听第三遍录音,口头回答问题 Listen to the tape once more and answer the following questions.

1) 小马为什么参加培训班?小王呢?
2) 在他们单位,参加这种培训班的人多吗?为什么?
3) 除了电脑培训班以外,还有什么培训班?
4) 小王对在培训班的成绩满意吗?

二、泛听练习 Extensive listening

(一) 怎样提高学习效率

生 词 New Words

1. 效率   (名)   xiàolǜ   efficiency

2. 总结	（动）	zǒngjié	summarize
3. 放松	（动）	fàngsōng	relax
4. 饱	（形）	bǎo	have eaten one's fill; be full
5. 血液	（名）	xuèyè	blood
6. 胃部	（名）	wèibù	stomach
7. 脑部	（名）	nǎobù	brain
8. 注意力	（名）	zhùyìlì	attention
9. 完整	（形）	wánzhěng	complete

练 习 Exercise

听录音，判断正误 Listen to the tape and decide if the following statements are true.

1. 学习一个小时左右就应该休息休息。
2. 吃饭的时候不要学习。
3. 早上人都特别精神，所以应该早上学习。
4. 不要一边学习，一边听音乐。
5. 学习新的东西时，为了帮助理解，可以先用自己的话说一说。
6. 记一首诗的时候要一句一句地记。

（二）朝三暮四

生 词 New Words

1. 朝	（名）	zhāo	dawn; morning
2. 暮	（名）	mù	evening; dusk
3. 猴子	（名）	hóuzi	monkey
4. 食物	（名）	shíwù	food
5. 栗子	（名）	lìzi	chestnut

练 习 Exercise

听后回答问题 Listen and answer the following questions.

1. 主人为什么很爱这些猴子？
2. 主人后来为什么要给猴子减少食物？他是怎样跟猴子们说的？猴子们同意吗？
3. 他第二次是怎么跟猴子们说的？他给猴子增加食物了吗？
4. "朝三暮四"这个成语本来是什么意思？现在呢？

第十三课　话说过年

一、听力理解练习　Listening comprehension

（一）听后选择正确答案　Listen and choose the correct answer.

1. A.小王住得离学校比较远
   B.他比小王先到了
   C.小王住得离学校很近

2. A.他们的孩子很好
   B.孩子只好自己照顾自己
   C.孩子不需要他们照顾了

3. A.自己的英语水平太低了
   B.自己的时间不够
   C.那个家长觉得我的英语水平不太好

4. A.190公分以上
   B.190公分
   C.190公分以下

5. A.可以参加演讲比赛
   B.可以参加节目表演
   C.你应该学习

6. A.写信很方便
   B.他写的信都比较长
   C.他经常给朋友写信

7. A.这双布鞋太贵了
   B.这双皮鞋很好
   C.我有一双皮鞋就够了

8. A.常常一天换两套衣服
   B.每天穿的衣服很少
   C.喜欢穿新衣服

9. A.汽车不能代替自行车
   B.电脑不能代替笔
   C.以后电脑会代替笔

10. A.四种
    B.三种
    C.两种

（二）听下列对话并做练习　Listen to the following dialogue and do the exercises.

话说过年

　　你一定知道中国最大的一个传统节日：春节。那么过春节，也就是过年的时候都有一些什么传统习惯呢？听了录音你就知道了。

生 词 New Words

1. 腊月　　　（名）　　làyuè　　　　　　the twelfth month of the lunar year
2. 鞭炮　　　（名）　　biānpào　　　　　fire crackers
3. 团圆饭　　（名）　　tuányuánfàn　　　family reunion dinner
4. 拜年　　　　　　　　bài nián　　　　　wish sb. a happy New Year
5. 压岁钱　　（名）　　yāsuìqián　　　　pocket money given to children on the lunar New Year's Day
6. 正月　　　（名）　　zhēngyuè　　　　 the first month of the lunar year
7. 初　　　　（头）　　chū　　　　　　　the...day (of the lunar month)
8. 放　　　　（动）　　fàng　　　　　　 set off
9. 家常便饭　　　　　　jiācháng biànfàn　simple meal; homely food

练 习 Exercises

1. 听第一遍录音,判断正误　Listen to the tape and decide if the following statements are true.

   1) 今年春节是2月16号。　　　　2) 他们1月21号放寒假。
   3) 这些年人们都觉得以前春节过得有点儿平淡。
   4) 现在过春节跟以前不太一样。　5) 麦克寒假要回国。
   6) 麦克除夕要去老师家。

2. 听第二遍录音,选择正确答案　Listen to the tape again and choose the correct answer.

   1) A.三十天　　　　　　　　　　2) A.打扫房间
      B.一个多星期　　　　　　　　　B.买鞭炮等过年用的东西
      C.一个来星期　　　　　　　　　C.给朋友准备礼物

   3) A.腊月三十日以前　　　　　　4) A.腊月三十的晚上吃的饭
      B.腊月三十日　　　　　　　　　B.春节期间吃的饭
      C.正月初一　　　　　　　　　　C.全家人在一起吃的饭

   5) A.从正月初一　　　　　　　　6) A.大人要给孩子拜年
      B.从腊月三十的晚上十二点　　　B.孩子要给大人拜年
      C.从春节前一个多星期　　　　　C.大人和孩子要互相拜年

   7) A.要给孩子"压岁钱"　　　　　8) A.放鞭炮
      B.也要给孩子拜年　　　　　　　B.请别人到自己家来
      C.要给孩子放鞭炮　　　　　　　C.到别人家去拜年

9) A.十五天
   B.二十多天
   C.一个月

10) A.腊月三十的晚上到正月初一的早上
    B.正月初一的早上到晚上
    C.腊月三十的早上到晚上

11) A.热闹了
    B.平淡了
    C.有趣了

12) A.气氛
    B.拜年的方式
    C.吃的东西

13) A.写信
    B.打电话
    C.送花

14) A.会浪费很多时间
    B.可以节省时间
    C.会花很多钱

15) A.现在的饺子不好吃了、衣服也不好看
    B.生活水平提高了
    C.人们觉得过春节没意思了

16) A.请麦克去玩
    B.请麦克去吃饭
    C.让麦克看看中国人怎么过春节

3. 理解下面每句话的含义 Try to understand the following sentences.

1) A.你说的对,不能节省时间
   B.你说的对,可以节省时间
   C.你说的不对,可以节省时间

2) A.现在过年不再吃饺子了
   B.现在不是过年的时候不吃饺子
   C.现在平时也吃饺子

3) A.过年时也没什么新衣服穿
   B.过年时也没穿什么新衣服
   C.过年时穿新衣服也不觉得新鲜

4) A.你说的意思很对,就是这样
   B.你说的意思对是对,不过还有点儿问题
   C.你就这一句话说得对

4. 听第三遍录音,回答问题 Listen to the tape once more and answer the following questions.

1) 春节前人们要准备什么?
2) 春节期间,最重要的是哪一天?这一天要做什么?
3) 什么叫"年夜饭"?什么叫"压岁钱"?
4) 这些年春节的时候,气氛有什么变化?为什么?
5) 现在拜年的方式上有什么变化?
6) 人们为什么觉得春节的时候吃饺子、穿新衣服不新鲜了?

二、泛听练习　Extensive listening

（一）春联儿是怎么来的？

生　词　New Words

1. 春联	（名）	chūnlián	New Year couplet
2. 上联	（名）	shànglián	the first line (of the couplet)
3. 下联	（名）	xiàlián	the second line (of the couplet)
4. 横批	（名）	héngpī	the horizontal scroll

练　习　Exercise

听后回答问题　Listen and answer the following questions.
1．春联儿有哪几部分？　　2．贴春联儿的时候应该怎么贴？
3．念春联儿的时候应该怎么念？
4．春联儿最早出现在什么时候？那时候就叫"春联儿"吗？什么时候才开始叫"春联儿"的？

（二）偷春联儿

生　词　New Words

1. 留	（动）	liú	hold back
2. 心眼儿	（名）	xīnyǎnr	cleverness

练　习　Exercise

听后回答问题　Listen and answer the following questions.
1．书法家写的第一副春联儿为什么被偷走了？
2．书法家写的第二副春联儿怎么样了？
3．他贴在门上的第三副春联儿，别人为什么没偷？
4．第二天早上，书法家做什么了？

第十四课　你最好还是戒了吧！

一、听力理解练习　Listening comprehension

（一）听后选择正确答案　Listen to the tape and choose the correct answer.

1. A.哥哥比我高
   B.哥哥不比我高
   C.我比哥哥矮

2. A.看着简单,做的时候却很难
   B.看着简单,做的时候也不难
   C.看的和做的不是一回事儿

3. A.老师把学生们吸引住了
   B.学生们的表演把老师吸引住了
   C.很多老师都参加了学生们的节目表演

4. A.他开车时发生了交通事故
   B.他从车上下来了
   C.他把车停住了

5. A.在家等妈妈回来
   B.吃糖以前要洗洗手
   C.不要吃糖

6. A.告诉爸爸今天是星期几
   B.提醒爸爸今天要在家陪他玩儿
   C.星期六不要去买烟

7. A.小刘原来是单身,现在结婚了
   B.她现在才知道小刘是单身
   C.她不知道小刘已经结婚了

8. A.不要看了
   B.那两个人不好看
   C.你见没见过打架的

9. A.你唱得太难听了,不要唱了
   B.别影响孩子睡觉
   C.你唱的什么歌

10. A.男的说错了
    B.女的是学医的
    C.女的不是学医的

（二）听下列对话并做练习　Listen to the following dialogue and do the exercises.

你最好还是戒了吧！

　　由于各种各样的原因,有一些人开始抽烟。大家都知道吸烟对身体有害,怎么才能帮这些人把烟戒掉呢？

生 词 New Words

1. 受不了		shòubuliǎo	cannot endure
2. 到处	（名）	dàochù	everywhere
3. 告辞	（动）	gàocí	leave
4. 主意	（名）	zhǔyi	idea
5. 打火机	（名）	dǎhuǒjī	lighter
6. 特意	（副）	tèyì	specially
7. 适应	（动）	shìyìng	adapt; get used to

练 习 Exercises

1. 听第一遍录音，判断正误 Listen to the tape and decide if the following statements are true.

   1) 今天 5 月 31 号，是"无烟日"。
   2) 男的抽烟抽了 10 多年了。
   3) 男的是联系工作的时候开始抽烟的。
   4) 抽烟对男的身体没有什么影响。
   5) 男的对戒烟的态度不太坚决。

2. 听第二遍录音，选择正确答案 Listen to the tape again and choose the correct answer.

   1) A. 老板们不太喜欢他
      B. 老板们没有很多时间跟他谈
      C. 老板们只让他说两句话

   2) A. 陪老板一起抽烟
      B. 请老板抽烟
      C. 送给老板一盒烟

   3) A. 因为老板们都很喜欢抽烟
      B. 为了让老板不要马上走开，跟他谈话
      C. 因为不这样做不太礼貌

   4) A. 8 分钟
      B. 9 分钟左右
      C. 10 分钟

   5) A. 25 块钱
      B. 2 块钱
      C. 27 块钱

   6) A. 点着了烟
      B. 马上离开了
      C. 跟他谈话的时间比较长

7) A.让老板一个人抽烟不礼貌,他要陪老板抽
   B.他很想抽
   C.不让老板看出他不会抽烟

8) A.受家庭的影响
   B.受电影明星的影响
   C.联系工作的需要

9) A.比以前多了
   B.比以前少了
   C.跟以前差不多

10) A.脸色不好、晚上睡不着觉
    B.晚上咳嗽、睡不着觉
    C.脸色不好、晚上咳嗽

11) A.身体适应不了
    B.戒不掉
    C.不但戒不掉烟,还加了别的毛病

3. 理解下面每句话的含义 Try to understand the following sentences.

1) A.刚见面还没说话就有人找他们
   B.见面后只说两句话就有人找他们
   C.见面后刚说了几句话就有人找他们

2) A.他不好意思不抽这支烟就走
   B.他不好意思抽完这支烟再走
   C.他没有抽完这支烟就不好意思走

3) A.满意
   B.可笑
   C.遗憾

4) A.他真的不容易马上离开
   B.他马上离开真的不好
   C.他真的不想马上离开

5) A.发生了一件事
   B.找到了工作
   C.办完了一件事

6) A.从那以后我和烟没有再离开过
   B.从那以后我就再也不抽烟了
   C.从那以后我就开始抽烟了

7) A.一天抽不到一盒烟
   B.一天要抽一盒多的烟
   C.一天要抽一盒烟

8) A.你看你的脸色多不好看啊
   B.你看你的脸上都是什么颜色
   C.你看你的脸上为什么有颜色

9) A.跟十年前不能比
   B.十年前跟现在不能比
   C.十年前不如现在

10) A.不想戒就不能戒掉
    B.想戒掉不是那么容易的
    C.想戒掉就能戒掉

11) A.你只有诚心诚意地戒,才能戒掉
    B.不管你是不是诚心诚意地戒,都能戒掉
    C.你如果诚心诚意地戒,就能戒掉

12) A.走得很慢
    B.抽烟抽得很慢
    C.逐渐地戒烟

13) A.他还没准备
    B.那也有可能
    C.没有这种事儿

4. 听第三遍录音,用(　　)里的词回答问题　Listen to the tape once more and answer the questions with the words in the parentheses.
   1) 十多年前,他开始找工作的时候,遇到了什么问题?(总是、说不上、只好)
   2) 这时候朋友给他想了什么主意?(在……以前、不好意思)
   3) 他按照朋友说的做了以后,发生了什么情况?(果然、办成、再也……)
   4) 男的现在身体不太好,女的是怎么说的?(什么、怎么、不……吗?)
   5) 女的是怎么劝男的戒烟的?(最好、好吗?)

5. 根据实际情况回答问题　Answer the following questions according to your own situations.
   1) 你或者你的朋友抽烟吗?是怎么开始抽烟的?
   2) 如果你的朋友抽烟抽得很厉害,你怎么劝他戒烟呢?

二、泛听练习　Extensive listening

(一) 喝酒(相声)

生　词　New Words

1.醉	(动)	zuì	get drunk
2.救火车	(名)	jiù huǒ chē	fire engine
3.轧	(动)	yà	run over; crush
4.手电筒	(名)	shǒudiàntǒng	electric torch
5.光柱	(名)	guāngzhù	light beam

练　习　Exercise

听后回答问题　Listen to the tape and answer the following questions.
1.你觉得躺在马路上的那个人醉了没有?为什么?

2. 大家在一起喝酒,什么样的人真的醉了?什么样的人是装醉?
3. 你觉得相声中最后的那两个人醉了没有?为什么?

(二) 关于香烟

生　词　New Words

1. 香烟　　　（名）　　xiāngyān　　　cigarette
2. 消费量　　（名）　　xiāofèiliàng　　volume of consumption
3. 危害　　　（名）　　wēihài　　　　harm
4. 成年人　　（名）　　chéngniánrén　adult
5. 疾病　　　（名）　　jíbìng　　　　disease

练　习　Exercise

听录音,填出下列数字　Listen to the tape and fill in the blanks with numbers.

1. 香烟传到中国已经有_____年了。
2. 中国有_____成年人,其中吸烟的人有_____。在成年男性中,吸烟率达到了_____;在成年女性中的吸烟率是_____。
3. 中国香烟的消费量是世界消费总量的_____。
4. 10年前是每人每天吸_____支,现在是_____支。
5. 现在中国每年死于和吸烟有关的疾病的人数是_____,预计到2025年这个数字会是现在的____倍。

第十五课　你试过这个办法吗？

一、听力理解练习　Listening comprehension

（一）听后选择正确答案　Listen and choose the correct answer.

1. A.小丽只得了一个100分
   B.我们班只有小丽得100分
   C.只有我们班有人得100分

2. A.偶尔回家
   B.不回家
   C.经常回家

3. A.不太聪明，成绩也不好
   B.很聪明，学习也不差
   C.很聪明，但学习不太好

4. A.他的身体从来就没有好过
   B.来到这儿以后，他的身体很不好
   C.他今天头疼

5. A.全不记得了
   B.全记不得了
   C.不全记得了

6. A.小王经常生气
   B.小李经常生气
   C.小李和小王都很生气

7. A.虽然很了解她，但是不经常见面
   B.不太了解
   C.尽管经常见面，但是不太了解

8. A.小王都没有女朋友，当然还没结婚呢
   B.我们不要说结婚这件事儿
   C.小王和他的女朋友还没有说结婚的事儿

9. A.小王新买了一辆自行车
   B.小王的自行车没骑过几次
   C.小王的自行车还没骑过

10. A.她听了天气预报就知道该穿什么衣服
    B.她每天不听天气预报，听穿衣预报
    C.听了天气预报也不知道该穿什么衣服

（二）听下列对话并做练习　Listen to the following dialogue and do the exercises.

你试过这个办法吗？

　　你每天休息得好吗？有没有失眠、做噩梦的时候？你知道这些是什么原因造成的吗？要想每天都休息得好，有什么好的办法吗？

生 词 New Words

1. 噩梦　　（名）　èmèng　　　　nightmare
2. 安眠药　（名）　ānmiányào　　sleeping pill
3. 浅睡眠　（名）　qiǎnshuìmián　light sleep
4. 现象　　（名）　xiànxiàng　　phenomenon
5. 调节　　（动）　tiáojié　　　adjust; regulate
6. 下降　　（动）　xiàjiàng　　　decrease
7. 保准　　（副）　bǎozhǔn　　　surely
8. 说到底　　　　　shuōdàodǐ　　after all
9. 放松　　（动）　fàngsōng　　　relax

练 习 Exercises

1. 听第一遍录音，判断正误　Listen to the tape and decide if the following statements are true.

　　1) 老张最近每天晚上都休息不好。
　　2) 女的给老张想的办法，老张都试过了。
　　3) 77%的人有这种浅睡眠现象。
　　4) 浅睡眠对身体的影响不如失眠的影响大。
　　5) 对人来说，睡觉比吃饭、喝水更重要。
　　6) 老张睡眠不好的原因是工作太多了。

2. 听第二遍录音，选择正确答案　Listen to the tape again and choose the correct answer.

1) A. 以前试过，不行
　 B. 他听说过，觉得不行
　 C. 他想试一试，不知道行不行

2) A. 不喜欢吃药
　 B. 他吃过，而且吃了以后很长时间睡不着
　 C. 觉得安眠药对身体有影响，不想吃

3) A. 每天晚上睡不着
　 B. 有时候会做噩梦
　 C. 早上醒得很早

4) A. 睡眠时间太短
　 B. 睡眠质量不好
　 C. 失眠

5) A. 很累
　 B. 记忆力不好
　 C. 头疼

6) A. 不睡觉能活5天，不喝水能活7天，不吃饭能活20天
　 B. 不喝水能活5天，不睡觉能活7天，不吃饭能活20天
　 C. 不吃饭能活7天，不睡觉能活20天，不喝水能活5天

7) A. 要经常锻炼
   B. 洗澡的时候要用热水
   C. 睡觉前先去锻炼,然后再泡热水澡

8) A. 很耽误时间,他不想试
   B. 虽然可能会耽误时间,不过可以试试
   C. 如果耽误时间,他不想试

9) A. 减少工作
   B. 晚上不要工作到很晚
   C. 保持好的心情、放松自己

3. 理解下面每句话的含义　Try to understand the following sentences.

1) A. 很失望
   B. 很难受
   C. 很伤心

2) A. 很早以前就试过了
   B. 早上试过了
   C. 刚才试过了

3) A. 他的眼睛很大
   B. 眼睛一直睁得很大
   C. 他还没有睡着

4) A. 只要有一点儿声音,我就醒了
   B. 因为有声音,所以我就醒了
   C. 哪怕声音很小,我也会被吵醒

5) A. 如果这样长时间休息不好,身体就会受影响
   B. 要是这样长时间走下去,身体就会受影响
   C. 由于长时间休息不好,身体受到了影响

6) A. 那样的话,一定会到两三点钟
   B. 那样的话,恐怕要到两三点钟
   C. 那样的话,到不了两三点钟

7) A. 果然能睡个好觉
   B. 也许能睡个好觉
   C. 一定能睡个好觉

8) A. 要说最根本的原因是你工作太辛苦了
   B. 最后一个原因是你工作太辛苦了
   C. 肯定是因为你工作太辛苦了

4. 听第三遍录音,口头回答问题　Listen to the tape once more and answer the following questions.
   1) 女的给老张想的第一个办法是什么?老张觉得怎么样?
   2) 女的给老张想的第二个办法是什么?老张觉得怎么样?
   3) 老张现在的睡眠情况怎么样?你仔细说一说。
   4) 浅睡眠现象对人的身体有哪些不好的影响?
   5) 为什么说睡觉比吃饭、喝水更重要?
   6) 女的给老张想的第三个办法是什么?老张觉得怎么样?

二、泛听练习 Extensive listening

(一) 说说"感冒"

生　词 New Words

1. 预防　　　（动）　　yùfáng　　　prevent; take precautions against
2. 治疗　　　（动）　　zhìliáo　　　treat; cure
3. 喷嚏　　　（名）　　pēntì　　　sneeze
4. 传播　　　（动）　　chuánbō　　spread
5. 病毒　　　（名）　　bìngdú　　　virus
6. 存活　　　（动）　　cúnhuó　　　survive
7. 传染　　　（动）　　chuánrǎn　　infect; be contagious

练　习 Exercise

下面这些关于感冒的说法对不对？　Are the following statements about common cold correct or incorrect?
1. 感冒是最常见的病。
2. 因为感冒很容易引起别的病，所以不能把感冒看成是小病。
3. 冬天一定要穿暖和一点儿，不然会感冒。
4. 感冒的时候打喷嚏最容易传染给别人了。
5. 在东西上面的感冒病毒可以存活72个小时。

(二) 医术

生　词 New Words

1. 医术　　　（名）　　yīshù　　　medical skill
2. 花白　　　（形）　　huābái　　（hair）grey
3. 白大褂　　（名）　　báidàguà　　doctor's overall
4. 听诊器　　（名）　　tīngzhěnqì　　stethoscope

练　习 Exercise

听后回答问题　Listen to the tape and answer the following questions.
1. 陈东的诊所在刚开始的时候，别人对它的态度怎么样？
2. 北街的那家诊所为什么生意不错？
3. 后来陈东想了一个什么主意？

复习（三） Review (3)

一、听力理解练习　Listening comprehension

（一）听后选择正确答案　Listen and choose the correct answer.

1. A.经理一定会生气
   B.经理如果生气我会觉得很奇怪
   C.经理不会生气

2. A.老王不禁哭了
   B.老王忍不住哭了起来
   C.老王忍住,不哭了

3. A.他学习没有别人吃力
   B.别人学习比他更吃力
   C.他比班上任何人都吃力

4. A.疼爱我,但是不说
   B.从来不看着我说话
   C.父亲说话的时候不要看他

5. A.经常打电话打很长时间
   B.经常打电话打一个半小时
   C.打电话只打半个小时

6. A.开车的时候难免发生交通事故
   B.为了避免发生交通事故,开车的时候慢一点儿
   C.开车的时候慢一点儿就不会发生交通事故

7. A.他和同屋的汉语都很好
   B.他们不知道怎么办
   C.他们现在用汉语谈话

8. A.怪小李不应该现在来
   B.怪小明没有礼貌
   C.怪自己没请小李坐

9. A.独立的孩子
   B.惟一的孩子
   C.孤独的孩子

10. A.请了两三天假
    B.请了好几天假
    C.经常请假

11. A.这件事是小王做错了,应该怪小王
    B.你们错了,不应该怪小王
    C.你们错了,应该怪小王

12. A.7点
    B.10点
    C.8点

13. A.不要说你们是外国人
    B.你们外国人更不懂了
    C.你们外国人说的话我们中国人也听不懂

14. A.新书在图书馆很难借着
    B.从图书馆借书看也有不方便的时候
    C.图书馆的新书不会借给你

15. A.这台电视机修起来是很容易
    B.这台电视机修起来很难的
    C.我试试看吧

16. A.这个问题太难了
    B.这是不容易避免的
    C.这是一定不能避免的

17. A.题太难、考试时间太短
    B.题太难、考试时间太短、平时没有努力学习
    C.平时没有努力学习

18. A.不知道怎么跟中国人来往
    B.不常跟中国人来往
    C.不跟中国人来往

19. A.小王穿一件衬衣就够热的了
    B.小王穿一件衬衣太随便了
    C.穿一件衬衣就行

20. A.自己开公司以后开始抽烟了
    B.为了办事儿他不得不学会了抽烟
    C.他一般不请别人抽烟

(二)听下面的短文并做练习 Listen to the following passage and do the exercises.

吃完再说

生　词 New Word

理由　　　　(名)　　　lǐyóu　　　　　　reason

练　习 Exercises

1. 听第一遍录音,判断正误 Listen to the tape and decide if the following statements are true.
   1) 中秋节以前,张三买了四个月饼。
   2) 张三家有他、妻子、两个孩子四口人。
   3) 张三一共吃了四个月饼。

2. 听第二遍录音,选择正确答案 Listen to the tape again and choose the right answer.
   1) A.家里人每个人可以吃一个月饼
      B.家里只有一个人有一个月饼
      C.家里正好有一个人
   2) A.他肚子疼
      B.他还是饿
      C.他把肚子拍响了

3) A.那个月饼他吃了五口
   B.那个月饼他吃得很慢
   C.他很快就把那个月饼吃完了

4) A.妻子吃的月饼一定不比他吃得多
   B.他吃的月饼一定比妻子少
   C.他和妻子不一定谁吃的月饼多

3. 听第三遍录音,回答问题　Listen to the tape once more and answer the following questions.
   1) 张三吃爸爸那块月饼时心里是怎么想的?
   2) 张三吃儿子那块月饼时心里是怎么想的?
   3) 张三吃妻子那块月饼时为什么找不到理由了?
   4) 他最后想出了一个什么办法?你觉得这个办法怎么样?
   5) 当他把月饼扔到地上的时候,月饼怎么样了?
   6) 妻子的那块月饼他吃了没有?他是怎么说的?

二、泛听练习　Extensive listening

对对联儿

生　词　New Words

1. 书籍	(名)	shūjí	books
2. 报刊	(名)	bàokān	newspapers and periodicals
3. 跳水		tiào shuǐ	dive
4. 做操		zuò cāo	do physical exercises
5. 集体	(名)	jítǐ	collective
6. 芭蕾	(名)	bāléi	ballet
7. 打猎		dǎ liè	hunting
8. 兔子	(名)	tùzi	rabbit; hare
9. 禁止	(动)	jìnzhǐ	forbid
10. 钓鱼		diào yú	go fishing

练　习　Exercise

问题:他们一共对了几副对联儿?请你把它们写出来。
Question: How many couplets have they written? Please write them down.

第十六课　该听谁的？

一、听力理解练习　Listening comprehension

（一）听后选择正确答案　Listen and choose the correct answer.

1. A. 没有很深刻的体会
   B. 谁也没有很深刻的体会
   C. 他的体会很深刻

2. A. 所有的人都不了解这些
   B. 有的人不了解这些
   C. 不知道是不是所有的人都了解这些

3. A. 他现在资助着三个农村孩子
   B. 他正在资助一个大学生
   C. 他以前资助过三个农村孩子

4. A. 他还没去过大连呢
   B. 他可以见到大海
   C. 他可以在海里游泳

5. A. 小刘觉得100块钱太便宜了
   B. 小刘想把那张邮票送给他
   C. 他不好意思跟小刘说

6. A. 孩子
   B. 妈妈
   C. 大夫

7. A. 只有小刘才能修好他的电脑
   B. 小刘一定要修他的电脑
   C. 他一定要让小刘修他的电脑

8. A. 你去找小王,他可能不让你进去
   B. 小王不会听你的话
   C. 小王可能听不懂你的话

9. A. 上海－广州－香港－昆明
   B. 上海－香港－广州－昆明
   C. 上海－广州－昆明

10. A. 她很害怕,不敢说
    B. 大华医院不是最好的医院
    C. 她不能肯定地说大华医院是最好的医院

（二）听下面的短文并做练习　Listen to the following passage and do the exercises.

该听谁的？

　　遇到问题的时候,希望有人给自己出个主意,但别人给你出的主意太多又是什么感觉呢？请听录音。

生 词 New Words

1. 驴　　　　（名）　　lú　　　　　donkey
2. 傻　　　　（形）　　shǎ　　　　foolish; stupid
3. 赶路　　　　　　　gǎn lù　　　hurry on with one's journey
4. 狠心　　　（形）　　hěnxīn　　 cruel; heartless
5. 绳子　　　（名）　　shéngzi　　rope
6. 可怜　　　（形）　　kělián　　　pitiful
7. 分别　　　（副）　　fēnbié　　　separately
8. 捆　　　　（动）　　kǔn　　　　tie
9. 棍子　　　（名）　　gùnzi　　　stick

练 习 Exercises

1. 听第一遍录音，把下面的话按故事发生的顺序排好　Listen to the tape and rearrange the following sentences in the correct sequence.

  （　）路上碰见一个熟人
  （　）爷孙俩拉着驴去赶集
  （　）周围的人奇怪地看着他们
  （　）走了不远，遇到一个小伙子
  （　）遇见一位老大娘
  （　）爷爷和孙子抬着驴走
  （　）在路上遇见一位老大爷
  （　）爷爷让孙子骑到驴的身上
  （　）爷爷和孙子都骑到驴的身上
  （　）爷爷骑到驴的身上，孙子自己走

2. 听第二遍录音，理解下面每句话或词语的含义　Listen to the tape again and try to understand the following phrases and sentences.

  1) A. 走了很远　　　　　　2) A. 很熟悉的人
　　B. 走了不远　　　　　　　B. 很熟练的人
　　C. 不要走太远　　　　　　C. 陌生人

  3) A. 走了好大一会儿　　　4) A. 只能看见自己
　　B. 走了一小会儿　　　　　B. 只看自己，不看别人
　　C. 走了多大一会儿　　　　C. 只考虑自己

5) A. 孙子　　　　　　　　6) A. 紧张
　 B. 爷爷和孙子　　　　　　 B. 赶快
　 C. 爷爷　　　　　　　　　 C. 着急

7) A. 驴快把他们压死了　　8) A. 遗憾
　 B. 他们快把驴压死了　　　 B. 失望
　 C. 他们快被驴压死了　　　 C. 不同意

3. 听第三遍录音,用( )里的词回答问题　Listen to the tape once more and answer the questions with the words given in the parentheses.
   1) 他们在路上遇到的那个熟人说什么了？（不是……吗?）
   2) 遇到的那位老大娘说什么了？（太不……了、怎么能……呢?）
   3) 那位老大爷说什么了？（……只有自己、怎么能……呢?）
   4) 那个小伙子说什么了？（真没见过……、快……了）
   5) 听了那个小伙子的话以后,爷孙俩做什么了？（分别、抬）

4. 请你讲一讲这个故事。你对这爷孙俩有什么看法？　Retell the story in your own words. What do you think of this old man and his grandson?

二、泛听练习　Extensive listening

（一）一条裤子

生　词　New Words

1. 寸	（量）	cùn	a unit of length
2. 收拾	（动）	shōushi	put in order
3. 剪	（动）	jiǎn	cut
4. 缝	（动）	féng	sew
5. 裤衩	（名）	kùchǎ	undershorts

练　习　Exercise

听录音,回答问题　Listen to the tape and answer the following questions.
1. 阿虎买的裤子有什么毛病？
2. 妈妈为什么不帮他收拾？
3. 妻子为什么不帮他收拾？妹妹为什么也不帮他收拾？

4. 妈妈后来为什么又帮他了？她是怎么想的？妻子呢？妹妹呢？
5. 阿虎的裤子变成什么了？为什么？

(二) 左右为难

生 词 New Words

1. 农民	（名）	nóngmín	farmer; peasant
2. 喂	（动）	wèi	feed
3. 猪	（名）	zhū	pig
4. 视察	（动）	shìchá	inspect
5. 海鲜	（名）	hǎixiān	sea food

练 习 Exercise

听录音,回答问题 Listen to the tape and answer the questions.
1. 这个农民被罚了几次？罚了多少钱？
2. 他第一次为什么被罚？第二次呢？
3. 当第三次有人问他用什么喂猪时,他是怎么回答的？
4. 听了这个故事,你有什么想法？

第十七课　企鹅的婚恋

一、听力理解练习　Listening comprehension

（一）听后选择正确答案　Listen and choose the correct answer.

1. A.他从小失去了母亲
   B.他现在很痛苦
   C.他现在才体会到失去母亲的痛苦

2. A.他和小王住在一起
   B.小王很可靠
   C.他现在有了困难

3. A.把桌子上的书都放到书架上去
   B.把书架上没用的书放到桌子上去
   C.把现在不用的书都放到书架上去

4. A.不好意思跟妈妈说
   B.不知道怎么样才能说出来
   C.这个月的钱他花了一半了

5. A.去哪儿找工作
   B.找什么样的工作
   C.找工作的时候要注意的问题

6. A.男的电话坏了
   B.男的以前去过小王那儿，今天还要去
   C.男的觉得去小王那儿告诉他比打电话告诉好

7. A.小李肯定会去
   B.小李不一定会去
   C.小李一定不去

8. A.她不太想去
   B.她要是出国的话,没人照顾她
   C.她要照顾父母

9. A.旁边那家店里的衣服不如他的好
   B.旁边那家店里卖的不是衣服
   C.不知道旁边那家店里卖的是什么

10. A.老师解释得不清楚
    B.虽然解释了,但是小王仍然不明白
    C.老师没有解释

（二）听下面的短文并做练习　Listen to the following passage and do the exercises．

企鹅的婚恋

在南极大陆生活着一种非常可爱的动物——企鹅。你喜欢它们吗？了解它们吗？你知道雄企鹅是怎么向雌企鹅求婚的吗？它们又是怎么养育自己的孩子的？

生　词　New Words

1.	企鹅	（名）	qǐ'é	penguin
2.	恋爱	（名）	liàn'ài	romantic love
3.	雄	（形）	xióng	male
4.	成熟	（形）	chéngshú	mature
5.	形状	（名）	xíngzhuàng	shape
6.	叼	（动）	diāo	hold in the mouth
7.	雌	（形）	cí	female
8.	窝	（名）	wō	nest; lair; den
9.	翅膀	（名）	chìbǎng	wing
10.	忠诚	（形）	zhōngchéng	loyal
11.	受伤		shòu shāng	be wounded
12.	产卵		chǎn luǎn	lay eggs

专有名词　Proper Noun

南极洲　　　　　　　　Nánjízhōu　　　Antarctica

练　习　Exercises

1. 听第一遍录音，判断正误　Listen to the tape and decide if the following statements are true．
   1）企鹅是我最喜欢的动物。
   2）雄企鹅找到它喜欢的雌企鹅以后，就会到水里找一块石头送给它。
   3）雌企鹅如果也喜欢那只雄企鹅，它就会把那块石头叼到自己的窝里。
   4）雄企鹅找到的石头，有时候会被别的雄企鹅偷走。
   5）最大的一种企鹅体重有20公斤。
   6）雌企鹅把卵产下以后，就用肚子把它包住，一直到小企鹅出来。
   7）从雌企鹅产下卵到小企鹅出生，几乎要用两个月的时间。
   8）小企鹅出生以前，雄企鹅一直不吃东西。

2. 听第二遍录音,选择正确答案　Listen to the tape again and choose the correct answer.

1) A.它是南极洲惟一的动物
　 B.它的样子很可爱
　 C.它的恋爱很有意思

2) A.游泳
　 B.去找雌企鹅
　 C.去找一块石头

3) A.它自己喜欢的
　 B.将来的妻子会喜欢的
　 C.颜色很漂亮的

4) A.形状和大小
　 B.大小和颜色
　 C.颜色和形状

5) A.雌企鹅的窝里
　 B.雌企鹅的肚子下边
　 C.雌企鹅的脚边

6) A.下到海里
　 B.拍雄企鹅的翅膀
　 C.拍翅膀把雄企鹅赶走

7) A.雄企鹅把石头放下休息的时候
　 B.雄企鹅刚游回来的时候
　 C.雄企鹅把石头放在雌企鹅脚边的时候

8) A.找别的雄企鹅
　 B.离开雄企鹅
　 C.陪着雄企鹅

9) A.把卵放在雄企鹅的脚边
　 B.每天都到水里为雄企鹅找吃的
　 C.一直不吃东西

3. 理解下面每句话的含义　Try to understand the following sentences.

1) A.游十公里
　 B.游十几公里
　 C.游几十公里

2) A.雄企鹅自己
　 B.它喜欢的雌企鹅
　 C.别的雌企鹅

3) A.很多只
　 B.两只
　 C.四只

4) A.企鹅夫妻互相不想离开
　 B.任何一只企鹅都不想离开别的企鹅
　 C.企鹅夫妻两个不想离开别的企鹅

4. 听第三遍录音,简单回答问题　Listen to the tape once more and give brief answers to the following questions.

1) 雄企鹅怎样向雌企鹅表达自己的感情?
2) 雌企鹅接受雄企鹅时,会有什么表现?不接受的时候呢?

3) 在企鹅的世界里,有时会发生什么样的偷窃现象?
4) 为什么说企鹅之间的爱情是忠诚的?
5) 企鹅夫妻怎样照顾它们的卵?

二、泛听练习　Extensive listening

(一) 假如猎豹参加奥运会

生　词　New Words

1. 猎豹	(名)	lièbào	cheetah
2. 允许	(动)	yǔnxǔ	allow; permit
3. 规则	(名)	guīzé	rule; regulation
4. 项目	(名)	xiàngmù	event
5. 仅	(副)	jǐn	only; merely
6. 冠军	(名)	guànjūn	champion
7. 哺乳动物		bǔrǔ dòngwù	mammal
8. 奔跑	(动)	bēnpǎo	run
9. 构造	(名)	gòuzào	structure
10. 灵活	(形)	línghuó	agile; quick
11. 精确	(形)	jīngquè	accurate
12. 测试	(名)	cèshì	test

专有名词　Proper Noun

奥林匹克　　(名)　　Àolínpǐkè　　the Olympic Games

练　习　Exercise

听录音,填表(课文中没有的内容不填)　Listen to the tape and fill in the boxes (Leave the box blank if the information is not given).

项目	400米	800米	1500米	5000米	每小时跑的距离
猎豹					
人					

(二) 鸟

生　词　New Words

1. 学会　　　　　（名）　　xuéhuì　　　　association
2. 出产　　　　　（动）　　chūchǎn　　　produce; yield
3. 猎杀　　　　　（动）　　lièshā　　　　 hunt; kill

练　习　Exercise

听录音，找出课文中没有提到的内容　Listen to the tape and tick the information that is not given in the text.

1. 北京鸟类学会成立的时间。
2. "鸟节"在哪一天。
3. 为什么说鸟是人类的朋友。
4. 哪些鸟会唱歌、跳舞。
5. 世界上已经知道的鸟的种类。
6. 中国出产的鸟的种类。
7. 鸟的数量减少的原因。
8. 怎样保护鸟类。

第十八课　该怎么说？

一、听力理解练习　Listening comprehension

（一）听后选择正确答案　Listen and choose the correct answer.

1. A.以前野生动物很多
   B.他说不清楚以前到底有多少野生动物
   C.有多少野生动物他没有数过

2. A.学校
   B.学校后边儿
   C.京西饭店

3. A.他没想到山田现在一句中国话都不会说
   B.山田现在的汉语水平很高，他一点儿都没想到
   C.他想不出山田的汉语现在能到什么水平

4. A.经理
   B.秘书
   C.小李

5. A.人们喜欢这部电视剧的原因
   B.他喜欢什么样的电视剧
   C.这部电视剧为什么让人觉得亲切、自然

6. A.小李的女儿培养得真好
   B.让小李认真培养他的女儿
   C.小李的女儿一定能培养好

7. A.随着环境的变化，人的心情也会变化
   B.人的心情总是在变化
   C.随着心情的变化，环境也会变化

8. A.除了这些以外，还有别的小吃
   B.这条街只有一部分是小吃
   C.你看见的这些只有一部分是小吃

9. A.他只去过一两次上海，对上海不熟悉
   B.他去过很多次上海，对上海很熟悉
   C.他去上海不是一次，而是两次了

10. A.一道
    B.四道
    C.一道也没有

（二）听下面的对话并做练习　Listen to the following dialogue and do the exercises.

该怎么说？

在中国传统文化中,有禁忌的习俗,就是有些事情,他们认为不太吉利,是不能直接说出来的。那么该怎么说呢？听了录音你就会有所了解了。

生　词　New Words

1. 晚辈	（名）	wǎnbèi	the younger generation
2. 传说	（名）	chuánshuō	legend
3. 逃避	（动）	táobì	escape；evade；shirk
4. 寿命	（名）	shòumìng	life span；life
5. 极限	（名）	jíxiàn	the maximum；the limit

专有名词　Proper Noun

包公　　　　　　　　　Bāogōng　　　Baogong

练　习　Exercises

1. 听第一遍录音,判断正误　Listen to the tape and decide if the following statements are true.
   1) 麦克的名字跟爷爷的名字一样。
   2) 在中国,晚辈的名字不能跟长辈的名字一样。
   3) 中国人可以直接叫长辈的名字。
   4) 中国人觉得有的年龄不吉利,这跟历史传说有关系。
   5) 中国人觉得不吉利的几个年龄是 45、74、83、100。
   6) 女孩子结婚可以说"添喜了"。

2. 听第二遍录音,选择正确答案　Listen to the tape again and choose the correct answer.
   1) A. 把长辈的名字改一改
      B. 把那件东西的名字改一下
      C. 不说那件东西的名字
   2) A. 汉字不一样,但是发音一样没关系
      B. 汉字一样,但是发音不一样没关系
      C. 汉字和发音都不能一样
   3) A. 包公是 45 岁的时候死的
      B. 孔子是 45 岁的时候死的
      C. 包公 45 岁的时候遇到过危险
   4) A. 孔子是 73 岁的时候死的、孟子 84 岁的时候死的
      B. 孔子是 84 岁的时候死的、孟子 73 岁的时候死的
      C. 孔子在 73 岁的时候、孟子在 84 岁的时候遇到过危险

5) A.在古代没有人能活到100岁
   B.中国人认为100是寿命的极限
   C.孔子是100岁的时候死的

6) A.今年84岁
   B.今年85岁
   C.去年83岁

7) A.出门了
   B.有了
   C.不在了

3. 理解下面每句话的含义　Understand the following sentences.
   1) A.要是不这样的话
      B.不要这样
      C.要是这样的话

   2) A.没有死
      B.差不多死了
      C.死了

   3) A.一般的人怎么才能逃避呢
      B.一般的人逃避不了
      C.一般的人能不能逃避呢

4. 听第三遍录音,回答问题　Listen to the tape once more and answer the following questions.
   1) 麦克和他爷爷的名字一样,中国人会怎么看?在中国,晚辈和长辈的名字应该怎样?
   2) 中国人为什么会认为45、73、84、100这几个年龄不吉利?
   3) 如果你今年45岁,按中国人的习惯,你会怎么说?
   4) 对女孩子结婚、生孩子、人死了,中国人一般会怎么说?

二、泛听练习　Extensive listening

（一）再吃一碗

生　词　New Words

1. 忌讳　　（名）　　jìhuì　　　　taboo
2. 一连　　（副）　　yīlián　　　 in a row; in succession
3. 撑　　　（形）　　chēng　　　 fill to the point of bursting

练　习　Exercise

听录音,回答问题　Listen to the tape and answer the following questions.
1. 老奶奶为什么一连吃了五碗?
2. 老奶奶最后说的话是什么?你觉得吉利不吉利?

(二) 不吉利的话

生　词　New Words

1. 亲戚　　　（名）　　　qīnqi　　　　relative
2. 不耐烦　　　　　　　bùnàifán　　　impatient

练　习　Exercise

听录音,回答问题　Listen to the tape and answer the questions.
1. 这一天,爸爸带这个孩子去做什么?
2. 临去以前,爸爸对他说了什么话?
3. 这天,这个孩子说不吉利的话了吗?

(三) 吃月饼(单口相声)

生　词　New Words

1. 仨　　　　（数）　　　sā　　　　　　three
2. 幽默感　　（名）　　　yōumògǎn　　sense of humour
3. 讨厌　　　（形）　　　tǎoyàn　　　　disgusting
4. 乱糟糟　　（形）　　　luànzāozāo　　chaotic; in a mess
5. 静悄悄　　（形）　　　jìngqiāoqiāo　quiet

练　习　Exercise

听录音,回答问题　Listen to the tape and answer the questions.
1. 他的三个儿子都有什么特点?
2. 他给三个儿子出了一道什么题?
3. 他的三个儿子是怎么回答的?请你在横线上写出来。

老大说：＿＿＿＿＿圆又圆,＿＿＿＿＿缺半边,
　　　　＿＿＿＿＿乱糟糟,＿＿＿＿＿静悄悄。
老二说：＿＿＿＿＿圆又圆,＿＿＿＿＿缺半边,
　　　　＿＿＿＿＿乱糟糟,＿＿＿＿＿静悄悄。
老三说：＿＿＿＿＿圆又圆,＿＿＿＿＿缺半边,
　　　　＿＿＿＿＿乱糟糟,＿＿＿＿＿静悄悄。

第十九课　起名字

一、听力理解练习　Listening comprehension

（一）听后选择正确答案　Listen and choose the correct answer.

1. A.今天的作业虽然很多,但是很容易
   B.他很容易就发现有一道题看错了
   C.今天的作业做起来很不容易

2. A.山的最下边儿
   B.山的中间
   C.山的最上边儿

3. A.那本书终于被他找到了
   B.那本书他到底找到了没有
   C.那本书果然让他找到了

4. A.让小华看看妈妈正忙什么呢
   B.妈妈正忙着呢,他来帮小华
   C.他来看看妈妈正忙什么呢

5. A.好在你提醒我,不然我会忘的
   B.你一定要提醒我,要不我就忘了
   C.谢谢你提醒我,不过我不会忘的

6. A.不是你,是我们早就到了
   B.如果我们是你的话,早就到了
   C.就是因为你,我们现在还没到

7. A.在放车
   B.在看什么东西
   C.在找车

8. A.不告诉丈夫
   B.跟丈夫说说
   C.不回家

9. A.不用带那么多东西
   B.不要买那么多东西
   C.不用带那么多钱

10. A.明天不是你做手术,不要紧张
    B.你做过手术,不要紧张
    C.明天又是你做手术,不过不要紧张

（二）听下面的对话并做练习　Listen to the dialogue and answer the following questions.

起名字

中国人很重视给孩子起名字,为了给孩子起名字常常是再三考虑,但是什

么样的名字才是比较好的名字呢？请听录音。

生 词 New Words

1. 规律	（名）	guīlǜ	law; regular pattern
2. 尽力		jìn lì	try one's best
3. 字形	（名）	zìxíng	formation of a Chinese character
3. 协调	（形）	xiétiáo	coordinate; harmonious
4. 笔画	（名）	bǐhuà	stroke (of a character)
5. 同名		tóng míng	same in title or name

练 习 Exercises

1. 听第一遍录音，并判断正误 Listen to the tape and decide if the following statements are true.

   1) 中国人非常重视给孩子起名字。
   2) 因为每个人的看法不一样，所以起名字也没有什么规律。
   3) 中国人的名字一般都是三个字，两个字的名字非常少。
   4) 同名的原因有两个。

2. 听第二遍录音，选择正确答案 Listen to the tape again and choose the correct answer.

   1) A. 念起来很好听
      B. 带来好的运气
      C. 有很多同名

   2) A. 名字的意思是父母希望他以后为国家尽力
      B. 没有节奏感
      C. 很吉利

   3) A. 名字的意思是父母希望他以后为国家尽力
      B. 笔画太多，写起来不方便
      C. 很吉利

   4) A. 很吉利
      B. 没有节奏感
      C. 笔画太多

   5) A. 名字中的几个字都用同一个声调
      B. 名字中的几个字不要用同一个声调
      C. 用好听的字起名字

   6) A. 名字中的字都用笔画最少的字
      B. 名字中的字有的笔画多一点，有的少一点
      C. 不能用笔画多的字

   7) A. 三个字的名字增加了
      B. 两个字的名字越来越多了
      C. 同名的现象增加了

   8) A. 很好
      B. 不太麻烦
      C. 互相不认识

9) A. 张、王、李、赵、刘
   B. 张、王、李、赵、周
   C. 张、黄、李、赵、刘

10) A. 兰
    B. 英
    C. 梅

3. 听第三遍录音,填空   Listen to the tape once more and fill in the blanks.
   1) 做父母的认为给孩子起一个好的名字,会给他(她)带来_____,_____影响他(她)的一生。
   2) _____,如果名字中的几个字都是一个声调的话,_____就不好听了。
   3) 就是说好的名字要_____吉利、_____好听、_____方便,对不对?

4. 简单回答下列问题   Give brief answers to the following questions.
   1) 中国人起名字的时候,一般有什么规律?
   2) 现在为什么会有这么多同名的现象?
   3) 说说你知道的中国人的名字,他们有没有什么意义?

二、泛听练习   Extensive listening

(一) 中国人的姓

生 词   New Words

1. 历史学家	(名)	lìshǐxuéjiā	historian
2. 女字旁	(名)	nǚ zì páng	the radical of 女 (woman)
3. 姓氏	(名)	xìngshì	surname
4. 先后	(副)	xiānhòu	successively
5. 常用	(形)	chángyòng	common
6. 分布	(动)	fēnbù	be dispersed; be distributed

练 习   Exercise

听录音,判断正误   Listen to the tape and decide if the following statements are true.
1. 中国人的姓最早出现在五六千年以前。
2. 中国最古老的姓大都有"女"字旁。
3. 中国历史上先后出现过12000来个姓。
4. 现在中国使用的汉字姓氏有3500个,其中一个字的姓有2900个。
5. 在中国人的姓氏中,最常用的有100个,占全国总人口的60%多。

6. 在中国姓李的人有1亿多,占汉族人口的9.7%。
7. 在北京、上海、沈阳、武汉、重庆、成都、广州七个城市中,北京人使用的姓最多。

(二) 译名

生 词 New Words

1. 商品	(名)	shāngpǐn	commercial goods
2. 销售	(动)	xiāoshòu	sell;market
3. 接近	(动)	jiējìn	approach;be close to
4. 反感	(形)	fǎngǎn	dislike;be averse to
5. 企业	(名)	qǐyè	enterprise
6. 产品	(名)	chǎnpǐn	product

练 习 Exercise

听录音,回答问题 Listen to the tape and answer the questions.
1. 这段话的主要意思是什么?
2. "Goldlion"直接翻译成汉语的话,是"金狮",为什么中国人不喜欢?
3. "士必利"和"雪碧"是同一种饮料吗?
4. 作者认为中国不少企业在给自己的产品起名字的时候有什么问题?

第二十课　换工作

一、听力理解练习　Listening comprehension

(一)听后选择正确答案　Listen and choose the correct answer.

1. A.在家呆着
   B.出去
   C.还没决定

2. A.两年
   B.七年
   C.三年

3. A.不知道怎么发脾气了
   B.向来对别人很好
   C.经常对别人发脾气

4. A.公司有的人增加的收入多,有的人少
   B.公司的收入有时候多,有时候少
   C.不知道今年的收入是多还是少

5. A.很高兴的话
   B.安慰经理的话
   C.告诉他发生了不太好的事儿

6. A.学习另一种语言比汉语更难
   B.要学好汉语得花很长时间
   C.你为什么要学习另一种语言呢

7. A.十分钟打了三次电话找小李
   B.打了十分钟的电话
   C.不会十分钟打三次电话

8. A.要早一点儿买好飞机票
   B.要买早上的飞机票
   C.要买早一点儿的飞机票

9. A.让小王再唱一遍
   B.让小王再唱一首
   C.再来一个人跟小王一起唱

10. A.这个工作对你很合适
    B.你辞了职再找一个合适的工作
    C.你辞了职就找不到工作了

(二)听下面的短文并做练习　Listen to the following passage and do the exercises.

换工作

以前,中国人找到一份工作以后,就有可能干一辈子,他们很少考虑这份工作对自己是不是合适。而现在的年轻人越来越重视自己的发展,在选择工作上也是一样。

生 词 New Words

1.	一辈子	（名）	yībèizi	all one's life
2.	县	（名）	xiàn	county
3.	出息	（名）	chūxi	good prospects; promise
4.	高考	（名）	gāokǎo	college entrance exam
5.	以	（介）	yǐ	with; as
6.	合	（动）	hé	close
7.	高级	（形）	gāojí	higher
8.	将近	（动）	jiāngjìn	near(ly)
9.	议论	（动）	yìlùn	talk; discuss
10.	寻问	（动）	xúnwèn	enquire
11.	反正	（副）	fǎnzhèng	anyway; after all

练 习 Exercises

1. 听第一遍录音，判断正误 Listen to the tape and decide if the following statements are true.

    1) 张大爷生活在农村，从来没去过县城。
    2) 张大爷的儿子前年考上了大学。
    3) 小张考大学的时候成绩是全班第一名。　　4) 小张考上了北京大学。
    5) 小张在大学学习了七年。　　6) 小张一共换了三次工作。

2. 听第二遍录音，选择正确答案 Listen to the tape again and choose the correct answer.

    1) A. 生活很安静　　　　　　　　　　2) A. 他被学校炒了鱿鱼
       B. 有将近三个月的假期　　　　　　　B. 在学校工作没有成就感
       C. 工资很高　　　　　　　　　　　　C. 在学校工资太少了

    3) A. 是副经理　　　　　　　　　　　4) A. 很高兴
       B. 一个月挣的钱不如张大爷一　　　　B. 不高兴
       　年挣的多　　　　　　　　　　　　C. 很失望
       C. 常常给张大爷寄钱

    5) A. 很羡慕　　　　　　　　　　　　6) A. 大公司工资很低
       B. 不羡慕　　　　　　　　　　　　　B. 他被大公司炒了鱿鱼
       C. 怀疑他是被炒了鱿鱼　　　　　　　C. 在大公司不被重视、没有成就感

7) A.是小职员
   B.工资比较多
   C.是副经理

8) A.很高兴
   B.很生气
   C.不理解

9) A.很失望
   B.不理解
   C.怀疑他被炒了鱿鱼

10) A.挣钱多
    B.被重视
    C.在大公司工作

11) A.挣钱多
    B.在大公司工作
    C.当经理

3. 理解下面每句话的含义 Try to understand the following sentences.

1) A.都在笑
   B.很吃惊
   C.嘴不舒服

2) A.他很可怜
   B.他的工资很少
   C.那些同学很可怜

3) A.村里人不羡慕
   B.村里人很羡慕
   C.村里人有点儿羡慕

4) A.眼睛坏了
   B.找不到了
   C.做了不好的事儿

5) A.挣钱多就没有成就感
   B.挣钱多就应该有成就感
   C.挣钱多了就有成就感吗

4. 听第三遍录音,回答问题 Listen to the tape once more and answer the following questions.

   1) 小张换过哪几次工作?
   2) 说一说他做第一份工作时的情况。他为什么换了工作?
   3) 说说他做第二份工作时的情况。后来为什么又换了工作?
   4) 说说他做第三份工作时的情况。
   5) 对于"成就感",小张和爸爸有什么不同的理解?

二、泛听练习 Extensive listening

(一) 招聘启事

生　词 New Words

1. 专长　　　(名)　　　zhuāncháng　　　specialty: special skill

91

2. 定时　　　　　（副）　　　　dìngshí　　　　　　regularity

练 习　Exercise

听录音,判断正误　Listen to the tape and decide if the following statements are true.
1. 这是中国少年儿童服务中心的招聘启事。
2. 这个启事招聘家庭教师。
3. 家庭教师可以帮助双职工家长接送孩子。
4. 大学生都可以报名当家庭教师。
5. 报名时要带一张照片。
6. 报名时间是7月1日到7月27日。
7. 星期三到星期六的下午2点到8点可以报名。
8. 报名地址是北京建国门外大街6号。
9. 呼机号是66771166呼26117。
10. 联系人是姜(Jiāng)小姐、李先生。

(二) 什么样的人可以进公司?

生 词　New Word

应聘　　　　　　　　　yìngpìn　　　　　　accept an offer of employment

练 习　Exercise

下面哪种人不能进这家公司?为什么?　Which of the following types of people are not acceptable to this company? Why?

1. 说话声音太大的人。　　　　2. 吃饭比较慢的人。
   说话声音很小的人。　　　　　吃饭比较快的人。
3. 打扫厕所打扫得很干净的人。　4. 考试的时候来得很早的人。
   打扫厕所打扫得不太干净的人。　考试的时候迟到的人。

复习(四) Review (4)

一、听力理解练习　Listening comprehension

(一) 听后选择正确答案　Listen to the tape and choose the correct answer.

1. A.三块六
   B.两块七
   C.三块钱

2. A.老师没有让他们到学校去
   B.老师让他们赶快到学校去
   C.老师不可能让他们到学校去

3. A.丽丽
   B.大夫
   C.说话的人

4. A.几十年
   B.十几年
   C.十年

5. A.王丽设计得很好
   B.王丽一定会帮我设计得很好
   C.让王丽认真帮她设计设计

6. A.小王之所以去深圳工作,是因为他女朋友在那儿上学
   B.小王的女朋友之所以去深圳上学,是因为小王在那儿工作
   C.小王在深圳找工作并不是因为他女朋友在那儿

7. A.一定要去看看
   B.年纪不是很大
   C.年纪大了,不能去看了

8. A.他没想过二三十年以前的生活什么样
   B.现在的生活跟二三十年以前完全不一样
   C.二三十年以后的生活会比现在更好

9. A.还没走
   B.刚刚开走
   C.早就开走了

10. A.没有通知过小王
    B.已经通知过小王了
    C.不是她通知的小王

11. A.她一定要今天去公园
    B.她今天一定要去公园
    C.她今天一定要跟妈妈去公园

12. A.考上了
    B.没考上
    C.不知道考上没有

13. A.买布不如买裙子
    B.买裙子没有买布好
    C.只好买布

14. A.他不敢去跟小李说
    B.小李要是不同意,他不敢告诉经理
    C.他不能保证小李一定会同意

15. A.好在我还没吃过这种药
    B.这种药我只吃过几次
    C.忘了吃过几次了

16. A.女的只看见孩子
    B.女的眼睛不好了
    C.女的只关心孩子

17. A.他跟老王接触过很多次
    B.他跟老王接触过一两次
    C.他跟老王不是接触过一次,而是两次

18. A.老师是在表扬你
    B.老师不是批评你
    C.老师是在批评你

19. A.人们注意保护环境是因为环境意识加强了
    B.只有环境变好了,人们的环境意识才会加强
    C.要很好地保护环境,最根本的就是要加强人们的环境意识

20. (1) A.说出事情的原因
       B.为自己做错的事找理由
       C.借别人的东西
    (2) A.应该找一个借口
        B.怎样找借口
        C.不应该找借口

(二)听下面的对话并做练习 Listen to the following dialogue and do the exercises.

两个画家

生　词 New Words

1. 著名　　　（形）　　zhùmíng　　　　　　famous; noted
2. 在意　　　（动）　　zàiyì　　　　　　　　mind
3. 约定　　　（动）　　yuēdìng　　　　　　make an appointment
4. 以假乱真　　　　　　yǐ jiǎ luàn zhēn　　　mix the false with the true
5. 惊叹　　　（动）　　jīngtàn　　　　　　　exclaim
6. 玫瑰　　　（名）　　méigui　　　　　　　rose
7. 露水　　　（名）　　lùshuǐ　　　　　　　dew
8. 惊奇　　　（形）　　jīngqí　　　　　　　surprised
9. 蜜蜂　　　（名）　　mìfēng　　　　　　　bee
10. 开花　　　　　　　　kāi huā　　　　　　　bloom

练 习 Exercises

1. 听第一遍录音,判断正误 Listen to the tape and decide if the following statements are true.
   1) 张三和李四都是很有名的画家。
   2) 对别人的议论,张三和李四的态度不一样。
   3) 他们约定每个人画一束玫瑰花,看谁画得像。
   4) 李四画的是一束玫瑰花和一只小蜜蜂。
   5) 比赛的结果是张三的水平比李四高。

2. 听第二遍录音,选择正确答案 Listen to the tape again and choose the correct answer.
   1) A. 他们画的东西都很像
      B. 他们想画什么就画什么
      C. 人们让他们画什么,他们就画什么
   2) A. 张三的水平比李四高
      B. 张三的水平不比李四高
      C. 张三的水平不能跟李四比

   3) A. 笑了
      B. 看见了一朵花
      C. 心里很高兴
   4) A. 那块白布是他画的
      B. 他的画儿画在一块白布上
      C. 白布的上边儿放着他的画

3. 听第三遍录音,回答问题 Listen to the tape once more and answer the questions.
   1) 三天前他们是怎么约定的?
   2) 李四画的玫瑰花像不像? 为什么?
   3) 张三画的是什么? 他画得像不像? 为什么?
   4) 你觉得张三和李四谁的水平更高一些? 为什么?

二、泛听练习 Extensive listening

你想学唱这首歌吗? 请你写出歌词 Do you want to learn to sing this song? Try to complete the following verse.

一封家书

　　　　亲爱的_____:
　　　　_____?
　　　　现在_____很忙吧?

_____好吧?
我现在广州_____,爸爸妈妈不要太牵挂。
_____,_____。
爸爸_____吗?
管得不严就不要去了,
干了一辈子革命工作,也该歇歇了。
我_____给妈妈,
别_____穿上吧。
以前儿子_____,现在懂事_____。
哥哥姐姐_____吗?替我_____吧!
有什么活就让他们干,自己孩子有什么客气的。
爸爸妈妈多保重身体,
不要让儿子_____,
_____我一定回家。
好啦,先写到这吧!
此致敬礼!此致那个敬礼!此致敬礼!此致那个敬礼!

第二十一课 "前后左右"和"东西南北"

一、听力理解练习 Listening comprehension

（一）听后选择正确答案 Listen and choose the correct answer.

1. A.小刘介绍小王和小李认识
   B.小李介绍小王和小刘认识
   C.小王介绍小李和小刘认识

2. A.他有事儿要找小王
   B.他觉得这样比较好
   C.以后联系比较方便

3. A.我看过很多关于他保护环境的文章
   B.我看过他写的很多关于环境保护的文章
   C.我写的很多关于环境保护的文章给他看过

4. A.今天的作业一个小时不可能做完
   B.今天的作业他不知道该怎么做
   C.今天的作业他没有做完

5. A.让小华自己铺床
   B.让小华的手动一动
   C.让小华帮一下忙

6. A.老师应该多批评学生
   B.应该鼓励学生，不应该批评
   C.有时候要鼓励学生，有时候也要批评

7. A.他来不及告诉妈妈了
   B.现在告诉妈妈还来得及
   C.刚才一直没时间告诉妈妈

8. A.跑得越来越慢了
   B.以后他会下来的
   C.后来会越跑越慢

9. A.去医院看老刘
   B.去老刘家看老刘
   C.看看老刘是不是出院了

10. A.邻居家的孩子很吵
    B.楼上的小鸟很脏
    C.楼上的小鸟很吵

（二）听下面的对话并做练习 Listen to the following dialogue and do the exercises.

"前后左右"和"东南西北"

你也许已经发现，中国的南方人和北方人有很多不同。就连在方向的表达上也有一些不同，这一点不知道你发现了没有？

生 词 New Words

1. 判断	（动）	pànduàn	judge
2. 推理	（动）	tuīlǐ	reason; infer
3. 指南针	（名）	zhǐnánzhēn	compass
4. 轮	（量）	lún	(measure word for the sun and the moon)
5. 太阳	（名）	tàitáng	sun
6. 地形	（名）	dìxíng	topography; terrain
7. 建	（动）	jiàn	construct
8. 弯弯曲曲	（形）	wānwān-qūqū	winding
9. 方方正正	（形）	fāngfāng-zhèngzhèng	square
10. 模糊	（形）	móhu	obscure; unclear; fuzzy

练 习 Exercises

1. 听第一遍录音，判断正误　Listen to the tape and decide if the following statements are true.
   1) 女的不是北方人。
   2) 女的第一次来北京的时候分不清东西南北。
   3) 给别人指路的时候，南方人习惯用"东西南北"，北方人习惯用"前后左右"。
   4) 北京的司机靠周围的环境来认识路。
   5) 南方人和北方人这个习惯的不同跟天气、地形有关系。
   6) 人们的一些习惯跟环境有关系。

2. 听第二遍录音，选择正确答案　Listen to the tape again and choose the correct answer.
   1) A. 她习惯用"前后左右"
      B. "前后左右"根据自己的身体就可以判断出来
      C. "前后左右"根据周围的街道就可以判断出来
   2) A. 北京的街道是弯弯曲曲的
      B. "东西南北"要根据周围的街道才能判断出来
      C. 北京经常阴天
   3) A. 浪费很多时间
      B. 很顺利
      C. 根据路的名字就可以找到
   4) A. 不是根据地址路名来认识路的
      B. 去一个没去过的地方会很麻烦
      C. 有很好的推理能力
   5) A. 南方经常阴天，北方晴天比较多
      B. 南方多晴天，北方阴天比较多
      C. 南方比较暖和，北方很冷
   6) A. 南方有山，北方没有山
      B. 南方城市里也有山，北方城市里一般没有山
      C. 南方山比较少，北方山比较多

7) A.弯弯曲曲的
   B.方方正正的
   C.东西向或南北向

8) A.弯弯曲曲的
   B.方方正正的
   C.东南向或西北向的

3. 理解下面每句话的含义 Try to understand the following sentences.
   1) A.很害怕
      B.很紧张
      C.很吃惊
   2) A.从很早到很晚都见不到太阳
      B.从早上到晚上都见不到太阳
      C.从很早到晚上都见不到太阳
   3) A.告诉人们出门的时候要带着指南针
      B.告诉人们怎样才能分出东西南北
      C.说明要分辨东南西北很困难
   4) A.一直到晚上
      B.从早上到晚上
      C.每天

4. 听第三遍录音,回答问题 Listen to the tape once more and answer the following questions.
   1) 在表示方向的时候,南方人的习惯跟北方人有什么不同?(东西南北、前后左右)
   2) 女的第一次来北京时问路,那个人是怎么告诉她的?如果按南方人的习惯怎么说?(一直、拐)
   3) 女的觉得用"东西南北"或"前后左右"哪个比较清楚?(根据、判断)
   4) 北京的司机跟上海的司机有什么不一样?(不是……,而是……、靠、根据)
   5) 在表示方向的时候,南方人的习惯跟北方人不一样,这是什么原因?(天气、地形、弯弯曲曲、方方正正)

二、泛听练习 Extensive listening

(一) 东南西北话男人

生 词 New Words

1. 乘客	(名)	chéngkè	passenger
2. 见闻	(名)	jiànwén	what one sees and hears; knowledge
3. 和蔼	(形)	hé'ǎi	kind
4. 豪放	(形)	háofàng	bold and unconstrained
5. 友善	(形)	yǒushàn	friendly
6. 结实	(形)	jiēshi	strong; sturdy
7. 慷慨	(形)	kāngkǎi	generous
8. 皮肤	(名)	pífū	skin

9. 大方　　（形）　　dàfang　　　　generous

练 习 Exercise

听录音,把相关内容用线连接起来　Listen to the tape and match the relevant information.

北京的男人　　　　　　　　　对人很有礼貌
　　　　　　　　　　　　　　很会做生意
上海的男人　　　　　　　　　喜欢喝酒
　　　　　　　　　　　　　　很喜欢聊天儿
东北的男人　　　　　　　　　身体结实、皮肤黑
　　　　　　　　　　　　　　对妻子非常和蔼
广东的男人　　　　　　　　　对女人很友善

(二) 东西方女性

生 词 New Words

1. 保守　　（形）　　bǎoshǒu　　　　conservative
2. 羞　　　（形）　　xiū　　　　　　shy
3. 姿势　　（名）　　zīshì　　　　　posture
4. 神情　　（名）　　shénqíng　　　 look; expression
5. 中性化　（动）　　zhōngxìnghuà　 neutralize

专有名词 Proper Noun

夏威夷　　　　　　　Xiàwēiyí　　　　Hawaii

练 习 Exercise

听录音,把相关内容用线连接起来　Listen to the tape and match the relevant information.

　　　　　　　　　　　　走路时弯着腰低着头
　　　　　　　　　　　　走路的姿势充满自信
中国女孩儿　　　　　　大风一吹,双手按着裙子
美国女孩儿　　　　　　裙子被风吹起来没关系,帽子不能吹掉
日本女孩儿　　　　　　走路的姿势跟男人差不多
德国女人　　　　　　　大风一吹,双手按着帽子
中国香港的女人　　　　比较保守
日本传统妇女　　　　　大风一吹,一手按帽子,一手按裙子
　　　　　　　　　　　　帽子吹掉了太可惜,裙子被吹起来太丢人

第二十二课　想开点儿

一、听力理解练习　Listening comprehension

（一）听后选择正确答案　Listen and choose the correct answer.

1. A.刘老师欢迎学生们来学习
   B.刘老师来了,学生们欢迎他
   C.学生们很喜欢刘老师

2. A.看了两遍
   B.看了很多遍
   C.看了一遍,还想再看一遍

3. A.不喜欢那份工作
   B.只好去别的单位了
   C.非离开原来的单位不可

4. A.刚入学的大学生
   B.快参加工作的大学生
   C.刚参加工作的大学生

5. A.他们几个人中,他最喜欢京剧
   B.中国艺术中,他最喜欢京剧
   C.他不喜欢中国的音乐、书法,喜欢京剧

6. A.在火车上没有座位
   B.不能上火车
   C.不能回家

7. A.他想学习,但是总是记不住
   B.年轻的时候应该多学习
   C.我虽然不年轻了,但是还应该学习

8. A.他现在不如以前自由了
   B.他不想结婚
   C.以前可没有现在这么自由

9. A.他的病好了
   B.病情不再发展了
   C.病情越来越严重了

10. A.没有什么舍不得的
    B.真有点儿舍不得
    C.她什么都舍不得

（二）听下面的对话并做练习　Listen to the following dialogue and do the exercises.

想开点儿

在当今世界上,肥胖人口的增加越来越成为一个社会问题,于是很多人出于各种各样的目的都在减肥。即使是一个身体并不算肥胖的人,也会想尽办法减肥。身体稍微胖一点儿真的那么可怕吗？请听录音。

生 词 New Words

1. 女装　　　（名）　　nǚzhuāng　　women's clothing
2. 用品　　　（名）　　yòngpǐn　　　articles for use
3. 机器　　　（名）　　jīqì　　　　machine
4. 蔬菜　　　（名）　　shūcài　　　vegetable
5. 何苦　　　（副）　　hékǔ　　　　why bother
6. 乐趣　　　（名）　　lèqù　　　　fun
7. 区别　　　（名）　　qūbié　　　　difference
8. 稍微　　　（副）　　shāowēi　　　slightly
9. 智商　　　（名）　　zhìshāng　　intelligence quotient; I.Q.

练 习 Exercises

1. 听第一遍录音，判断正误　Listen to the tape and decide if the following statements are true.
   1) 他们现在是在商场。
   2) 小于看的那种机器名字叫"瘦得快"。
   3) 小于半年前的那次减肥是用游泳的方法。
   4) 小于已经试过很多减肥的方法，但是都没有效果。
   5) 小于现在的体重比标准体重多十来斤。
   6) 小于减肥的目的是为了健康。
   7) 小张不赞成小于减肥。

2. 听第二遍录音，选择正确答案　Listen to the tape again and choose the correct answer.
   1) A. 效果很好　　　　　　　　　　2) A. 游泳
      B. 当时有效果；不游泳了，体重又　　　B. 吃减肥药
      　　增加了　　　　　　　　　　　　C. 每天只吃水果、蔬菜
      C. 没有效果

   3) A. 太痛苦了　　　　　　　　　　4) A. 不相信任何方法了
      B. 没有效果　　　　　　　　　　　B. 胖瘦没有什么关系
      C. 有了更好的方法　　　　　　　　C. 有好的方法还想试一试

   5) A. 是为了健康　　　　　　　　　6) A. 智商比较高
      B. 很多人是为了漂亮　　　　　　　B. 老了以后容易得高血压
      C. 为了提高智商　　　　　　　　　C. 不减肥会影响智商

7) A.觉得很奇怪
   B.不相信
   C.很赞成

8) A.老了以后容易得高血压
   B.智商不高
   C.不减肥会影响智商

3. 理解下面每句话的含义 Try to understand the following sentences.
   1) A.你一看见这些减肥用品就累了
      B.你一看见这些减肥用品就不想走了
      C.看减肥用品的人太多了,没办法走开

   2) A.别买了
      B.买一个吧
      C.快走吧

   3) A.跟着它去
      B.随便它吧
      C.让它去吧

   4) A.自己为难自己
      B.我不让你过去
      C.你过不去

   5) A.衣服太肥了
      B.衣服太瘦了
      C.衣服太贵了

   6) A.如果年纪大了,即使不胖也会生病
      B.尽管年纪大了,但是如果不胖,也不会生病
      C.哪怕年纪大了,如果不胖的话,也不会生病

   7) A.应该是什么样的
      B.该胖就胖,该瘦就瘦
      C.应该怎么做就怎么做吧

4. 听第三遍录音,回答问题 Listen to the tape once more and answer the following questions.
   1) 小于试过哪些减肥方法?
   2) 半年前的那次减肥使用什么方法?效果如何?
   3) 小于现在对减肥的态度怎么样?
   4) 小于减肥的目的是什么?
   5) 小张对减肥是什么态度?

二、泛听练习 Extensive listening

(一) 关于减肥

生 词 New Words

1. 肥胖　　(形)　　féipàng　　fat; obese
2. 严重　　(形)　　yánzhòng　　serious

3. 范围	（名）	fànwéi		domain; limit; area
4. 过分	（形）	guòfèn		excessive
5. 强壮	（形）	qiángzhuàng		strong
6. 健美	（形）	jiànměi		strong and handsome

练 习 Exercise

听录音,判断正误 Listen to the tape and decide if the following statements are true.

1. 现在肥胖问题已经成了社会问题。
2. 在英国,现在的肥胖人口是15年以前的两倍。
3. 在美国有30%的人开始肥胖。
4. 在中国肥胖人口又增加了7000万。
5. 在中国,中小学生中的肥胖人数比10年以前增加了3倍。
6. "胖"和"肥胖"的意思不一样。
7. 一个身高170公分的人,他的标准体重是70公斤。
8. 健康才是美,瘦不是美。

（二）减肥

生 词 New Words

1. 吻	（动）	wěn		kiss
2. 断	（动）	duàn		break
3. 脖子	（名）	bózi		neck

练 习 Exercise

听录音,回答问题 Listen to the tape and answer the questions.

1. 这家公司的减肥方法是什么?
2. 这位先生第一次要减多少斤?他减掉了吗?为什么?
3. 他第二次要减多少?达到目的了吗?
4. 第三次他为什么一定要减50斤?
5. 第三次来帮助他减肥的是什么人?他对这位先生说什么?

第二十三课　说说广告

一、听力理解练习　Listening comprehension

（一）听后选择正确答案　Listen to the tape and choose the correct answer.

1. A.如果我们配合得好,就一定能打赢
   B.因为我们配合得好,所以才能打赢这场比赛
   C.要想打赢这场比赛,一定要依靠大家的配合

2. A.这种房子在哪儿可以租到
   B.我不知道能不能租得到
   C.这种房租太贵了

3. A.你不要自己下去
   B.你不能再继续这样了
   C.你一定要再坚持一下

4. A.跟广告的效果一样
   B.不是广告
   C.这种广告的效果很好

5. A.有的广告拍得不太好
   B.有的商品的广告说的不太好
   C.有些商品的广告说的很好,但商品不好

6. A.跟想像的差不多
   B.想像的很好,其实不好
   C.想像的很差,其实还可以

7. A.没有时间了
   B.还有一点儿时间
   C.还有很多时间

8. A.只有10分钟了,你还不着急
   B.还有10分钟,不用着急
   C.还有10分钟,你着急也没有用

9. A.打工可以,但是也要学习
   B.你不想考大学的话可以去打工
   C.不能去打工

10. A.像一个知识分子
    B.穿着西装、打着领带、戴着眼镜儿
    C.不像一个知识分子

（二）听下面的对话并做练习　Listen to the following dialogue and do the exercises.

说说广告

有人说广告在一定程度上反映了一个国家经济发展的水平,但是广告太多的话,你会有什么感觉呢?请听下面的一段对话。

105

生　词　New Words

1. 过　　　　　（动）　　　guò　　　　　pass
2. 企业　　　　（名）　　　qǐyè　　　　enterprise
3. 赞助　　　　（动）　　　zànzhù　　　sponsor
4. 忍受　　　　（动）　　　rěnshòu　　　tolerate; endure; stand
5. 不见得　　　　　　　　bùjiàndé　　　not necessarily
6. 商品　　　　（名）　　　shāngpǐn　　commercial goods
7. 消费者　　　（名）　　　xiāofèizhě　　consumer
8. 效益　　　　（名）　　　xiàoyì　　　　result; benefit

练　习　Exercises

1. 听第一遍录音,判断正误　Listen to the tape and decide if the following statements are true.
   1) 他们说话的时候是7点50分。　　2) 男的在等着看足球比赛。
   3) 男的什么广告都不喜欢看。
   4) 女的认为中国的广告还不算太多。
   5) 男的认为有的广告会欺骗消费者。
   6) 女的认为好的产品需要有好的广告。

2. 听第二遍录音,选择正确答案　Listen to the tape again and choose the correct answer.
   1) A.7点40　　　　　　　　　2) A.关于足球比赛的广告
      B.7点半　　　　　　　　　　　 B.赞助这次比赛的企业的广告
      C.7点10分　　　　　　　　　　C.药品的广告

   3) A.街上　　　　　　　　　　4) A.火车上广播里的广告
      B.信件上　　　　　　　　　　 B.吃饭时间电视上那些药品的广告
      C.杂志上的广告　　　　　　　　C.精彩的电视节目中间插播的广告

   5) A.火车上广播里的广告　　　　6) A.火车上广播里的广告
      B.吃饭时间电视上那些药品的广告　B.吃饭时间电视上那些药品的广告
      C.精彩的电视节目中间插播的广告　C.精彩的电视节目中间插播的广告

   7) A.1979年以前经济不好,所以没　8) A.差的广告太多了
         有广告　　　　　　　　　　　B.广告拍得好不能说明商品就好
      B.广告多是好事　　　　　　　　C.有时候广告也会影响企业的效益
      C.拍得好的广告不多

3. 理解下面每句话的含义　Try to understand the following sentences.

1) A. 没完了
　 B. 太没意思了
　 C. 没了

2) A. 要是不看这些广告,就不能看球赛
　 B. 要是没有这些广告,就看不到这场球赛
　 C. 要是没有看这些广告,就看不到球赛

3) A. 让你躲开可你躲不开
　 B. 让你非躲开不可
　 C. 让你连躲都躲不开

4) A. 让人吃不下去
　 B. 让人吃了还怎么下去
　 C. 不知道怎么吃

5) A. 另一方面
　 B. 另外
　 C. 反而

6) A. 不可能
　 B. 不一定
　 C. 不应该

7) A. 这也是欺骗消费者
　 B. 你说得不对
　 C. 你说得也对

4. 听第三遍录音,指出下面两段话中哪些不是他(她)的观点？　Listen to the tape once more and tell which of the following are not his (her) viewpoints.

男的认为:(1) 现在的广告太多了。
　　　　　(2) 他最不喜欢在精彩的电视节目中间插进广告。
　　　　　(3) 跟其他国家比起来,中国的广告不太多。
　　　　　(4) 拍得好的广告太少了。
　　　　　(5) 不好的商品广告会影响到企业的效益。
女的认为:(1) 现在到处都是广告。
　　　　　(2) 她不喜欢吃饭的时候电视上播药品的广告。
　　　　　(3) 广告多了,说明经济发展了。
　　　　　(4) 广告拍得好不一定商品就好。

二、泛听练习　Extensive listening

(一) 广告的妙用

生　词　New Words

1. 登报　　　　　　　dēng bào　　　　publish in newspaper
2. 寻找　　(动)　　　xúnzhǎo　　　　 look for

3. 傍晚	（名）	bàngwǎn	evening
4. 丢失	（动）	diūshī	lose
5. 重谢		zhòngxiè	a gift in token of gratitude
6. 学问	（名）	xuéwèn	learning
7. 字条	（名）	zìtiáo	note; brief note

练 习 Exercise

听录音,回答问题 Listen to the tape and answer the following questions.

1. 他的那把伞是什么时候丢的？在哪儿丢的？
2. 他为什么要把那把伞找回来？
3. 他第一次登广告花了多少钱？
4. 他的第一个广告是怎么写的？结果怎么样？
5. 第二个广告是怎么写的？结果呢？

(二) 广告集锦

练 习 Exercise

把上面几则广告的序号写在括号内 Write in the parentheses the sequential numbers of the above advertisements.

( ) 啤酒　　　　( ) 感冒药
( ) 眼镜店　　　( ) 彩电
( ) 牛奶　　　　( ) 领带
( ) 茶

第二十四课　电脑的用途

一、听力理解练习　Listening comprehension

（一）听后选择正确答案　Listen and choose the correct answer.

1. A.他们班只有女生
   B.他们班女生比较多
   C.他们班女生比较少

2. A.今年退休了,所以身体很好
   B.今年退休了,所以身体不太好
   C.他之所以今年退休,是因为身体不好

3. A.这件事儿一定不是小王做的
   B.小王坚决不做这样的事儿
   C.小王决定不做这件事儿

4. A.快大学毕业了
   B.已经大学毕业了
   C.在找工作

5. A.学生的家长
   B.老师
   C.学生

6. A.有的招聘启事上要求博士毕业
   B.招聘启事上有50多个职位
   C.他现在不是很有信心

7. A.将来他一定不回国
   B.他一定要读到博士毕业
   C.拿到博士毕业证书以后才回国

8. A.她喜欢看
   B.她要给同事介绍对象
   C.她还没对象呢

9. A.儿子一来信就要钱
   B.他儿子经常给他寄钱
   C.他儿子在银行工作

10. A.所有的事儿都要让妻子决定
    B.所有的事儿都要让丈夫决定
    C.丈夫和妻子要互相商量

（二）听下面的短文并做练习　Listen to the following passage and do the exercises.

电脑的用途

　　说起电脑,我知道你一定会说出它的很多用途。然而有一种用途你也许从来没有想到过。请听录音。

生　词　New Words

1. 用途　　　（名）　　yòngtú　　　　use
2. 普遍　　　（形）　　pǔbiàn　　　　general; universal
3. 写作　　　（动）　　xiězuò　　　　write
4. 肺癌　　　（名）　　fèi'ái　　　　lung cancer
5. 有害　　　（形）　　yǒuhài　　　　harmful
6. 固执　　　（形）　　gùzhì　　　　stubborn
7. 键盘　　　（名）　　jiànpán　　　keyboard
8. 过　　　　（副）　　guò　　　　　too; excessively
9. 歪七扭八　　　　　　wāi qī niǔ bā　shapeless; twisted

练　习　Exercises

1. 听第一遍录音,判断正误 Listen to the tape and decide if the following statements are true.

    1) 他是一位作家,妻子是一位大夫。
    2) 他和电脑发生关系是由于一个偶然的原因。
    3) 有一天,一位朋友打电话来,说他得了癌症。
    4) 那位朋友打电话来劝他戒烟。
    5) 他吸烟已经有很长时间了。
    6) 因为玩电脑使他戒了烟。

2. 听第二遍录音,选择正确答案 Listen to the tape again and choose the correct answer.

    1) A. 他不喜欢用电脑　　　　　　2) A. 吸烟已经成了他的习惯
       B. 他的拼音学得不太好　　　　　B. 他不认为吸烟对身体有害
       C. 他没有电脑　　　　　　　　 C. 他很喜欢吸烟

    3) A. 朋友告诉他的办法不好　　　4) A. 不要再写小说了
       B. 他的朋友很固执　　　　　　　B. 玩电脑
       C. 大夫都不能解决他的问题　　　C. 精神放松放松

    5) A. 他喜欢用电脑　　　　　　　6) A. 朋友送他的
       B. 他家里正好有一台电脑　　　　B. 儿子送他的
       C. 朋友说"玩"电脑,他喜欢"玩"　C. 他自己买的

7) A．一玩电脑,他就忘了吸烟
   B．键盘占去了两只手,没办法吸烟
   C．他对吸烟没有兴趣了

8) A．他会用电脑了
   B．他对电脑入迷了
   C．他吸烟少了

3. 理解下面每句话的含义　Try to understand the following sentences.
   1) A．我已经42岁了
      B．香烟已经有42年的历史了
      C．我已经吸了42年的烟了

   2) A．他吸烟吸得很快
      B．他吸烟吸得太多了
      C．他可以两支烟一起吸

   3) A．妻子每天总是不停地说话
      B．妻子告诉过我许多事儿
      C．妻子劝我戒烟劝过很多次

   4) A．您写的小说已经够了
      B．您写的小说很多了
      C．您写的小说我已经看够了

   5) A．竟然不再离开它了
      B．竟然再也不能离开它了
      C．竟然没有再离开过它

   6) A．我从来没感到快乐过
      B．我从来没有这么快乐过
      C．我感到很不快乐

   7) A．他的朋友
      B．他的妻子
      C．他自己

4. 听第三遍录音,回答问题　Listen to the tape once more and answer the following questions.
   1) 请你说一说他当初吸烟的情况。
   2) 他当初认为朋友不可能解决他的吸烟问题,他是怎么想的?
   3) 朋友让他用玩电脑的方法来减少吸烟,朋友是怎么说的?
   4) 当他用电脑"写"出第一个作品时,他很快乐,为什么?

二、泛听练习　Extensive listening

（一）如何爱护电脑

生　词　New Words

1. 因素　　　（名）　　yīnsù　　　　element; factor
2. 气象　　　（名）　　qìxiàng　　　meteorological phenomena

3. 适宜	（形）	shìyí	suitable; fit
4. 连续	（动）	liánxù	continue
5. 湿度	（名）	shīdù	humidity
6. 对流	（名）	duìliú	flow; convection

练　习　Exercise

听录音，判断正误　Listen to the tape and decide if the following statements are true.
1. 电脑的温度适宜范围是 0～30 摄氏度。
2. 录音中讲了两种气象因素对电脑的影响。
3. 电脑连续工作的时间是 10 个小时。
4. 湿度在 40%～70% 对电脑是最好的。
5. 有电脑的房间要注意通风。

（二）网上学校

生　词　New Words

1. 网校	（名）	wǎngxiào	school on the Internet
2. 解答	（动）	jiědá	answer
3. 鼠标	（名）	shǔbiāo	mouse
4. 娱乐	（名）	yúlè	recreation
5. 空间	（名）	kōngjiān	space; dimension

练　习　Exercise

听录音，找出课文中没有提到的内容　Listen to the tape and tick the information which is not given in the text.
1. 这所网校办学的目的。　　　　2. 哪些人比较适合上国联网校。
3. 在国联网校怎样请老师回答问题。
4. 在国联网校可以跟名人聊天儿，也可以跟同学聊天儿。
5. 在国联网校可以听音乐。　　　6. 在国联网校可以送朋友礼物。
7. 国联网校的教师情况。　　　　8. 在哪些地方可以上国联网校。
9. 上国联网校的方法。

第二十五课　保护环境

一、听力理解练习　Listening comprehension

（一）听后选择正确答案　Listen and choose the correct answer.

1. A.这孩子胖得下楼都跑不动了
   B.这孩子很胖,很害怕跑步
   C.要是再胖一些的话就跑不动了

2. A.今天又在下雨
   B.今天天气不错
   C.今天不能出去玩儿

3. A.这种葡萄的味道不知道该怎么说才好
   B.这种葡萄虽然不太贵,但是味道很好
   C.这种葡萄不但贵,而且味道也不好

4. A.他们只看见了一辆出租车
   B.他们看见一辆出租车开过来了
   C.只有他看见了出租车,小王没看见

5. A.他当时不太激动
   B.他当时没有说话
   C.他当时激动得不知道怎么说

6. A.他一定能写出来
   B.他会尽力写出来
   C.他已经写出来了

7. A.小王学习好,不是因为他聪明
   B.聪明的人就是学习好
   C.小王学习好,除了聪明以外还有别的原因

8. A.很无奈
   B.很烦恼
   C.很痛苦

9. A.女的电脑水平比较高
   B.女的没有被录取
   C.女的很符合他们的招聘要求

10. A.看两次
    B.看三次
    C.看一次

（二）听下面的短文并做练习　Listen to the following passage and do the exercises.

保护环境

　　随着经济的发展,环境保护的问题也越来越引起了人们的重视。但是不同城市的人们对环境保护的认识也有些不同。请听录音。

生　词　New Words

1. 呼吁　　　（动）　　hūyù　　　　appeal
2. 监测　　　（动）　　jiāncè　　　monitor
3. 策划　　　（动）　　cèhuà　　　plan
4. 降低　　　（动）　　jiàngdī　　 reduce; decrease
5. 居民　　　（名）　　jūmín　　　resident
6. 具体　　　（形）　　jùtǐ　　　　specific
7. 正比　　　（名）　　zhèngbǐ　　direct proportion

专有名词　Proper Nouns

1. 沈阳　　　　　Shěnyáng　　Shenyang
2. 武汉　　　　　Wǔhàn　　　Wuhan
3. 成都　　　　　Chéngdū　　Chengdu
4. 珠海　　　　　Zhūhǎi　　　Zhuhai

练　习　Exercises

1. 听第一遍录音,判断正误　Listen to the tape and decide if the following statements are true.

   1) 今年春天,中国环境监测公司进行了一次环境意识的调查。
   2) 在中国是第一次做这种调查。　　3) 这次调查一共有9个国家参加。
   4) 这次调查一共有两个问题。
   5) 居民环境意识的好坏跟城市的污染程度有关系。
   6) 居民环境意识的好坏跟他的收入、性别都有关系。

2. 听第二遍录音,选择正确答案　Listen to the tape again and choose the correct answer.

   1) A. 杭州居民　　　　　　　　　2) A. 武汉居民
      B. 武汉居民　　　　　　　　　　 B. 上海居民
      C. 沈阳居民　　　　　　　　　　 C. 杭州居民

   3) A. 比上海居民好,比北京居民差　4) A. 北京居民
      B. 比武汉居民好,比深圳居民差　　 B. 武汉居民
      C. 比成都居民好,比上海居民差　　 C. 沈阳居民

5) A.沈阳居民
B.杭州居民
C.广州居民

6) A.城市的环境污染越严重,居民的环境意识越差
B.城市的环境污染越严重,居民的环境意识越好
C.居民的环境意识越好,城市的环境污染越轻

7) A.没有关系
B.学历越高,环境意识越好
C.学历越高,环境意识越差

8) A.在9个城市中,武汉、沈阳的污染最严重
B.中国人的环境意识比其他国家的人要差
C.在9个城市中,杭州的污染最轻

3. 听后填出下列百分比　Listen and fill in the blanks with percentages.
 1) 在9个城市中,认为哪怕降低经济发展的速度,也要先保护环境人有_____；认为经济发展和环境保护同样重要的人有_____；认为哪怕环境受到破坏,也要发展经济的人有_____。
 2) 认为保护环境比发展经济重要的居民,在武汉占_____,在北京占_____,在杭州占_____,但是在杭州认为发展经济比保护环境更重要的人占_____。
 3) 在9个城市中,有_____的人认为,环境问题对人类健康有很大影响,有_____的人认为环境问题对健康没有太大影响。
 4) 认为环境污染对人的健康有很大影响的人,在沈阳有_____；在广州有_____。有_____的杭州人认为环境对健康没有太大影响。

4. 听第三遍录音,回答问题　Listen to the tape once more and answer the following questions.
 1) 这次调查有多少国家参加？中国有哪些城市参加？
 2) 这次调查的两个问题是什么？　　3) 这次调查的结论是什么？

二、泛听练习　Extensive listening

（一）孩子的环保意识

生　词　New Words

1. 监督　　　（动）　　　jiāndū　　　supervise; superintend

115

2. 塑料袋	（名）	sùliàodài	plastic bag
3. 口香糖	（名）	kǒuxiāngtáng	chewing gum
4. 洗衣粉	（名）	xǐyīfěn	detergent
5. 地下水	（名）	dìxiàshuǐ	underground water
6. 严厉	（形）	yánlì	stern; severe
7. 规规矩矩	（形）	guīguī-juju	well-behaved
8. 随意	（副）	suíyì	at will
9. 丢弃	（动）	diūqì	throw
10. 天真无邪		tiānzhēn wúxié	innocent
11. 不知不觉		bù zhī bù jué	unconscious; unaware

练 习 Exercise

听录音，回答问题 Listen to the tape and answer the questions.
1. 说说她女儿的情况。　　2. 女儿为什么环保意识比较强？
3. 女儿在家里是怎么做的？
4. 一天吃完晚饭后，女儿想做什么？为什么？妈妈是怎么想的？

（二）中国概况

生 词 New Words

1. 概况	（名）	gàikuàng	general situation; survey
2. 邻国	（名）	línguó	neighbouring country
3. 资源	（名）	zīyuán	resource
4. 均匀	（形）	jūnyún	even; well-distributed
5. 密度	（名）	mìdù	density
6. 沿海	（名）	yánhǎi	coast

练 习 Exercise

听录音，找出课文中没有提到的内容 Listen to the tape and tick the information which is not given in the text.
1. 中国的位置和面积。　　2. 中国有哪些邻国。
3. 中国的季节特点。　　4. 中国东西、南北的距离。
5. 中国人口的数量。　　6. 中国人口的分布。
7. 中国有哪些民族。　　8. 中国的地形特点和资源。

复习（五） Review (5)

一、听力理解练习　Listening comprehension

（一）听后选择正确答案　Listen and choose the correct answer.

1. A.这把伞有时候很好用
   B.带着伞下雨的时候可以用
   C.这把伞很好用

2. A.由于时间不多,他只说这些
   B.因为时间比较多,他就说了这些
   C.他说的这些内容和时间有关系

3. A.最近整天不回家
   B.有一天晚上没有回家
   C.每天回家都很晚

4. A.中国学生队以1:2输给了外国留学生队
   B.中国学生队以2:0赢了外国留学生队
   C.外国留学生队以2:0赢了中国学生队

5. A.只有70多名研究生
   B.有研究生学历的老师只有70名
   C.有研究生以上学历的老师比较多

6. A.老王不让他过去
   B.老王为难他
   C.他不想过去

7. A.他想知道小王哭的原因
   B.中国人一般不在别人面前哭
   C.中国人怎么控制住自己的感情

8. A.他年轻时没去旅游,现在很后悔
   B.他想去旅游,但是去不了
   C.他现在还年轻

9. A.他不会让父母像以前那样辛苦
   B.他的父母像以前一样受苦受累
   C.他的父母现在不像以前那样辛苦了

10. A.有30个人
    B.有两个人不想住在这儿
    C.饭店的房间不够住

11. A.他上学的时候没有多少书
    B.他的老师记忆力很好
    C.老师教的内容他现在还记得

12. A.我看不见他
    B.我不想见他
    C.我觉得不一定

117

13. A.自己用
    B.送给一位要结婚的朋友
    C.送给他的妻子

14. A.他本来很喜欢中文
    B.他在中文系学习过
    C.他在经济系学习的时候也学过中文

15. A.男的有好衣服舍不得穿
    B.男的每天都穿很好的衣服
    C.女的舍不得给男的买好衣服

16. A.男的把丢的雨伞找回来了
    B.男的拿的那把雨伞不是他的
    C.男的今天出去的时候带的不是这把雨伞

17. A.不要勉强小明
    B.必须小明自己背
    C.不一定要勉强他

18. A.他们这个城市环境被破坏得最严重
    B.大工业城市污染都很严重
    C.他们那个城市空气污染最严重

19. A.一头牛在吃草
    B.只有一头牛
    C.什么也没有

20. A.价钱高的商品质量也会比较好
    B.做了广告的商品价钱一定会很高
    C.价钱高的商品质量不一定好

（二）听下面的短文并做练习　Listen to the following passage and do the exercises.

生　词　New Words

1. 镜头　　　（名）　　jìngtóu　　　　lens
2. 潇洒　　　（形）　　xiāosǎ　　　　natural; unrestrained; unaffected
3. 丰盛　　　（形）　　fēngshèng　　　bumper
4. 感叹　　　（动）　　gǎntàn　　　　exclaim
5. 理所当然　　　　　　lǐ suǒ dāng rán　naturally
6. 玩具　　　（名）　　wánjù　　　　toy

练　习　Exercises

1. 听第一遍录音，判断正误　Listen to the tape and decide if the following statements are true.

1)这篇文章主要谈的是关于男女平等的问题。
2)作者平时很注意广告中男人和女人做的事情不同。
3)作者认为男女之间在做家务的问题上应该有所不同。
4)女儿的意识中男人在家里不做家务是理所当然的。

2. 听第二遍录音,选择正确答案　Listen to the tape again and choose the correct answer.
1) A.做饭、洗衣服、擦地、整理房间
   B.做饭、洗衣服、擦桌子、整理房间
   C.做饭、晒衣服、擦地、整理房间
2) A.开车、做饭、喝酒
   B.开车、吃饭、看电视
   C.开车、吃饭、喝酒

3) A.妈妈在洗衣服、女儿在玩儿、爸爸在看报纸
   B.妈妈在做饭、女儿在玩儿、爸爸在看电视
   C.妈妈在洗衣服、女儿在玩儿、爸爸在看电视

3. 听第三遍录音,回答问题　Listen to the tape once more and answer the questions.
1) 你能为这篇文章加一个题目吗?
2) 女儿为什么说"还是男的好,不用做家务。"
3) 文章中有这样一段话:女的问男的:"你最近脸色不太好,你妻子是怎么搞的?"男的回答:"哎,她最近工作很忙,没有顾得上照顾我。"从这段话你可以了解到什么情况?
4) 文章中有这样一段话:男的问女的:"你今天出来参加聚会,你先生和孩子的晚饭怎么办?"女的回答:"我出来之前,饭和菜都给他们做好了。"从这段对话你可以知道什么?
5) 对上面的两段话你会觉得有什么地方不对吗?为什么?

二、泛听练习　Extensive listening

学"东西"(小相声)

练　习　Exercise

听后回答问题　Listen and answer the following questions.
1. 为什么不能说"你不是东西",也不能说"你是个什么东西"?
2. 山口说"不能说人是东西",可是麦克说了三个例子来反问山口,请你说一说这三个例子。

第二十六课　衣服和人

一、听力理解练习　Listening comprehension

（一）听后选择正确答案　Listen and choose the correct answer.

1. A. 我觉得小李的脸色不太好
   B. 小李说我今天的脸色看起来不太好
   C. 我跟小李说我的脸色看起来不太好

2. A. 老师不会搞错,朋友们经常搞错
   B. 老师会搞错,朋友们也会搞错
   C. 朋友们都经常搞错,老师就更会搞错了

3. A. 他们互相不认识了
   B. 他们今天忘了打招呼
   C. 他们俩有矛盾了

4. A. 王老师埋怨我了
   B. 我安慰王老师了
   C. 王老师没有责怪我

5. A. 有你这样的女儿是我的骄傲和自豪
   B. 我作为一个女儿感到骄傲和自豪
   C. 我为你的女儿感到骄傲和自豪

6. A. 山田是来中国旅游的
   B. 北京有名的地方他都去过了
   C. 中国的名胜古迹他都去过了

7. A. 小明对学习书法的态度不对
   B. 小明对爸爸的态度不对
   C. 小明书法学得不好是因为学习态度不对

8. A. 他怀疑不是王教授写的
   B. 他不知道怎么样
   C. 水平不太高

9. A. 去不去她要跟朋友商量一下儿
   B. 她要跟朋友商量一下儿去哪儿
   C. 去不去旅行、去哪儿旅行都要跟朋友商量

10. A. 画得非常像
    B. 除了帽子以外,别的地方也很像
    C. 画得不像

(二) 听下面的短文并做练习 Listen to the following passage and do the exercises.

衣服和人

中国有一句俗话叫"人靠衣装",意思是服装对人来说是很重要的,一件漂亮得体的衣服会立刻让人精神很多。现在人们也越来越重视"包装"自己。青年工人小周也开始注意"包装"自己了。请听录音。

生 词 New Words

1. 讲究	(动)	jiǎngjiu	be particular about
2. 包装	(动)	bāozhuāng	pack; package
3. 工作服	(名)	gōngzuòfú	work clothes
4. 难看	(形)	nánkàn	ugly
5. 休闲装	(名)	xiūxiánzhuāng	casual clothes
6. 刻意	(形)	kèyì	deliberate
7. 惯	(动)	guàn	be in the habit of
8. 超过	(动)	chāoguò	exceed
9. 降价		jiàng jià	reduce the price
10. 值钱		zhí qián	valuable
11. 咽	(动)	yàn	swallow

练 习 Exercises

1. 听第一遍录音,判断正误 Listen to the tape and decide if the following statements are true.

   1) 有一天,小周在公共汽车站,他的妻子路过那儿没有认出他来。
   2) 小周那天在公共汽车站身体不舒服。
   3) 小周一直很注意包装自己。
   4) 小周要包装自己,所以他买了一身西服,还理了理头发。
   5) 小周为了打扮自己花了600块钱。

2. 听第二遍录音,选择正确答案 Listen to the tape again and choose the correct answer.

   1) A. 妻子没认出他来　　　　　　2) A. 妻子不喜欢他
      B. 妻子觉得他长得太难看了　　　 B. 现在人们很注重包装
      C. 妻子觉得他打扮得太难看了　　 C. 妻子那天很生气

3) A. 妻子让他包装一下儿自己
   B. 妻子的态度使他想包装一下儿自己
   C. 同事们都很注意包装自己

4) A. 那身衣服很漂亮
   B. 那身衣服很贵
   C. 没见过他穿这种衣服

5) A. 今天发生了什么事儿
   B. 小周今天有什么事儿
   C. 小周要去办什么事儿

6) A. 一定很贵
   B. 样式不好
   C. 一定很便宜

7) A. 是降价的
   B. 600块钱
   C. 60块钱

8) A. 他怕同事不相信
   B. 他不喜欢吹牛
   C. 他也不知道多少钱

9) A. 问他怎么又买了一身衣服
   B. 以为是工作服
   C. 问他为什么又发了一身工作服

10) A. 想解释一下儿,但最后没有解释
    B. 根本不想解释
    C. 解释了一下儿

11) A. 很得意
    B. 很累
    C. 很奇怪

3. 理解下面每句话的含义　Try to understand the following sentences.
   1) A. 那些人里边穿工作服的人就是你
      B. 那些人里边只有你穿着工作服
      C. 如果人很多,你就穿工作服

   2) A. 很好奇
      B. 很生气
      C. 很吃惊

   3) A. 告诉姐姐这身衣服不是工作服
      B. 告诉姐姐这身衣服多少钱
      C. 问姐姐这身衣服漂亮不漂亮

4. 听第三遍录音,回答问题　Listen to the tape once more and answer the questions.
   1) 那天在公共汽车站发生了什么事?
   2) 在车站妻子为什么没有跟小周说话?
   3) 妻子对小周穿工作服的态度对小周有什么影响?
   4) 小周怎样包装自己?
   5) 对小周的那身休闲装,同事们怎么说?
   6) 小周为什么没有告诉同事们他衣服的价钱?

7）小周的姐姐以为他的衣服是工作服,小周为什么没有解释?
8）小周最后对"包装"的问题是什么态度?

二、泛听练习 Extensive listening

(一)

生 词 New Words

1. 交往	（动）	jiāowǎng	association; contact
2. 便装	（名）	biànzhuāng	informal clothes
3. 权威	（名）	quánwēi	authority
4. 彬彬有礼		bīnbīn yǒulǐ	refined and courteous
5. 邋遢	（形）	lāta	sloppy
6. 流浪汉	（名）	liúlànghàn	vagrant; tramp
7. 乞丐	（名）	qǐgài	beggar

练 习 Exercise

听录音,回答问题 Listen to the tape and answer the questions.
1. 你觉得下面哪句话作这段文章的题目比较合适?
   1）服装和人的行为
   2）服装怎样影响别人
   3）服装和人们的交往
2. 服装在人们的交往中有什么作用?
3. 那位警察和足球运动员说他们穿上不同的服装会有什么不同?
4. 有一个人曾经做过一个实验,当他穿着西服时,接近他的人都怎么样?当他穿着邋遢的服装时,接近他的人又是什么样?

(二) 到底多少钱?

练 习 Exercise

听录音,回答问题 Listen to the tape and answer the questions.
1. 他为什么去装饰市场?
2. 这是一个什么样的装饰市场?
3. 他这天是什么打扮?
4. 他开始问的几家商店,那个花瓶多少钱?后来呢?你觉得这是为什么?

第二十七课 中国菜

一、听力理解练习　Listening comprehension

（一）听后选择正确答案　Listen and choose the correct answer.

1. A.尽管父亲年纪大了,但是身体还是很结实
   B.因为父亲年纪大了,所以身体也不太结实
   C.即使父亲年纪大了,身体也还会很结实

2. A.五次
   B.六次
   C.四次

3. A.算一算,这场雨下了三天三夜了
   B.这场雨下得不太多
   C.即使下三天三夜也不多

4. A.会尽可能帮助小王
   B.请小王一定帮忙
   C.他请小王帮他找一个地方

5. A.很嫉妒他的同学
   B.有的同学嫉妒他
   C.老师们喜欢他,不喜欢他的同学

6. A.附近的饭馆儿他哪家也没有去过
   B.这几家饭馆儿饭菜的味道他没有比较过
   C.这家饭馆儿饭菜的味道比附近的饭馆儿都好

7. A.考试的时候不要第一个交试卷
   B.考试的时候一定要第一个交试卷
   C.考试的时候一定要记住我说的话

8. A.埋怨他
   B.安慰他
   C.嘱咐他

9. A.这段时间小王晚上总是开车
   B.小王早上尽量多睡一会儿
   C.小王今天早上多睡了一会儿

10. A.喜欢跟王教授讨论问题
    B.他也不喜欢听王教授的课
    C.有些观点他也不同意,但是还是应该去听课

（二）听下面的对话并做练习　Listen to the following dialogue and do the exercises.

中国菜

你一定吃过中国菜,你喜欢吃吗? 对中国菜,你想多了解一点儿吗? 请听录音。

生 词 New Words

1.	鲜艳	（形）	xiānyàn	bright
2.	麻	（形）	má	pungent
3.	特色	（名）	tèsè	characteristic
4.	蛇	（名）	shé	snake
5.	猫	（名）	māo	cat
6.	鸭掌	（名）	yāzhǎng	duck's web

专有名词 Proper Nouns

1.	川菜	Chuāncài	Sichuan cuisine
2.	鲁菜	Lǔcài	Shandong cuisine
3.	龙虎斗	Lónghǔdòu	a dish said to contain a "cat" and a "snake"

练 习 Exercises

1. 听第一遍录音，判断正误　Listen to the tape and decide if the following statements are true.

　1) 对话中的两个人是师生关系。　　2) 男的一直喜欢吃中国菜。
　3) 世界上差不多每个大城市都有中国菜。　4) 男的喜欢吃川菜。
　5) 男的还没有吃过北京烤鸭。　　6) 广东人吃的东西很广。

2. 听第二遍录音，选择正确答案　Listen to the tape again and choose the correct answer.

　1) A. 冬天很好吃　　　　　　　　2) A. 不是用北京的鸭子做的
　　 B. 它的特点是麻辣　　　　　　　 B. 北京的烤鸭店都是山东人开的
　　 C. 吃的时候会觉得很热　　　　　 C. 最早的烤鸭店不是北京人开的

　3) A. 北京的大饭馆都是鲁菜馆　　4) A. 在广东吃东西
　　 B. 北方人很喜欢山东菜　　　　　 B. 广东菜最好吃
　　 C. 山东菜也叫"鲁菜"　　　　　　 C. 广东菜很贵

　5) A. 他们不吃桌子　　　　　　　　6) A. 山东
　　 B. 他们吃有四条腿的东西　　　　 B. 广东
　　 C. 他们吃的东西很广　　　　　　 C. 四川

　7) A. 龙和虎的肉　　　　　　　　　8) A. 蛇的皮
　　 B. 蛇和猫的肉　　　　　　　　　 B. 龙的皮
　　 C. 蛇的皮和猫肉　　　　　　　　 C. 蛇的肉

3. 理解下列句子的含义 Try to understand the following sentences.

   1) A. 不仅   2) A. 这很不简单
      B. 不总是   B. 这太简单了
      C. 不但不   C. 这简单不简单

   3) A. 问你哪天到我家里去
      B. 如果你到我家里去的话，我就教你
      C. 你到我家里去的时候，我教你

4. 听第三遍录音，回答问题 Listen to the tape once more and answer the following questions.

   1) 中国菜讲究"色、香、味、形"，它们分别是什么意思？
   2) 川菜有什么特点？   3) 关于北京烤鸭，你知道什么？
   4) 广东菜有什么特点？请你介绍两道广东菜。

二、泛听练习 Extensive listening

（一）四季的饮食

生 词 New Words

1. 饮食	（名）	yǐnshí	food and drink; diet
2. 品种	（名）	pǐnzhǒng	variety
3. 肥肉		féi ròu	fat meat
4. 辛辣	（形）	xīnlà	pungent; hot
5. 食欲	（名）	shíyù	appetite
6. 食品	（名）	shípǐn	food
7. 平衡	（形）	pínghéng	balanced

练 习 Exercise

听录音，把左右两边相关的内容用线连接起来 Listen to the tape and match the relevant information in the two columns.

                                  没有食欲
     春天   食物最丰富
                                  可以喝一些酒
     夏天   少喝酒
                                  多吃绿色蔬菜
     秋天   多吃一些凉菜
                                  可以吃一些辛辣的食物
     冬天   饮食要清淡

(二) 饺子

生 词 New Words

1.	馄饨	（名）	húntun	dumpling; wonton
2.	扁食	（名）	biǎnshi	a dialectal term for *jiaozi*
3.	半夜	（名）	bànyè	midnight
4.	迎接	（动）	yíngjiē	greet; welcome
5.	交替	（动）	jiāotì	alternate
6.	长生果	（名）	chángshēngguǒ	fruit of longevity
7.	长寿	（形）	chángshòu	longevity

练 习 Exercises

1. 听录音，判断正误 Listen to the tape and decide if the following statements are true.

1) 春节的时候中国人都要吃饺子。
2) 中国的饺子已经有1000多年的历史了。
3) 饺子作为春节的传统食品已经有二三百年了。
4) 春节吃饺子还有"全家团圆"、"全年吉利"的意思。
5) 春节的时候，如果你吃到一个有硬币的饺子，意思是你会健康长寿。

2. 选择正确答案 Choose the correct answer.

1) A. 不一样
   B. 做法、形状都一样
   C. 做法一样、形状差不多

2) A. 家里日常吃的饭
   B. 很方便的饭
   C. 家里非常好吃的饭

3) A. 饺子→馄饨→扁食
   B. 扁食→馄饨→饺子
   C. 馄饨→扁食→饺子

第二十八课　买房好还是租房好？

一、听力理解练习　Listening comprehension

（一）听后选择正确答案　Listen and choose the correct answer.

1. A.内容太多了
   B.连一天也没有看
   C.看了一天也没看完

2. A.麦克的汉语说得好不好
   B.麦克的妈妈是中国人
   C.麦克为什么会说汉语

3. A.小孩儿的裤子比大人的便宜两百来块钱
   B.大人的裤子比小孩儿的便宜两百来块钱
   C.小孩儿的裤子两百来块钱

4. A.增加到了一千多块
   B.比上个月多一千多块
   C.有一千多块

5. A.最近他们的研究取得了重大突破
   B.要是继续研究也许会有重大突破
   C.如果下去研究可能会有重大突破

6. A.一点儿也不怀疑
   B.有一点儿怀疑
   C.非常怀疑

7. A.只有钢琴演奏这个节目好
   B.钢琴演奏得不好，其他的节目好
   C.今天的节目都很好

8. A.6点半
   B.7点半
   C.8点半

9. A.秋天
   B.冬天
   C.春天

10. A.人们对失去的东西会非常怀念
    B.你拥有的东西会常常失去
    C.有的人喜欢冬天，有的人喜欢夏天

(二) 听下列对话并做练习　Listen to the following dialogue and do the exercises.

买房好还是租房好？

　　现在,房子成了人们经常议论的话题,那么是买房子好还是租房子好呢？请听录音。

生　词　New Words

1. 省心　　　　　　　　shěng xīn　　　　　save worry
2. 房东　　　（名）　　fángdōng　　　　　landlord
3. 省得　　　（连）　　shěngde　　　　　　so as to avoid
4. 踏实　　　（形）　　tāshi　　　　　　　free from anxiety
5. 分期付款　　　　　　fēnqī fùkuǎn　　　　payment in installments
6. 优惠　　　（形）　　yōuhuì　　　　　　　preferential; favorable

练　习　Exercises

1. 听第一遍录音,判断正误　Listen to the tape and decide if the following statements are true.
   1) 小刘早就结婚了,但是一直没有房子。
   2) 小刘不会为房子的事儿发愁。
   3) 小刘想租房子,可是她爱人想买房子。
   4) 小刘跟她的爱人最后决定买房子。
   5) 小刘周围的朋友都是买的房子。

2. 听第二遍录音,把左右两边意思相关的内容用线连起来　Listen to the tape again and match the relevant information in the two columns.

   　　　　　　　　　　　　心情会比较稳定
   　　租房子　　　　　　　省心
   　　　　　　　　　　　　房子坏了得自己找人来修
   　　　　　　　　　　　　时间长了会很无聊
   　　买房子　　　　　　　可以调节心情
   　　　　　　　　　　　　可能会很累

3. 听第三遍录音,填空　Listen to the tape once more and fill in the blanks.
   1) 还是租房子好,租房子的话,就可以经常搬家,经常搬家好啊！可以帮你调节心情。比如你_____,就可以_____;

你现在_____，_____，那你又可以_____；想住
　　新房子了，那就可以去找新房子。买房子的话恐怕就没有这个好处了。
　2) 女：你说买房的话，是一次性付款好呢？还是分期付款好？
　　　男：分期付款好，这样_____。
　　　女：可是一次性付款有优惠呢！
　　　男：那就一次性付款，_____，_____怎么办呢？

4. 回答问题　Answer the questions.
　1) "好好先生"是什么意思？
　2) 你来说一说小刘为什么说老王是"好好先生"？

二、泛听练习　Extensive listening

（一）你喜欢这个城市吗？

　　　　　　　　　　　　生　词　New Words

1. 关注　　（动）　　　guānzhù　　　　pay close attention to
2. 蚊子　　（名）　　　wénzi　　　　　mosquito
3. 否认　　（动）　　　fǒurèn　　　　 deny
4. 俱　　　（副）　　　jù　　　　　　 completely
5. 保健　　（动）　　　bǎojiàn　　　　protect health
6. 舌头　　（名）　　　shétou　　　　 tongue
7. 赛跑　　　　　　　　sàipǎo　　　　 race

　　　　　　　　　　　　练　习　Exercise

听后回答问题　Listen and answer the questions.
1. 他们俩谁比较喜欢这个城市？谁不太喜欢？
2. 请你说一说他们喜欢和不喜欢这个城市的理由。

（二）北京的胡同

　　　　　　　　　　　　生　词　New Words

1. 窄　　　（形）　　　zhǎi　　　　　narrow
2. 大致　　（形）　　　dàzhì　　　　 approximate
3. 英雄　　（名）　　　yīngxióng　　 hero

4. 市场	（名）	shìchǎng	market
5. 喇叭	（名）	lǎba	horn
6. 建设	（名）	jiànshè	construction

练习 Exercise

听录音，判断正误 Listen to the tape and decide if the following statements are true.

1. 北京的胡同很多。
2. 北京最短的胡同只有20多米。
3. 北京最窄的胡同，胖一点儿的人不能通过。
4. 胡同的名字不能用普通人的名字命名。
5. 叫"花市"的胡同以前一定是卖画的地方。
6. 裤子胡同是根据胡同的形状命名的。
7. 小喇叭胡同是根据商品的名字命名的。
8. 由于城市建设的需要，北京有很多胡同已经没有了。

第二十九课 你想买汽车吗?

一、听力理解练习 Listening comprehension

(一) 听后选择正确答案 Listen and choose to correct answer.

1. A.他们是朋友
   B.李华不算是他最好的朋友
   C.他们不是朋友

2. A.小李
   B.小王
   C.说话的人

3. A.他不知道小王今天为什么这么认真
   B.他不知道小王今天为什么这么不认真
   C.他不知道小王今天怎么样了

4. A.中国的足球水平不比其他国家差
   B.中国球迷热爱足球的程度不如其他一些国家
   C.中国球迷热爱足球的程度不比其他国家的球迷差

5. A.老王
   B.医院的大夫
   C.老王家的人

6. A.小王喜欢足球的程度
   B.小王为什么喜欢足球
   C.小王每天的生活情况

7. A.只看了动画片儿,没看别的
   B.因为看动画片儿忘了做作业
   C.因为做作业,没有看动画片儿

8. A.女的以前说过小李会辞职
   B.小李是博士生
   C.小李不会到下面的小公司去干

9. A.他不知道转播是在12点以前还是以后
   B.无论是什么时间转播,他都要看
   C.他得看一看转播是什么时间

10. A.不交作业老师不会发现
    B.去买一本作文书
    C.从作文书上抄一段

(二)听下面的对话并做练习　Listen to the following dialogue and do the exercises.

你想买汽车吗？

　　现在,汽车越来越多地进入家庭,购车也成了人们茶余饭后的话题。这不,在这次同学聚会上,几个老同学又议论开了。

生　词　New Words

1.范围	(名)	fànwéi	domain; area
2.工薪阶层		gōngxīn jiēcéng	salary class
3.攒	(动)	zǎn	save (money)
4.除非	(连)	chúfēi	except
5.摩托车	(名)	mótuōchē	motorcycle
6.防盗器	(名)	fángdàoqì	burglar alarm
7.汽油	(名)	qìyóu	gas
8.维修	(动)	wéixiū	maintain; repair
9.宁愿	(连)	nìngyuàn	would rather

练　习　Exercises

1. 听第一遍录音,判断正误　Listen to the tape and decide if the following statements are true.
   1) 小宋的车是去年春节买的。
   2) 小宋觉得这个城市太小了。
   3) 小宋有一家自己的公司。
   4) 第二个人觉得现在的汽车对他来说太贵了。
   5) 第三个人不想买汽车。
   6) 第四个人觉得还是买车有好处。

2. 听第二遍录音,选择正确答案　Listen to the tape again and choose the correct answer.
   1) A.每天的活动范围大了
      B.每天的活动范围有几公里
      C.经常想去哪儿玩儿
   2) A.想买一辆摩托车
      B.十年、八年以后再买车
      C.汽车跟摩托车的价钱一样的时候再考虑买车
   3) A.没有钱
      B.买汽车没有什么好处
      C.汽车太贵了
   4) A.就买汽车
      B.买房子
      C.买摩托车

5) A. 担心汽车被别人偷走
   B. 要为汽车准备好停放的地方
   C. 现在汽车质量不好,经常会坏

6) A. 道路发展得很好
   B. 人们不遵守交通规则,经常堵车
   C. 有时连停车的地方都找不到

7) A. 城市的环境污染越来越严重
   B. 人们保护环境的意识越来越强
   C. 骑自行车的人越来越多

8) A. 自行车很便宜
   B. 自行车很方便
   C. 自行车保护环境

3. 理解下面每句话的含义 Try to understand the following sentences.

1) A. 以前骑自行车每天都要骑几公里
   B. 以前骑自行车每天的活动范围很大
   C. 以前骑自行车每天的活动范围很小

2) A. 很少说话
   B. 最少
   C. 我少说几句话

3) A. 只有
   B. 除了
   C. 非……不可

4) A. 买车很有好处
   B. 不买车有道理
   C. 买车、不买车都有自己的原因

4. 听第三遍录音,回答问题 Listen to the tape once more and answer the following questions.

1) 小宋买了车以后,他觉得有什么变化? 为什么会有这种变化?
2) 第二个人想不想买车? 他什么时候才会买车?
3) 第三个人想不想买车? 为什么?
4) 第四个人对买车是什么看法?

二、泛听练习 Extensive listening

(一) 聊车

生　词 New Words

1. 钉　　　　（动）　　　dìng　　　　　　nail on; drive in
2. 优越性　　（名）　　　yōuyuèxìng　　　advantage
3. 刹车　　　　　　　　　shā chē　　　　　put on the brakes
4. 气喘吁吁　　　　　　　qìchuǎn xūxū　　　out of breath

练 习 Exercise

听录音,判断正误 Listen to the tape and decide if the following statements are true.
1. 小王现在上班比以前快了二十分钟。
2. 老刘觉得马路上堵车的时候,自行车不受影响。
3. 小王觉得带女朋友出去的时候,汽车有优越性。
4. 小王现在爬五层楼都会觉得很累。
5. 老刘爬八层楼很轻松。
6. 自行车不污染环境,所以说是"绿色交通工具"。

(二) 出租车管理

生 词 New Words

1. 座套	(名)	zuòtào	seat cover
2. 安装	(动)	ānzhuāng	install
3. 提示器	(名)	tíshìqì	prompter
4. 喷色		pēn sè	spray colour
5. 实行	(动)	shíxíng	implement; put into effect
6. 灰色	(名)	huīsè	grey

练 习 Exercise

听录音,判断正误 Listen to the tape and decide if the following statements are true.
1. 为了使司机及时了解道路交通情况,安装了语音提示器。
2. 对司机统一服装有98%的人赞成。
3. 对安装语音提示器和交通信息接受器没有一个人赞成,所以司机都不安装。
4. 这次为出租车统一的颜色是上部分是灰色,下部分是黄色。
5. 人们不喜欢这次为出租车统一的颜色,因为那两种颜色不协调。

第三十课 请跟我来

一、听力理解练习 Listening comprehension

（一）听后选择正确答案 Listen to the tape and choose the correct answer.

1. A.吃了早饭有点儿不舒服
   B.没吃早饭
   C.早饭吃得很少

2. A.他忘了妈妈说的话了
   B.妈妈把房间收拾干净了
   C.他把房间收拾干净了

3. A.三个小时
   B.一个半小时
   C.一个小时

4. A.这个村子里有一座楼房很漂亮
   B.这个村子里有两座楼房很漂亮
   C.这个村子里的楼房都很漂亮

5. A.因为考试成绩
   B.不是因为考试
   C.不知道是不是因为考试

6. A.你已经知道了
   B.我们准备的时候你就知道了
   C.我们表演的时候你就知道了

7. A.年龄
   B.性别
   C.职业

8. A.没跟女孩子打过交道
   B.不太喜欢打扮
   C.今天也没有打扮一下儿

9. A.他不知道怎么去
   B.电影票正好一人一张
   C.电影票太少了

10. A.汽车
    B.摩托车
    C.自行车

（二）听下面的短文并回答问题 Listen to the following passage and answer the questions.

请跟我来

　　如果你来北京旅游、购物，可能会不知道怎样安排，才能花的时间少，而逛的地方又多，那你听这位"导游"的一定没错。

生 词 New Words

1. 专门 （形） zhuānmén special
2. 侧 （名） cè side
3. 依次 （副） yīcì respectively
4. 挨 （动） āi be next to
5. 柜台 （名） guìtái counter
6. 直达 （动） zhídá go directly to
7. 聚集 （动） jùjí gather
8. 众多 （形） zhòngduō many
9. 老字号 （名） lǎozìhào an old name in business; an old shop
10. 效率 （名） xiàolǜ efficiency

专有名词 Proper Nouns

1. 赛特 Sàitè Saite (Scite)
2. 前门 Qiánmén Qianmen
3. 新东安市场 Xīn Dōng'ān Shìchǎng New Dong'an Market

练 习 Exercises

1. 听第一遍录音，判断正误 Listen to the tape and decide if the following statements are true.
    1) 他介绍的这条路线走的路少，逛的地方多。
    2) 西单的商场9点开门。
    3) 坐地铁可以去西单，在西单路下车就可以。
    4) 北京图书大厦是中国最大的图书商场。
    5) 西单大街是北京最热闹的商业街。
    6) 西单赛特商城在西单大街的西侧。
    7) 西单大街和王府井大街都是有名的商业大街。
    8) 王府井大街有很多北京的老字号。

2. 听第二遍录音，做练习 Listen to the tape again and do the exercises.
    1) 画出他介绍的路线图。
    2) 标出下列地方的位置：
        A. 西单大街　　　　B. 前门大街　　　　C. 王府井大街

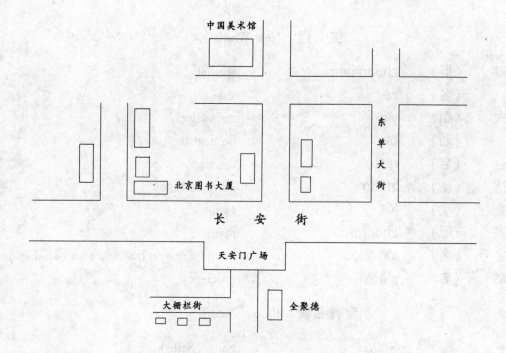

3. 听第三遍录音,选择正确答案 Listen to the tape once more and choose the correct answer.

1) A.7路、57路、109路
   B.10路、105路、808路
   C.4路、57路、109路

2) A.一共有八层
   B.购物环境很好
   C.商品的价格比较便宜

3) A.西单购物中心
   B.北京百货大楼
   C.西单商场

4) A.商品都很流行
   B.有很多出租柜台
   C.商品比较贵

5) A.西单赛特商城
   B.西单商场
   C.西单购物中心

6) A.22路
   B.20路
   C.120路

7) A.20路或22路
   B.120路或20路
   C.22路或120路

8) A.王府井大街的东侧
   B.王府井大街的西侧
   C.王府井大街的北边儿

9) A.北京工艺美术馆在大街的东侧、新东安市场在西侧
   B.东侧有新东安市场、西侧有北京百货大楼
   C.东侧是北京百货大楼、西侧是北京工艺美术馆

4. 回答问题 Answer the following questions.

1) 在西单大街可以去哪些地方？每个地方有什么特点？
2) 在前门大街可以做什么？
3) 在王府井大街可以去哪些地方？它们分别在什么位置？

二、泛听练习 Extensive listening

（一）幸福的球迷

生　词 New Words

1. 充实	（形）	chōngshí	rich in content; full
2. 报摊儿	（名）	bàotānr	news-stand
3. 参考	（名）	cānkǎo	reference
4. 沙龙	（名）	shālóng	saloon

练　习 Exercise

听录音，把左右两边相关的内容用线连起来　Listen to the tape and match the relevant information in the two columns.

	买《足球》报
	买《现代体育报》
星期一	看电视节目：《足球之夜》
星期二	看电视节目：《世界体育报道》
星期三	买《中国足球报》
星期四	看电视节目：英国足球甲级联赛
星期五	买《体育参考》
星期六	看电视节目：意大利足球联赛
星期天	看电视节目：德国足球甲级联赛
	看电视节目：《体育沙龙》

（二）北京世界公园

生　词 New Words

1. 入口　　　（名）　　　rùkǒu　　　　　　entrance

2. 隔　　　　（动）　　gé　　　　separate
3. 团体　　　（名）　　tuántǐ　　grope
4. 民俗　　　（名）　　mínsú　　folk custom
5. 游行　　　（名）　　yóuxíng　　parade

练习　Exercise

听录音,判断正误　Listen to the tape and decide if the following statements are true.

1. 北京世界公园是北京最大的公园。
2. 园内有100多个国家的著名景物。
3. 进门以后往右拐可以看到意大利的名胜。
4. 坐390路或332路可以从市区到北京世界公园。
5. 北京世界公园的门票周末比平时贵8块钱。
6. 1米以下的孩子可以免费。
7. 团体在50个人以上可以优惠5%。
8. 公园每天都有歌舞表演。

复习(六) Review (6)

一、听力理解练习　Listening comprehension

(一)听后选择正确答案　Listen and choose the correct answer.

1. A.老师现在说话有点儿快
   B.老师现在说话有点儿慢
   C.老师说的话他记不住

2. A.小王病了
   B.不知道小王会不会去听音乐会
   C.今天的音乐会小王一定会去

3. A.最多有100年
   B.最少有100年了
   C.是90年以前建的

4. A.小王和小李可能不来
   B.老王一定不来
   C.老刘肯定会来

5. A.七点
   B.七点半
   C.五点半

6. A.他喜欢坐火车
   B.坐飞机不舒服
   C.坐火车不安全

7. A.不到46岁
   B.46岁
   C.64岁

8. A.300名
   B.100名
   C.200名

9. A.600来万
   B.150多万
   C.600多万

10. A.他想抓紧时间学习
    B.听着磁带睡觉
    C.那盘磁带的效果很好

11. A.有烦恼的时候该怎么做
    B.着急生气的害处
    C.跟朋友聊天儿的好处

12. A.质量不如外国的商品
    B.价格比外国的商品贵
    C.质量不比外国的商品差

13. A.出了一点儿问题,所以没有成功
    B.不能说是失败
    C.跟上次一样,失败了

14. A.不喝白酒,只喝啤酒
    B.她不敢喝白酒,只敢喝啤酒
    C.她不敢喝啤酒,更不敢喝白酒

15. A. 小王昨天是不是准时来的
    B. 小王的自行车昨天坏了
    C. 小王修自行车用了半个小时

16. A. 小李给老王提的意见是对的
    B. 小李刚才对老王不太客气
    C. 她不知道小王的意见对不对

17. A. 很容易
    B. 不容易
    C. 不知道容易不容易

18. A. 谦虚
    B. 她的英语水平低
    C. 这篇文章有问题

19. A. 她的小说很吸引人
    B. 她是很有名的作家
    C. 人们想知道小说中女主人公的样子

20. A. 练习书法是他锻炼身体的一种方法
    B. 因为对运动不感兴趣,他现在不锻炼了
    C. 他学习书法没有坚持下来

(二) 听下面的短文并做练习　Listen to the following passage and answer the questions.

茶

生　词　New Words

1.	饮料	（名）	yǐnliào	drink; beverage
2.	经验	（名）	jīngyàn	experience
3.	流传	（动）	liúchuán	spread; circulate
4.	土壤	（名）	tǔrǎng	soil
5.	采摘	（动）	cǎizhāi	pick; harvest
6.	叶子	（名）	yèzi	leaf
7.	寒冷	（形）	hánlěng	cold
8.	出口	（动）	chūkǒu	exit

专有名词　Proper Nouns

1.	唐代	Táng Dài	Tang Dynasty
2.	陆羽	Lù Yǔ	Lu Yu
3.	《茶经》	《Chájīng》	The Book of Tea
4.	安徽	Ānhuī	Anhui
5.	浙江	Zhèjiāng	Zhejiang

练习 Exercises

1. 听第一遍录音,判断正误 Listen to the tape and decide if the following statements are true.

   1) 在中国人的生活中,茶是很重要的。
   2) 中国人是从公元 8 世纪开始喝茶的。
   3) 在中国茶叶都生长在南方。
   4) 不同的地方出产的茶叶具有不同的特色。
   5) 茶叶一年四季都可以采摘。
   6) 生活在不同地区的人们喜欢喝的茶叶也不一样。

2. 听第二遍录音,选择正确答案 Listen to the tape again and choose the correct answer.

   1) A.一天不喝茶都不行
      B.喝茶不可以喝一天
      C.不可以每天都喝茶

   2) A.中国人喝茶的历史
      B.喝茶的经验
      C.介绍中国茶叶的种类

   3) A.茶树的种类不一样
      B.每个地方的人喜欢的味道不一样
      C.每个地方气候、土壤和加工方法不一样

   4) A.茶树的种类不一样
      B.加工的方法不一样
      C.采摘的季节不一样

   5) A.红茶
      B.花茶
      C.绿茶

   6) A.红茶
      B.花茶
      C.绿茶

   7) A.非洲
      B.欧洲
      C.亚洲

   8) A.非洲
      B.欧洲
      C.亚洲

   9) A.红茶
      B.花茶
      C.绿茶

   10) A.红茶
       B.花茶
       C.绿茶

   11) A.红茶
       B.花茶
       C.绿茶

3. 讨论题　Topics for discussion．
　　1)你喜欢不喜欢喝茶？为什么？
　　2)关于茶叶,你还了解哪些？

二、泛听练习　Extensive listening

你想学唱这首歌吗？请你写出歌词　Do you want to learn this song? Try to complete its verse．

常回家看看

　　找点空闲，
　　_____，
　　_____常回家看看，
　　妈妈_____了一些唠叨，
　　爸爸张罗了一桌好饭，
　　_____跟妈妈说说，
　　_____向爸爸谈谈。
　　常回家看看，
　　回家看看，
　　_____帮妈妈刷刷筷子洗洗碗，
　　老人不图儿女为家做多大贡献呀，
　　一辈子不容易就图个_____。

　　带上笑容，
　　_____，
　　陪同_____常回家看看，
　　妈妈_____了一些唠叨，
　　爸爸张罗了一桌好饭，
　　_____跟妈妈说说，
　　_____向爸爸谈谈，
　　常回家看看，
　　回家看看，
　　_____帮爸爸捶捶后背揉揉肩，
　　老人不图儿女为家做多大贡献呀，
　　一辈子总操心就奔个_____。

听力文本
教师用书

Recording Script
(Teacher's Book)

第一课　　迎来送往

一、听力理解练习

（一）听后选择正确答案：

1. 果然下雨了,天气预报还挺准的。
   问:天气预报大概是怎么说的?
   A. 今天阴天
   B. 今天有雨
   C. 今天晴天

2. 孩子想出国学习,我只好让他去了。
   问:说话的人是什么心情?
   A. 很苦恼
   B. 很着急
   C. 很寂寞

3. 临毕业的时候再找工作可就来不及了。
   问:这句话的意思是:
   A. 快毕业的时候再去找工作,时间来不及
   B. 毕业以前就不要再去找工作了
   C. 到毕业的时候再找工作还来得及

4. 看他躺在医院的病床上,我心里有说不出的难受。
   问:这句话的意思是:
   A. 我心里的话不能说出来
   B. 我心里的话说不出来
   C. 我心里非常难受

5. 这件事你们还瞒得了我啊?
   问:这句话的意思是:
   A. 我已经知道这件事了
   B. 这件事你们在瞒着我吗
   C. 我不想告诉你们这件事

6. 他跑着跑着一下子摔倒了。
   问:这句话的意思是:
   A. 他跑着跑着摔了一下
   B. 他跑着跑着突然摔倒了
   C. 他跑了一下摔倒了

7. 早知道小张不去,我们就不给他买票了。
   问:从这句话我们知道:
   A. 他们已经知道小张不去
   B. 他们不给小张买票
   C. 他们已经给小张买了票

8. 小王,再见,有事呼我啊!
   问:这句话的意思是:
   A. 小王因为有事呼我
   B. 如果有事就呼我
   C. 有人在呼我

9. 他现在忙着联系工作呢。
   问:这句话的意思是:
   A. 他正忙着工作呢
   B. 他正联系工作呢
   C. 他今天很忙

10. 他今天这种结果多半是由于父母不正确的教育方法造成的。
    问:这句话的意思是:
    A. 很多父母对孩子的教育方法不正确
    B. 父母对孩子的教育方法有很多地方是不正确的
    C. 他现在的这种结果主要是因为父母不正确的教育方法造成的

(二)听下面的对话并做练习:

迎来送往

人际交往中,难免会有些迎来送往,这时候我们怎么做才会比较得体呢?请听录音。

重点及难点提示

1. "难得来一趟,……"
   "难得"作状语,表示不常发生。
   1) 你难得来一次,再玩儿一会儿吧。
   2) 最近工作很忙,难得陪孩子出去玩儿。
2. "……,别说走就走啊!"
   "说"和"就"后接同一动词,表示动作或情况发生得快。
   1) 六月的天气,说变就变。
   2) 小红,怎么说生气就生气了?
3. 把客人送到尽可能远的地方。
   副词"尽"常跟"可能"一起搭配,表示力求达到最大的限度。
   1) 明天考试,大家尽可能早点儿来。
   2) 你明天尽可能八点以前给我回电话。
4. 如果是重要的客人,甚至会送到汽车站。
   "甚至"强调突出的事例。
   1) 刚来中国的时候,我一句汉语也不会说,甚至"你好"也不会。
   2) 每篇课文他都念得很流利,甚至可以记住。

男:老师,我有一个问题。您刚才说中国人见面的时候,除了可以说"你好"以外,更多的时候是看到别人做什么就问什么。比如看到别人去上课,就可以说"上课去啊?"那么,送客人的时候是不是除了"再见"也有别的说法啊?好像只说一句"再见",有点儿生硬。

女:有啊。中国人送客人的时候,有一些基本的礼节。首先,要等客人先站起来,主人才可以站起来;不然,好像急着让客人走似的;同时还要客气一下:"再玩一会儿吧,着什么急呢?""你难得来一趟,别说走就走啊!"等等。如果正是吃饭的时间,还要邀请客人一起吃饭,吃了饭再走。要是客人一定要走,那么主人一般把客人送出门口,而且不马上关上门;不然的话,好像主人不欢迎这位客人。中国人一般是把客人送到尽可能远的地方,送下几层楼,直到外边儿的马路上;如果是重要的客人,甚至会送到汽车站。告别的时候还要说:"慢走,有时间来玩儿"等等。

男:我以前真没注意过这些。

女:当然,如果是年纪跟你差不多或者比你年轻的朋友,就比较随便一些。你可以只说:"我不送了啊,有时间过来玩儿。"

男:如果我是客人该说些什么呢?

女:你说"不用送了"、"别客气"都可以啊。

男:噢,那我以后就知道怎么做了。谢谢老师。

女:不用谢。

练 习

1. 听第一遍录音,判断正误:
   1) 男的是一位外国人。
   2) 中国人见面的时候,只能说"你好"。
   3) 男的不知道跟朋友见面时应该说什么。
   4) 男的觉得送客人的时候,只说"再见"不太好。
   5) 中国人送客人一般没有什么礼节。
   6) 中国人常常只把客人送到门外边儿。

2. 听第二遍录音,选择正确答案:
   1) 男的问了什么问题?
      A. 送客人的时候要送到哪儿
      B. 中国人怎么送客人
      C. 见面时该说什么
   2) 跟朋友见面的时候,看到朋友要去上班,除了可以说"你好"以外,还可以说什么?
      A. 你去哪儿
      B. 今天上班吗
      C. 上班去啊
   3) 送客人的时候该说什么话,男的知道吗?
      A. 一句也不知道
      B. 只知道说"再见"
      C. 知道一些
   4) 当客人要走时,主人应该怎样做?
      A. 马上站起来
      B. 立刻打开门
      C. 客人站起来以后再站起来
   5) "你难得来一趟,别说走就走啊!"这句话是:
      A. 客人来的时候,主人说的
      B. 送客人的时候,主人说的
      C. 客人走的时候,客人说的
   6) 如果下午6点左右有客人来,中国人一般会:
      A. 请客人多玩儿一会儿
      B. 请客人一起吃饭
      C. 把客人送到楼下
   7) 主人把客人送出门后,一般不马上关上门;不然的话,会让人觉得:
      A. 好像客人不受欢迎
      B. 好像主人没有礼貌
      C. 好像主人很生气
   8) 中国人送客人的时候,一般会把客人送到:
      A. 楼下
      B. 马路上
      C. 尽可能远的地方
   9) 如果客人是和主人年龄差不多的朋友,主人送客人的时候会怎么样?
      A. 不太客气
      B. 比较随便
      C. 送到楼下
   10) 主人送客人的时候,客人可以说:
      A. 不送了
      B. 以后有时间来玩儿
      C. 别送了

3. 听第三遍录音,选择填空:
   1) 要等客人先站起来,主人才可以站起来;不然,好像(着急、急着)让客人走似的。
   2) 不然的话,好像主人不(欢迎、喜欢)这位客人。
   3) 中国人一般是把客人送下几层楼,(一直到、直到)外边儿的马路上。
   4) 如果是(重要、主要)的客人,甚至会送到汽车站。
   5) 如果是年纪跟你差不多或者比你年轻的朋友,就比较(随便、方便)一些。

4. 模仿课文,练习怎样送客。

二、泛听练习

(一) 待客

　　如果家里来了客人,怎么招待客人呢?招待客人的时候都有什么礼节呢?中国人一般首先要请客人喝茶。给客人倒茶的时候,不能把茶杯倒满,倒大半杯就可以了。给客人送茶的时候,一只手端着杯子,一只手扶着杯子底;不能用一只手抓着杯子的口,这样的话是不想让客人喝的意思。另外还要注意,不要不停地给客人加茶,因为这样做的意思是觉得客人在这儿的时间太长了,应该走了。跟客人聊天儿的时候,也不要看表,这也是让客人走的意思。

　　如果留客人在家里吃饭,少不了要喝酒,给客人倒酒的时候,一定要倒得很满才行。而给客人盛饭的时候,就不要盛得太满;如果太满表示不想让客人吃第二碗。要是有鱼,那么鱼头要对着客人,表示尊敬。还有主人不能很快吃完饭而让客人一个人吃饭,必须要陪着客人,主人应该是最后一个吃完的。

练　习

根据课文内容,判断下面的做法是否正确:
1. 给客人倒茶的时候一定要倒得很满才行。　　2. 客人杯子里的茶喝完了,要马上再倒。
3. 跟客人聊天儿的时候不能总是看表。　　4. 给客人倒酒一般倒大半杯就可以了。
5. 给客人盛饭时不要盛得太满。　　6. 吃饭的时候鱼头一定要给客人吃。
7. 主人不能自己先吃完饭,让客人一个人吃。

(二) 握手

　　朋友见面,总要握手表示友好,但是握手也有一定的学问。在一般情况下,应该等女士、年龄大的人或职位高的人先伸出手,男士、年龄小的或职位低的人才能伸出手。在家里客人来的时候,主人应该先伸出手表示欢迎;而客人走的时候,应该等客人先伸出手,否则有想让客人赶快离开的意思。

　　跟别人握手,应摘掉手套,不然很不礼貌。男士与女士握手时应该轻轻地握,这样是表示尊敬。一般情况下,如果不是老朋友见面,最好不要用两只手去握对方的一只手。

　　在有外国人的场合,一定不要用左手和人握手,因为有的国家的人认为左手是不干净的,不能去碰别人。还有,一定不要跟两个人同时握手,西方人认为这是不吉利的。

练　习

听录音,说一说下面的做法对不对?
1. 握手时女人应该先伸出手。　　2. 年龄小的人要等年龄大的人伸出手以后才能伸手。
3. 职位低的人应先伸手。　　4. 客人来的时候和走的时候,主人都应该先伸出手。
5. 戴着手套跟别人握手很不礼貌。　　6. 男人和女人握手时不要握得太重。
7. 为了表示亲热,可以用两只手去握别人的一只手。
8. 中国人认为左手不干净,所以不要用左手跟中国人握手。
9. 不要同时跟两个人握手。

第二课　左邻右舍

一、听力理解练习

（一）听后选择正确答案：

1. 连孩子都能主动地帮助不认识的人，可我……，哎！
   问：说话人的心情是：
   A. 很难受
   B. 很惭愧
   C. 很失望

2. 小王说的没错，你的脸色确实不好。
   问：这句话的意思是：
   A. 小王没有说错，你的脸色真的不好
   B. 小王说：没有错，你的脸色不好
   C. 小王说的对，你的脸色很好

3. 经理没派我去，我很庆幸。
   问：这句话的意思是：
   A. 我很想去，经理不让我去
   B. 我不想去，经理让我去
   C. 我不想去，经理也没让我去

4. 小王，你帮了我这么大忙，我真不知道说什么才好！
   问：说话人的意思是：
   A. 很着急
   B. 很感激
   C. 很遗憾

5. 住了三个月的医院，又吃了半年的药，他的病好起来了。
   问：从这句话我们知道：
   A. 他的病好了
   B. 他已经能起来了
   C. 他的身体在变好

6. 你这么个大人，还让孩子给你让座，你真好意思！
   问：说话人的态度是：
   A. 不好意思
   B. 很生气
   C. 很奇怪

7. 十年了，他几乎没多大变化。
   问：这句话的意思是：
   A. 他一点儿也没变
   B. 他的变化很小
   C. 他有很大的变化

8. 我和小王身高差不了多少，不过他瘦一些，所以看起来比我高。
   问：下面哪句话是对的？
   A. 他比小王瘦一些
   B. 小王比他高
   C. 他和小王差不多高

9. 同学们要注意，你们在练习汉语发音的同时，还要注意声调。
   问：说话人的意思是：
   A. 发音比声调更重要
   B. 汉语的声调很重要
   C. 练习发音的时候也要注意声调

10. 刚才看见小红在看信，我问她："妈妈给你来信了？"她没说话。我又问是不是她同学的，她还是不说话。我又问：是不是"他"的呀？小红的脸一下子红了。
    问：这封信是谁给小红的？
    A. 小红的妈妈
    B. 小红的同学
    C. 小红的男朋友

151

(二) 听下列对话并做练习：

左邻右舍

  一个月前,小周一家从原来的胡同搬到了现在的楼房,本来这是一件值得高兴的事儿,可是小周的妻子却由此生出了很多烦恼。请听录音。

重点及难点提示

1. <u>别说</u>聊聊天儿了,<u>就连</u>邻居的面<u>也</u>很少见。
  "别说"用在前一小句,后一小句常用"就连……也……"或"即使(就是)…… 也……"。
  "别说 A,就连 B 也……",表示 B 都怎么样,A 就更不用说了。
    1) 这么难的问题,别说学生了,就连老师也不一定能回答出来。
    2) 动物园里的熊猫,别说孩子了,就连大人也都爱看。
    3) 这几位专家,别说在国内,就是在世界上也是很有名的。

2. 最好的邻居<u>不是</u>那种……的人,<u>而是</u>那种……的人。
  "不是……而是……"前后形成对比,表示转折。可以连接两个或两个以上的名词、代词、动词或小句。
    1) 中国最长的河不是黄河,而是长江。
    2) 昨天我遇见的不是她,而是她妹妹。
    3) 老师叫你去办公室,不是要批评你,而是要表扬你。
    4) 他不是不小心,而是故意要撞我。

女：搬到这儿一个来月了,总觉得有点儿不习惯。好像少了点儿什么。
男：我知道,你爱热闹。以前住四合院儿的时候,一个院子里住着好几家人,一天不知道见多少次面。对别人家的事儿比对自己家的事儿还清楚呢。下了班,大家聊聊天儿,说说自己遇到的新鲜事儿,觉得大家在一起很轻松。现在住楼房呢,虽然邻居也不比以前少,咱们这个门里就有二十来户,可是每家的门都关着,别说聊天儿了,就连邻居的面也很少见,所以你就觉得不习惯了。对不对？
女：还是你了解我。从前住四合院儿的时候,总想着什么时候能住上楼房,面积可以大一点儿。现在住上楼房了,又觉得以前住平房的日子挺好的。那时候跟邻居关系多好啊,谁家有点事儿,不用张嘴,大家就过来帮忙。"远亲不如近邻"嘛。以前张大爷、李大妈他们可没少帮咱们看孩子、买菜什么的。以后恐怕没有这么好的邻居啦！
男：以前的邻居确实不错。不过我有时候想,可能那种关系也太亲密了,都没有一点儿隐私。住楼房也没什么不好。我觉得最好的邻居不是那种总是来关心帮助你的人,而是那种平时不过问你的事儿,你需要帮助的时候才热心帮助你的人。

      练 习

1. 听第一遍录音,判断正误：
 1) 他们是丈夫和妻子。   2) 他们搬到这儿一个多月了。
 3) 他们以前住楼房,现在住平房。

4) 因为现在住的房子面积太小,妻子觉得不太习惯。
5) 丈夫觉得住四合院儿虽然不错,可是住楼房也挺好。

2. 听第二遍录音,把左右两边意思相关的内容用线连起来:

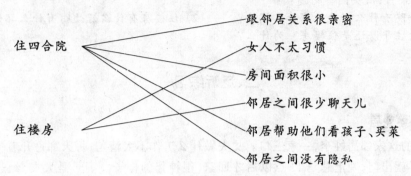

3. 理解下面各句的含义:
1) "一天不知道见多少次面。"这句话的意思是:
   A.他不知道一天能跟邻居见多少次面
   B.他问一天能跟邻居见多少次面　　C.每天跟邻居见很多次面
2) "对别人家的事儿比对自己家的事儿还清楚呢。"这句话的意思是:
   A.对别人家的事儿很了解
   B.别人不太了解他家的事儿　　　　C.他只了解自己家的事儿
3) "现在住楼房,邻居也不比以前少。"这句话的意思是:
   A.以前邻居比较多　　　　　　　　B.现在的邻居比以前多很多
   C.现在的邻居跟以前差不多
4) "别说聊天儿了,就连邻居的面也很少见。"这句话的意思是:
   A.跟邻居见面的时候,很少聊天儿
   B.跟邻居很少见面,聊天儿的机会就更少了
   C.跟邻居很少见面,也很少聊天儿
5) "从前住四合院的时候,总想着什么时候能住上楼房,面积可以大一点儿。"从这句话我们可以知道:
   A.住四合院的时候,房子面积比较大　　B.住楼房,房子的面积比较大
   C.住楼房、住四合院,房子面积都比较大
6) "张大爷、李大妈他们可没少帮咱们看孩子、买菜什么的。"这句话的意思是:
   A.张大爷、李大妈他们很少帮咱们看孩子、买菜什么的
   B.张大爷、李大妈他们没帮咱们看过孩子、买过菜什么的
   C.张大爷、李大妈他们经常帮咱们看孩子、买菜什么的
7) "谁家有点事儿,不用张嘴,大家就过来帮忙。"这句话的意思是:
   A.问谁家有事儿,需要不需要大家帮忙
   B.有了什么事儿,不用张开嘴,大家会过来帮忙
   C.一家有了困难,不用请求,邻居们都会来帮忙
8) "以后恐怕没有这么好的邻居啦!"这句话的意思是:
   A.以后可能没有这么好的邻居了
   B.我害怕以后没有这么好的邻居了　　C.以后一定没有这么好的邻居了
9) "我觉得最好的邻居不是那种总是来关心帮助你的人,而是那种平时不过问你的事儿,

你需要帮助的时候才热心帮助你的人。"根据这句话,我们可以知道最好的邻居是:
   A.经常来帮助你的　　　　　　　　　B.总是不关心你的
   C.平时不太关心你,你遇到困难的时候才来帮助你的

4. 听第三遍录音,口头回答问题:
   1) 住四合院有什么好处?有什么坏处?　　2) 住楼房有什么好处?有什么坏处?
   3) 你喜欢住平房还是住楼房?为什么?

二、泛听练习

(一) 我的几家邻居

我对门的这家邻居姓李,一家三口。丈夫做什么工作不太清楚,每天都是开着一辆红色的汽车,很早就出门,晚上总是11点以后才回家,很神秘的样子。妻子是大夫,经过她家门口总是有一种气味,就像医院里经常闻到的那种。儿子小名叫涛涛,大概有八九岁的样子,每次见到人都很有礼貌地叫声"叔叔好!""阿姨好!"很招人喜爱。

楼下那家住着母女二人。母亲姓齐,离婚后自己带着女儿一起生活。女孩儿在上幼儿园,每天都打扮得漂漂亮亮的,蹦蹦跳跳,无忧无虑、天真无邪的样子。而女人的脸色不好,一看就知道是因为营养不好,身上穿的也总是那两件旧衣服。

楼上住的是一位老人,姓季。据说是很有名的大学教授。以前有一套很大的房子,但从老伴儿死了以后,老教授说什么也不住在那套房子里了,就换到了现在这套小了很多的房子里。老教授很少下楼,除了有一个小保姆每天定时给他做做家务以外,差不多听不到楼上有什么声音。

练　习

根据录音,把相关的内容用线连起来:

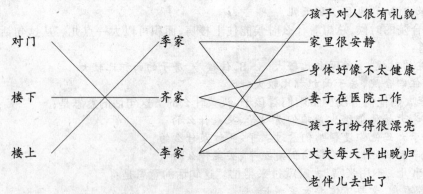

(二) 他们的家

听下面的三段录音并判断正误:

1. 我的家在农村,那儿风景美极了。在我们家后边儿不远就是一座山,山上种着很多树,整个山都是绿色的。我们家的东边儿有一条小河,河的对面是另外一个村子,那个村子里有一所小学,我小时候就在那儿上学。

问题:1)在他家后边儿很远的地方有一座山。　　2)那条河在他们家的东边儿。
3)他们的村子和另外一个村子中间有一条河。4)他小时候在自己的村子里上学。

2. 我是来北京打工的。租了一间不到10平米的房子,租金还算便宜,因为周围的环境不好。房子在一个饭馆儿的后边儿,而且跟饭馆儿的厨房挨着,那边儿做饭的声音,我听得清清楚楚。一直到晚上12点以后才能稍微安静一点儿,我也就只能每天12点以后才能休息。白天也不敢多睡,7点多我就得去上班啊。再说,饭馆前边儿就是马路,白天汽车的声音吵得我根本不能睡觉。

问题:1)他的房子太小了,所以租金很便宜。　　2)他的房子前边儿是一个饭馆儿。
3)他每天工作很忙,到晚上12点才能休息。　　4)他每天早上7点多去饭馆儿上班。

3. 我姓钱,在这个四合院儿里住了20多年了。我住的是北边儿的三个房间。我跟妻子,还有儿子在一起住。东边儿房里原来住的是老王一家,两年前,老王到国外跟大儿子一起生活了,现在房子是王家的二儿子住着。西边儿的房子是老刘的,前几年,老刘在别的地方买了楼房,这儿的房子就出租了,现在是小李一家住着;南边儿的房子是老马家,也是三个房间。一年多以前,房子后边新修了一条马路,他们就把靠东边儿的两个房间改成了一个小商店,老两口挤在西边的一间房子里。

问题:1)这个四合院里住着五家人。　　2)钱家有三口人,住在四合院北边儿的房间里。
3)四合院东边儿的房间里住着老王一家。
4)老刘一家住在四合院西边儿的房间里。
5)四合院的南边儿只有一个房间,住着老马一家。

第三课　跟中国不一样

一、听力理解练习

(一) 听下列句子并选择正确答案:

1. 她这个人看起来很冷漠,其实跟她打过交道以后才知道,她对人挺热心的。
问:"冷漠"这个词的意思是:
A.很冷
B.很热心
C.不热心

2. 寒假我和王丽要去旅行,至于去什么地方……
问:后面的话可能是:
A.要去海南
B.还没决定
C.我不太想去

3. 她推开门一看,满屋子都是人。
问:这句话的意思是:
A.屋子里有很多人
B.屋子里有一个人
C.每个屋子里都有很多人

4. 听说小张来北京了,他没准儿今天会跟你联系。
问:这句话的意思是:
A.小张可能今天来
B.小张没有准备跟你联系
C.小张有可能今天找你

5. 穿得着的衣服放在衣柜里,穿不着的放在衣柜上边儿的箱子里吧。
   问:他最近要穿的衣服会放在哪儿?
   A. 衣柜里
   B. 衣柜的上边儿
   C. 箱子里

6. 已经这么晚了,他怕是不来了。
   问:句子中"怕"的意思是:
   A. 担心
   B. 可能
   C. 一定

7. 大学毕业以后,我就再也没见过他。
   问:这句话的意思是:
   A. 大学毕业以后,我就不再跟他见面了
   B. 大学毕业以后,我再也不去见他了
   C. 大学毕业以后,我没有再见过他

8. 他哪能不满意呢?他高兴着呢!
   问:这句话的意思是:
   A. 他正在高兴呢
   B. 他很高兴
   C. 他不太高兴

9. 你办事总是这么犹犹豫豫的,什么时候你才能干脆一点儿呢?
   问:句子中"干脆"这个词的意思是:
   A. 犹豫
   B. 不犹豫
   C. 很慢

10. 经理,您让我出差,我当然应该去。可是您看,我爱人最近不在家,我每天要接送孩子上学。我要是走了,孩子怎么办呢?您看能不能——
    问:她说这段话的意思是:
    A. 她很犹豫
    B. 她在推辞
    C. 她在考虑

(二)听下面的对话并做练习:

跟中国不一样

你来中国多长时间了?在这段时间里有没有发现中国跟你们国家有什么不同?你听,乔治就发现了很多不同的地方。

重点及难点提示

1. ……,也就是30多岁,……
   "也就是"多用于口语中,表示数量不多、程度不高等。
   1) 我觉得他身高也就是170公分。　　2) 我的英语不太好,也就是会一般的日常会话。

2. 我想这可能跟身材和胡子有关系。
   "有关系"常与"跟、和、同、与"相呼应,构成"跟(和、同、与)……有关系"的格式。在句中常作谓语或定语。
   1) 这件事可能跟他有关系。　　2) 他学习好跟他刻苦努力有关系。
   3) 跟这件事有关系的人我都问过了。

乔治：小李，我来中国这么长时间了，发现中国跟我们英国有很多地方不同。
小李：你说说看。
乔治：就说名字吧，你们的名字是姓在前，名在后，跟我们国家正相反。
小李：对。中国人总是按从大到小的顺序说。比如日期，我们是先说年，然后是月、日；自己介绍的时候，常常先说自己是哪个单位的或在哪儿学习，然后再说自己的名字；还有写通讯地址的时候，顺序也是先写国家、地区、城市、街道、房号，最后才是自己的名字。
乔治：对，这跟我们国家也不一样。不过送信的时候，还是中国人的通讯地址的写法更方便。
小李：对，是这样。
乔治：还有，中国人的年龄我觉得很难猜。有一个中国人，我觉得他也就是三十多岁，可是他说他的儿子都已经结婚了。这样的话，他应该是五十岁左右。
小李：你知道吗？中国人也觉得外国人的年龄很难猜呢。常常是外国人把中国人的年龄猜小了；而中国人呢，把外国人的年龄猜大了。我想这可能跟身材和胡子有关系。
乔治：这有什么关系呢？
小李：中国人和西方人比起来，身材要矮一点儿，而且除了老人，一般的中国男人也很少留胡子；西方人呢，身材比较高大，而且年轻人留胡子的也不少。这样一来，外国人就会觉得中国人比他们的实际年龄小，中国人觉得外国人要比他们的实际年龄大。
乔治：这样说来，可能也有这方面的原因。

练 习

1. 听第一遍录音，判断正误：
1) 他们俩谈了中国和美国有哪些不同。
2) 乔治发现两个国家人的姓名、日期的顺序不一样。
3) 中国人习惯按从大到小的顺序说。
4) 中国人通讯地址的写法对送信来说比较方便。
5) 乔治把那个中国人的年龄猜大了。
6) 中国人常常觉得外国人比他们的实际年龄大。
7) 外国人常常觉得中国人比他们的实际年龄小。

2. 听第二遍录音，选择正确答案：
1) 如果一个中国人和一个英国人的名字分别是林达和乔治·布朗。他们的姓分别是：
   A."林"和"乔治"
   B."林"和"布朗"
   C."达"和"布朗"

2) 中国人写通讯地址的顺序是：
   A.国家、城市、地区、街道、房号
   B.国家、地区、城市、街道、房号
   C.国家、城市、街道、地区、房号

3) 对话中没有谈到两个国家的哪种不同？
   A.结婚的年龄
   B.个子
   C.打扮的样子

4) 一个50岁左右的中国人，英国人可能会以为他的年龄是：
   A.50岁左右
   B.30多岁
   C.70多岁

5) 一个50岁左右的英国人,中国人可能会以为他的年龄是:
   A.50岁左右
   B.30多岁
   C.70多岁

3. 听第三遍录音,按中国人的习惯说一说:
   1) 今天的日期。
   2) 如果你是北京语言文化大学的学生,怎样自我介绍?
   3) 你现在的通讯地址。

4. 根据录音内容说一说中国和英国有哪些不同?中国跟你们国家呢?

二、泛听练习

(一)座位的学问

不知道你注意到没有,请客人吃饭的时候,中国和西方对座位的安排有很大不同。

中国人习惯用圆桌子,请朋友来家里吃饭的时候,男女主人一般坐在一起。最重要的位置是厨房正门对面的座位,当然是最重要的客人坐,重要的女客人坐在她丈夫的右边。而在西方国家一般用长方桌子,男主人和女主人分别坐在桌子的两端。最重要的位置是男主人右边的座位和女主人右边的座位,最重要的男客人就坐在女主人右边的座位,最重要的女客人就坐在男主人的右边。

总之,中国夫妇一般坐在一起,西方国家却是把夫妇分开;西方国家尽量不让两名男子或两名女子坐在一起,中国人却尽量让男的坐在一起,女的坐在一起。

练 习

听录音,判断正误:
1. 中国人吃饭习惯用圆的桌子。
2. 中国人请朋友来家里吃饭的时候,男女主人分别坐在桌子的两端。
3. 中国人认为重要的座位是厨房门对面的座位。
4. 在西方国家,客人来家里吃饭时,男女主人一般坐在一起。
5. 在西方国家,客人来家里吃饭时,最重要的男客人坐在男主人的右边儿。
6. 在中国,朋友一起吃饭时,总是让男的坐在一起,女的坐在一起。

(二)手的语言

人们在谈话的时候,常常会有各种身体的动作,如脸上的表情、眼睛的动作、肩膀的动作、胳膊及手的动作等等,尤其是手的动作最多,而且也最生动。如果你再仔细观察一下中国人手的动作,也许会和你们有很多不同。

首先,中国人表示数字从0到10的方法,特别是6到10的方法,也许有些特别,中国人完全可以用一只手表示出来。如中国人一般伸出拇指和小手指,表示"6";把拇指、食指和中指捏在一起,表示"7";"8"的表示方法是伸出拇指和食指,好像汉字"八"的写法;"9"是把食指钩起来;"10"有时候是握紧拳头或者伸开五个手指,然后翻动一次手掌。

再比如,中国人招呼别人,让他过来的时候,是手掌向下朝自己的方向挥动;表示自己的时候是用食指指着自己的鼻子;提醒别人注意看的时候,是先指指自己的眼睛,然后再指指要注意的东西;如果别人给自己倒茶倒酒的时候呢,中国人习惯地用手掌侧放在杯子的一侧,有时还用食指和中指在桌子上轻轻地敲几下,表示感谢等等。所有这些,是否和你们有所不同呢。

练 习

你来做一做,下边的情况用手怎么表示?
1. 从6到10用一只手表示。　　2. 让别人过来。　　3. 表示"自己"。
4. 提醒你的同桌注意看黑板。　　5. 别人给你倒酒。

第四课　送什么礼物呢?

一、听力理解练习

(一)听后选择正确答案:

1. 今年还从来没有下过这么大的雨呢!
    问:从这句话我们可以知道:
    A. 今年这儿从来没下过雨
    B. 这场雨很大
    C. 我从来没见过这么大的雨

2. 我对上海很熟悉,我曾经在那儿生活过四年呢!
    问:从这句话我们知道:
    A. 她现在不在上海了
    B. 她在上海生活了四年了
    C. 她现在住在上海

3. 要是当初问问她的地址、电话什么的就好了。
    问:从这句话我们知道:
    A. 他们现在知道她的地址、电话
    B. 他们当初问了她的地址、电话
    C. 他们现在不知道她的地址、电话

4. 女:哎,你看这条裙子怎么样?
    男:算了吧,这种长裙子适合高个子的人穿。
    问:男的意思是:
    A. 你个子高,穿这种裙子很合适
    B. 你个子太矮,穿这种裙子不合适
    C. 这种裙子不适合你这种高个子的人穿

5. 她这个人,我算是看透了,就是嘴上说的好听。
    问:下面哪句话不对?
    A. 她说话的声音很好听
    B. 我不太了解她
    C. 她说的很好,但是做得不好

6. 看到这种情景,我心里真不是滋味。
    问:这句话的意思是:
    A. 我心里很难受
    B. 我心里没有滋味
    C. 我不知道是什么滋味

7. 今天的晚会只有你去请他,他才会来呢。
   问:这句话的意思是:
   A.只要你去请他,他就会来
   B.你只有去请他,他才来呢
   C.只有你能请他来

9. 男:现在我妈妈一个人生活,很寂寞,所以我每天只要有时间就会去看看她,讲些有意思的事儿让她高兴高兴。
   女:是啊,对老人来说,心情愉快比什么都重要。
   问:女的意思是:
   A.有的老人说心情很愉快
   B.老人最重要的是心情愉快
   C.老人的什么问题都很重要

8. 你看,我说得没错吧?你挺聪明的,只要努力,就能得到这么好的成绩。
   问:下面哪句话不对?
   A.他现在的学习成绩不太好
   B.他现在学习努力了
   C.他现在的成绩很好

10. 学习汉语的时候,老师讲的语法内容你都听懂了,还不能算是会了。要是跟中国人说话的时候会用了才算是会了呢!
    问:对老师讲的语法内容,他认为怎么样才算是学会了呢?
    A.会用了
    B.能听懂中国人说话了
    C.都听懂了

(二) 听下面的对话并做练习:

送什么礼物呢?

好朋友要结婚了,我们要送什么东西作礼物呢?请听下面的对话。

重点词语及表达方式例释

1. <u>要我说</u>啊,什么都不用买,送他们点儿钱就行。
   表示按照自己的想法发表意见,用作插入语,下文说出自己对事情的主张或见解。
   1) 要我说啊,咱们不等他了。　　2) 要我说啊,还是去颐和园划船比较好。

2. 你买的礼物,<u>说不定</u>人家还不喜欢呢。
   表示对事情的来由、状况、性质、趋势等方面的可能性作出推测、估计。
   1) 你别等他了,说不定他已经走了。
   2) 你别着急,说不定她还没收到你的信呢,再等几天。

3. <u>话是这么说</u>,可是送钱不太好吧?
   口语中多用于别人所说的话以后,下文接着指出实际情况。意思是虽然按道理是这样的,可是实际情况不是这样。
   1) A:你既然知道吸烟对身体不好,就应该把烟戒掉!
      B:话是这么说,可是一个人的习惯是很难改掉的。
   2) A:我觉得你只要努力就会有好的成绩。
      B:话是这么说,可我这么大年纪了,即使再努力也不如年轻人。

女:哎,今天小刘告诉我,他和王兰10月1日结婚,请咱们全家去喝喜酒呢。咱们总不能空手去吧。

男：那当然了。

女：可是我觉得给别人买个合适的礼物很难，不知道别人喜欢什么。

男：要我说啊，什么都不用买，送他们点儿钱就行。用一个红包装起来，不是挺好看的吗？拿到钱，人家想买什么就买什么，多合适啊？你买的礼物，说不定人家还不喜欢呢。

女：话是这么说，可是送钱没有什么纪念意义吧？应该送一个既有用又有纪念意义的礼物。

男：你说咱们到电视台给他们点一首歌，怎么样？

女：好是好，不过，点歌要提前半个月，现在来不及了。

男：要不，把家里那套"夫妻茶杯"送给他们，作为结婚礼物正合适。两个杯子就像夫妻两个，而且既可以用来喝茶，又有纪念意义。

女："夫妻茶杯"？那可是你从国外带回来的，咱们自己都舍不得用呢！

男：既然是真心送别人礼物，当然就要送自己最喜欢的东西了。

女：好吧，听你的。

练　习

1. 听第一遍录音，判断正误：
    1) 他们的朋友要结婚了。　　　2) 给朋友送什么礼物，丈夫想了四个办法。
    3) 因为不知道朋友喜欢什么，所以妻子觉得给别人买礼物很难。
    4) 妻子觉得应该送自己最喜欢的东西，丈夫觉得要送既有用又有纪念意义的东西。
    5) 那套"夫妻茶杯"不是在中国买的。

2. 听第二遍录音，然后做练习。
    他们在谈话中共提到了送哪些东西？在左边一栏中选出，并与右边相关的内容连线。

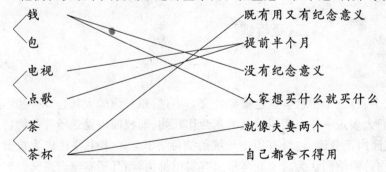

3. 选择正确答案：
    1) 他们的朋友什么时候结婚？
        A. 4月1号
        B. 10月1号
        C. 10月7号

    2) "请咱们全家去喝喜酒呢。"这句话的意思是：
        A. 请咱们全家去喝酒
        B. 请咱们全家去吃饭
        C. 请咱们全家去参加婚礼

3) "咱们总不能空手去吧。"这句话的意思是：
   A. 咱们要带着礼物去
   B. 咱们不能让他的手空着
   C. 咱们要在手上戴些东西去

4) 如果想给小刘和王兰点歌的话,应该什么时候去？
   A. 3月15号以前
   B. 9月15号以前
   C. 9月20号以前

5) 他们最后决定送"夫妻茶杯",是因为：
   A. 它是从国外带回来的
   B. 他们还没有用过
   C. 它既有用又有纪念意义

6) 妻子说："'夫妻茶杯'？那可是你从国外带回来的,咱们自己都舍不得用呢！"她的意思是：
   A. 送"夫妻茶杯"很好
   B. 送"夫妻茶杯",我舍不得
   C. 从国外带回来的东西送人不太好

7) 妻子最后说"好吧,听你的。"是什么意思？
   A. 好吧,按你说的做吧
   B. 好吧,我听你说
   C. 好吧,你听我说

4. 听第三遍录音,填空：
1) 要我说啊,什么都不用买,送他们点儿钱就行。
2) 你买的礼物,说不定人家还不喜欢呢。
3) 话是这么说,可是送钱没有什么纪念意义吧？
4) 好是好,不过,点歌要提前半个月,现在来不及了。
5) 要不,把家里那套"夫妻茶杯"送给他们。

二、泛听练习

（一）大学校园里的社交

大学校园是一个小社会,在这个小社会里也需要社交。不过,跟外面的大社会有一些不同。在外面的大社会,人们大多送一些有实用价值的东西作礼物；而校园内是送精神礼物。

第一是送书。这是校园内最普遍、也最有历史传统的交际方式。一本书往往成为祝贺朋友生日、毕业赠送的礼物。同学们认为送书既高雅又有实用价值,而且还有纪念意义。

第二是送鲜花。这是近几年来在我国大中城市兴起的一种新的交际方式。一些有文化的年轻人很喜欢这种方式。几乎在每一所大学校园的周围,都有不少鲜花店,大学生们在这里选择合适的花,送给自己的朋友。

第三是电话问候。现在电话越来越普及,而且电话比写信更直接、更及时。一声亲切的问候,通过电话传送给对方,这是书信做不到的。

第四是点歌点唱。大学生几乎每人都有一台收音机,他们是广播节目的热心听众。为朋友、为家人、为老师点播一首歌曲也是他们经常用的一种方式。

第五是开晚会。每到重要的日子,同学朋友们聚在一起,有条件的开一个party,没条件的去舞厅、卡拉 ok 厅,大家又开心,又增加了了解,这也是校园内一种重要的交朋友的方式。

练　习

听录音,回答问题:
1. 在大学校园内,同学之间送礼物与社会上有什么不同?
2. 文中共谈到了哪几种送礼物的方式?对每种方式都有哪些评论?

(二) 怎样送礼物

　　中国人去朋友家做客,空手去总是不好意思的,多少总要带着点儿礼物。可是礼物送给谁、送什么,这些都要好好考虑考虑。
　　礼物当然可以送给朋友,但是如果朋友家里有老人或者孩子,那么送给他们礼物也是一样的。因为在中国家庭中,老人和孩子是应该关心的,给老人买点儿吃的,或者给孩子买点儿吃的、穿的、玩的,都可以。
　　当然,你也可以买礼物给这一家的女主人。如果你送一份很独特的礼物给女主人,朋友也会很高兴;但是如果你是男人,跟你朋友的年龄差不多,最好不要只送给朋友的妻子礼物。要是想不出什么特别的礼物,买点儿新鲜的水果也是不错的。
　　送礼物不一定要花很多钱,重要的是你的心意。

练　习

听录音,回答问题:
1. 去中国朋友家做客,你可以给谁准备礼物?准备什么样的礼物?
2. 给女主人送礼物的时候,要注意什么问题?

第五课　谢谢你的"生日"

一、听力理解练习

(一) 听下列句子,选择正确答案:
1. 来北京好几个月了,北京的名胜古迹我还一个也没去过呢。
　　问:这句话的意思是北京的名胜古迹:
　　　　A. 他只去过一个
　　　　B. 还有一个地方没去过
　　　　C. 他还都没去过
3. 他太激动了,有点儿说不下去了。
　　问:这句话的意思是:

2. 既然你的感冒已经好了,为什么还不去上课?
　　问:这句话的意思是:
　　　　A. 你感冒好了以后再去上课吧
　　　　B. 你感冒好了,应该去上课
　　　　C. 你感冒没好,为什么去上课
4. 我觉得学汉语最根本的就是要多听。
　　问:他的意思是:

A.他说不下楼去了
B.他激动得不能继续说了
C.他不想说了

A.学汉语最难的是听力
B.学汉语他听的最多
C.学汉语最重要的是听力

5. 我们班18个学生中,有一半是日本人,其中只有我们两个女生。
问:下面哪句话是对的?
A.她们班只有两个女生
B.日本人中有7个是男生
C.她们班一共有9个女生

6. 小王不比我们班任何人笨,就是学习不努力。
问:小王怎么样?
A.不笨,但是不努力
B.很笨,不过很努力
C.很笨,学习又不努力

7. 这孩子真拿他没办法。无论我怎么说,他就是什么药也不吃。
问:这个孩子怎么了?
A.没有办法了
B.不知道吃什么药
C.不想吃药

8. 小李最近开了一个店,为了招揽顾客,有时候会跟人家吹牛。这些骗人的话,小李以前是怎么也说不出来的。
问:小李从前是什么样的?
A.喜欢吹牛
B.不会说骗人的话
C.有什么话不说出来

9. 女:我看这儿的工艺品还不少呢!
男:可不,这条街虽然不长,可是卖这种工艺品的商店就有几十家。
问:男的意思是:
A.这儿的工艺品不太多
B.这儿的工艺品商店只有几十家
C.这儿的工艺品商店很多

10. 男:师傅,买票,北京大学一张。
女:北京大学?你坐反了,这是去动物园方向的。你下一站下车吧,到马路对面去坐车。
问:他们现在是在哪儿?
A.北京大学
B.马路上
C.公共汽车上

(二)听下面的对话并做练习:

谢谢你的"生日"

当我们遇到困难时,一位陌生人默默地伸出一双援助的手,这时我们心里除了感激以外,还是感激。请听这个发生在火车上的故事。

重点及难点提示

1. 我找<u>遍</u>了每一个地方都没有,……
"遍"用动词后作补语,表示动作的范围,所有、全面的意思。
1) 她把整个房间都找遍了,也没找到那本书。
2) 她几乎问遍了全班同学,谁都不知道她去哪儿了。

2. <u>好在</u>我身上还有半包烟,……
副词。表示本来就存在的有利条件或情况。多用于口语。作状语,修饰动词、形容词。

164

1) 我的同屋是日本人,不会说英语,我又不会说日语,好在我们都会一点儿汉语,不然就没有办法说话了。

2) 妈妈生日的时候,我很想给她买一件礼物,可是我没有钱,好在我找到了一个打工的机会,挣了一点儿钱。

3. 我就一支接一支地抽了起来。

"一 + 量词 + 接 + 一 + 量词"表示不停地。

1) 他说话很快,一句接一句地说,我听不太清楚。

2) 他现在对中国的小说很感兴趣,一本接一本地看。

  那年暑假我回家,火车过了郑州车站不久,我发现钱包没了。我找遍了周围的每一个地方都没有,这样一来,以后的几天我就没钱买吃的了;但是我并没有告诉别人。

  我对面的那个男人是刚从郑州上车的,穿着很随便,上车以后就专心地看他手里的一份杂志。

  车到西安的时候,我已经非常饿了;好在我身上还有半包烟,于是我就一支接一支地抽了起来;最后一支烟抽完了,我的胃开始疼了起来,于是我就不停地喝水。我邻座的一位妇女递给我一个苹果,说:"小伙子,别太节省了,吃点儿水果吧。"不知道为什么我没有要她的苹果,其实我心里别提有多想吃了。

  夜里我睡着了,等我醒来,发现小桌子上放着四瓶啤酒、一只烤鸭。对面的男人点着了一支烟,对我笑一笑说:"我很少吸烟,不过生日例外。来,陪我喝瓶酒。"说着就把一瓶酒递到我手里,我想了一会儿说:"谢谢你的生日,谢谢你的生日。"

  两瓶酒、半只烤鸭,我吃得饱饱的。过了没有多久,他就到了下车的地方。他整理好行李,把他的那本杂志递给我,说:"你到家的路还很长,留给你慢慢看吧,别弄丢了。"然后就下车了。

  我想着刚才的事儿和他下车前的话,我突然想到,他的"生日",会不会是他故意安排的?而且……我急忙翻开手里的杂志,果然,那里面夹着一张100元的钞票。

练 习

1. 听第一遍录音,判断正误:

1) 这个故事发生在火车上。   2) 在郑州车站的时候,他发现钱包没了。

3) 对面的男人送给他一个苹果。   4) 那天正好是对面那个男人的生日。

5) 杂志里的那100块钱是对面的男人送给他的。

2. 听第二遍录音,把下面的话按故事发生的顺序排好:

1) 对面的男人快下车了,交给他一本杂志。(6)

2) 他一支接一支地抽烟。(2)

3) 他发现钱包没有了。(1)

4) 桌子上放着三瓶啤酒、一只烤鸭;对面的男人抽着烟,拿着一瓶酒给他喝。(5)

5) 他不停地喝水。(3)

6) 他打开杂志,里面夹着一张100元的钞票。(7)

7) 邻座的女人送给他一个苹果,他没有要。(4)

3. 选择正确答案:
   1) "我发现钱包没了,我找遍了周围的每一个地方都没有。"这句话的意思是:
      A. 我发现钱包没了,我每一个地方都找了还是没有
      B. 我发现钱包没了,我找了一遍还是没有
      C. 我发现钱包没了,我在一个地方找了找

   2) "我身上还有半包烟,于是我就一支接一支地抽了起来。"这句话的意思是:
      A. 我身上还有半包烟,于是我就抽了一支
      B. 我身上还有半包烟,于是我就抽了两支
      C. 我身上还有半包烟,于是我就不停地抽了起来

   3) 邻座的女人为什么送给他一个苹果?
      A. 那个女人觉得他太节省了　　B. 那个女人觉得他可能饿了
      C. 那个苹果很好

   4) "其实我心里别提有多想吃了。"这句话的意思是:
      A. 其实我心里很想吃　　B. 其实我心里不想吃
      C. 我没有说我想吃

   5) "我很少吸烟,不过生日例外。"这句话的意思是:
      A. 我只是生日的时候不吸烟　　B. 除了生日以外,我一般不吸烟
      C. 我很少吸烟,生日也不例外

   6) 他在火车上吃了什么东西?
      A. 四瓶啤酒、一只烤鸭　　B. 两瓶啤酒、半只烤鸭
      C. 两瓶啤酒、一只烤鸭

   7) "过了没有多久,他就到了下车的地方。"这句话的意思是:
      A. 过了一会儿,他就到了下车的地方　　B. 过了很久,他就到了下车的地方
      C. 过了几个车站,他就到了下车的地方

   8) 对面的男人下车时给他一本杂志,是因为:
      A. 觉得他在车上会很寂寞　　B. 那本杂志是他的,对面的男人还给他
      C. 对面的男人想送给他点儿钱

4. 听第三遍录音,简单讲一讲这个故事。

二、泛听练习

(一) 一个红苹果

　　一个秋天的夜晚,我坐上了从广州开往上海的第28次列车。
　　我躺在卧铺上看杂志,听到一个温柔的声音:"小姑娘,喜欢吃这个吗?"我一看,原来是对面卧铺上的那个中年妇女,手里正拿着一个红苹果对我说。我笑笑,摇摇头;但她还是把

苹果放在我的头旁边儿,我只好说声"谢谢"。

到了晚上,我拿起那个红苹果,那是一个很大很漂亮的苹果。她不认识我,为什么送给我呢?我开始警惕起来,脑子里出现了小时候听过的故事:白雪公主吃了陌生人送的苹果,结果中了毒……我把苹果放下,打算明天早上还给她。

第二天,当我醒来时,发现对面的卧铺已经空了,苹果还在我的头旁边儿,下面还压着一张纸条:"小姑娘,你好!这个苹果是我到广州开会的时候,一位朋友送给我女儿的,可我女儿在北京上大学。昨天一见到你,就觉得你很像我的女儿,一样留着长发,一样长着大眼睛,一样穿着牛仔裤,一样喜欢躺着看书,于是我猜想你也和我女儿一样喜欢吃苹果……"

我很不好意思,她把我想像得同她女儿一样可爱,我却没有把她想像得像母亲那样可以信任。

苹果送到嘴边的时候,我感到自己得到的不仅仅是一个苹果。

练 习

听录音,回答问题:
1. 故事发生在什么地方?
2. 那位中年妇女给了她一个什么?她开始为什么没有吃?
3. 那位中年妇女给她的东西原来是要送给谁的?
4. 那位中年妇女的女儿什么样?
5. 听了这个故事,你有什么想法?

(二) 举手

小时候在学校的课堂上,老师问问题的时候,无论我会不会回答,都会举手。这样做了很多次,老师都没有问到我。可是后来有一天,老师叫我起来回答问题的时候,我却回答不上来,周围的同学都在偷偷儿地笑话我。

下课以后,老师找到我,问我为什么要这样做,我说如果老师问问题的时候我不举手,同学们会以为我不会,说我笨。于是老师就和我约好:如果我真会的时候就高高地举起我的左手;如果不会的时候,就举起我的右手。从那以后,每当我举起左手的时候,老师总是尽量让我回答问题,慢慢地,我越来越多地举起我的左手,而且也能越来越好地回答老师的问题,我也从一个被别人笑话的学生变成了一个好学生。

练 习

听录音,回答问题:
1. 每次老师问问题的时候,他会怎么做?为什么要这样做?
2. 周围的同学为什么偷偷儿地笑话他?
3. 老师和他约好什么事儿?你觉得老师为什么要这样做?
4. 他为什么会从一个被别人笑话的学生变成了一个好学生?

复习(一)

一、听力理解练习

(一)听后选择正确答案:

1. 今天的火车票卖完了,我们只好买明天的了。
   问:他原来的打算是:
   A.买今天的火车票
   B.今天去买火车票
   C.买明天的火车票

2. 小刘,刚才我把咱们的意见告诉老王了,他果然不太同意,看来你对他还是挺了解的。
   问:从这句话我们知道:
   A.小刘不同意老王的意见
   B.老王对小刘很了解
   C.小刘知道老王不会同意

3. 平时,刘经理嘴上总是说:"有意见,欢迎大家提啊!"但是如果谁真的给他提了什么意见,他心里就不是滋味儿。
   问:这句话的意思是:
   A.刘经理希望大家提意见
   B.刘经理不喜欢别人给他提意见
   C.如果没有人提意见,刘经理心里就不舒服

4. 别说是我们了,就连素不相识的人,遇到这种情况也会帮助小明的。
   问:从这句话我们可以知道:
   A.他们帮助了小明
   B.他们和小明素不相识
   C.素不相识的人帮助了小明

5. 难得他今天这么高兴,就让他多喝点儿酒吧。
   问:从这句话可以知道:
   A.他今天不高兴,要喝很多酒
   B.他很少像今天这样高兴
   C.他今天高兴,喝了很多酒

6. 这次考试我根本就没有复习,不过好在问题不是太难,不然可就麻烦了。
   问:下面哪句话是对的?
   A.听说这次考试的问题不太难
   B.这次考试的问题太难了
   C.他觉得考得还可以

7. 张老师倒是说来参加咱们的晚会了,不过我看说不定。
   问:下面哪句话是对的?
   A.我觉得张老师不一定来
   B.我觉得张老师一定不来
   C.我觉得张老师一定来

8. 小王就爱这样,一有不高兴的事儿,就一杯接一杯地喝酒。
   问:遇见不高兴的事儿,小王喜欢怎么做?
   A.喝一杯酒
   B.喝两杯酒
   C.不停地喝酒

9. 我们班很多同学都说学汉语汉字最难了,其实我觉得汉字没有听力难。
   问:他觉得什么最难?

10. ……著名作家黄文玉先生却非常喜欢猫。在他的10部小说里,几乎每一部都有关于猫的故事。
    问:在这段话的前边大概是什么样

A.学汉语
B.听力
C.汉字

11. 女:老王,明天的会是不是每个人都必须参加啊?
    男:尽可能去吧。
    问:老王的意思是:
    A.可能是这样
    B.能去的话就去吧
    C.我可能去

13. 男:小王,8月20号的会议很重要,你记着提醒我啊。
    女:刘经理,那是前天的事啦。
    男:糟糕!我竟然忘了参加会议!
    女:您去过了。
    问:下面哪句话是对的?
    A.刘经理不记得参加了会议
    B.刘经理没有参加会议
    C.小王忘了提醒刘经理了

15. 男:小丽虽然是咱们的独生女,可她也不小了,你不要什么事儿都要帮她,应该让她自己考虑,自己作决定,这样才能培养她独立的性格。
    女:哎,话是这么说。
    问:女的意思是:
    A.你说的话没有错,我以后一定这么做
    B.你说的话不对
    C.不完全同意男人的意见

17. 男:我们这儿是市中心,租金会高一些。有些公司觉得这个地方很好,但是租金常常让他们犹豫不决。
    女:你放心,对我来说租金不是问题。
    问:女的意思是:

的话?
A.有人不喜欢猫
B.有人很喜欢猫
C.为什么有人很喜欢猫

12. 妻子:哎,你也买圣诞卡了?真没想到。
    丈夫:怎么?我就不能过圣诞节了吗?
    妻子:你不是说过,不过外国的节日吗?
    丈夫:哎,人家一直给你寄贺卡,你也不好意思嘛。
    问:下面哪句话是错的?
    A.男的说过不过外国的节日
    B.男的以前很少买圣诞卡
    C.男的总是给别人寄圣诞卡

14. 男:小李,今年该大学毕业了吧?
    女:早着呢!再过两年吧。
    问:女的意思是:
    A.她早就大学毕业了
    B.她两年以后才大学毕业呢
    C.她两年以前就大学毕业了

16. 男:我想让孩子学弹钢琴,可现在请一个钢琴老师,贵着呢!
    女:那可不,一节课100块钱呢!
    问:女的意思是,请一个钢琴老师:
    A.不贵,一节课才100块钱
    B.是很贵,100块钱一节课
    C.一节课100块钱不算贵

18. 女:老王,您这把椅子太旧了,换把新的?
    男:这把椅子我坐了几十年了,就像是我的老伴儿,哪能说换就换呢!
    问:男的意思是:

A.她有点儿犹豫　　　　　　　　A.不想换
　　　B.她不太放心　　　　　　　　　B.快点儿换吧
　　　C.她有钱　　　　　　　　　　　C.哪天换呢

19. 我在电台主持一个叫《午夜谈心》的节目,就是听众打进电话来,一起聊聊天儿、谈谈心。有一天,在一个小时的时间里,打进来的20多个电话全是女的。这时我就在想,为什么没有男听众打进电话来呢?是不是他们不太喜欢和我聊天儿啊?就在节目快要结束的最后一分钟,终于听到了一个男孩的声音:"喂,你是齐雨吗?"我一听,非常热情地说:"喂,你好,你好,我是齐雨。"这时就听电话那边喊:"姐,快来,我给你打通了。"
　　问:最后的这个电话是谁想跟她聊天儿?
　　　A.一个男孩儿　　　B.一个女孩儿　　　C.一个叫齐雨的人

20. 最近这些年,出门的条件比过去好多了,一般是坐飞机,旅途上的劳累减少了很多。当然,乐趣也减少了很多。我坐飞机几乎没有过愉快的经历。即使是飞机延误,在机场等几个小时,大家也都是自己管自己的,一定不会有火车上的那种家庭的气氛。飞机上,大家或者自己看看报纸,或者吃一顿,大家很少聊天儿。想一想,也是,大家坐飞机本来就是为了赶时间,哪还有心情聊天儿呢?对于快节奏的生活来说,显然是飞机好;但对于出门旅行来说,恐怕还是坐火车更有意思。
　　问:这段话是在比较什么?
　　　A.最近这几年的情况跟以前不同
　　　B.说话人自己这些年跟前几年的不同　　　C.坐飞机跟坐火车的不同

(二) 听下面的短文并做练习:

都生气了

　　在中国,无论是在家里还是在公共场合,老年人都是很受人尊敬的。家里好吃的东西要先给老人吃;在公共汽车上没有座位的时候,应该把自己的座位让给老人。尊敬老人是中国人的传统和习惯,而老年人自己也喜欢年轻人叫他们爷爷、奶奶。这一点可能跟外国人的想法不一样,在有的国家,老年人不希望别人说自己是老人。

　　比如,有一次,在麦克他们班就发生了这样一件事儿。

　　麦克在他们班年龄是最小的,18岁。年龄最大的是约翰,58岁了。他们的老师小王呢,是一个刚刚参加工作的年轻老师。

　　这一天,小王要跟他们班的十几个同学坐火车去西安参观,上了火车的卧铺车厢,麦克和几个年轻的同学,就先把下铺占了。小王帮约翰拿着行李,走在后边儿,等小王和约翰上了车以后,发现只有上铺了。小王很生气,觉得麦克他们太不懂事儿。因为下铺比较方便,一般中国人会让给老人。于是小王就对麦克说:"麦克,你还小,到上铺去好吗?把下铺给约翰吧,他年纪大了。"麦克一听,很生气,心想:我都18岁了,是大人了,为什么说我小?约翰听了小王的话,也生气了,心想:老说我年纪大、年纪大,我才58岁,还年轻呢,不需要别人照顾!小王看看麦克,又看看约翰,两个人都在生气,于是他也生气了,心想:麦克太不懂礼貌了!约翰呢,他年纪大了,我照顾他不对吗?

练　习

1. 听第一遍录音,判断正误:
   1) 在中国,人们都很尊敬老年人。
   2) 在中国,老年人不喜欢别人说自己是老人。
   3) 在中国,公共汽车上年轻人应该把座位让给老年人。
   4) 麦克和约翰是同学,麦克比约翰大40岁。
   5) 小王刚参加工作不久。
   6) 小王他们坐火车去西安旅游。

2. 听第二遍录音,选择正确答案:
   1) 麦克上火车以后,怎么做了?
      A. 帮约翰拿行李
      B. 占了下铺
      C. 把行李放在上铺

   2) 小王上了火车以后,发现只有上铺了,他生谁的气了?
      A. 生麦克的气了
      B. 生约翰的气了
      C. 生自己的气了

   3) 中国人常常会把下铺让给老人,是因为:
      A. 下铺比较贵
      B. 下铺比较大
      C. 下铺比较方便

   4) 听了小王的话,麦克生气了,是因为:
      A. 小王不知道他多大了
      B. 小王说他小
      C. 小王让他到上铺去

   5) 听了小王的话,约翰也生气了,是因为:
      A. 小王说他年纪大了
      B. 他不想去上铺
      C. 小王不知道照顾他

3. 听第三遍录音,回答问题:
   1) 小王说了一句什么话,让麦克和约翰都生气了?
   2) 你觉得为什么会发生这样的事儿?你还发现中国人的传统习惯跟你们有哪些是不一样的?
   3) 你觉得不同国家的人在一起时应该注意什么问题?

二、泛听练习

说轻声(小相声)

甲:哎,你知道吗?汉语里有轻声现象……

乙:什么叫轻声?

甲:比如我说"东西(dōng xī)",意思是东边儿和西边儿,东西方向;我要说"东西(dōngxi)",这个"西"就是轻声,意思是吃的、喝的、穿的、用的、玩儿的各种物品。

乙:我懂了。轻声就是声调读得又短又轻,有的词儿,一读轻声,意思就变了,成了另外一个

171

词儿。

甲：还真聪明。不过你懂了可不一定会说。

乙：你听这个，我说"买卖(mǎi mài)"意思是买东西、卖东西；我要说"买卖(mǎimai)"，意思就是做各种生意。

甲：我说"拉手(lā shǒu)"，什么意思？

乙：就是"手拉手"或者"握手"嘛！

甲：对啊，那我要是说"拉手(lāshou)"呢？是什么意思？

乙：什么意思啊？

甲：那是指桌子的抽屉上或者是柜子上的把手。

乙：噢，"拉手(lā shǒu)"、"拉手(lāshou)"意思不一样。你再听我这个，"地道(dìdào)"，是什么？

甲：说的是地下修的路嘛！

乙：那"地道(dìdao)"呢？

甲：是说人或者东西的质量很好啊！

乙："地道(dìdào)"、"地道(dìdao)"不一样吧？

甲：嗯，有意思。你再听我说，"过年(guò nián)"是高高兴兴过新年；"过年(guònian)"呢，是明年的意思了。

乙：你再听我说，"运气(yùn qì)"，是做气功练习；"运气(yùnqi)"是有好运气，万事如意！我祝你有好运气！

甲：对，祝大家都有好运气。

甲、乙：万事如意！

（《学轻声》胡炳忠　　本文有改动）

问：他们一共说了多少对轻声和非轻声的词，请你把它们写出来，并说一说它们的意思。

第六课　谈婚论嫁

一、听力理解练习

（一）听后选择正确答案：

1. 这个小刘，问也不问一声，就把我的自行车骑走了。

   问：这句话的意思是：

   A. 我问小刘，是不是他把自行车骑走了

   B. 我问了小刘一声，是他把自行车骑走了

   C. 小刘没有告诉我，就把自行车骑走了

2. 山田，回国以后，每天都要练习说汉语啊。不然的话，在中国的这一年就白学了。

   问：从这句话我们可以知道：

   A. 山田在中国学习了一年汉语

   B. 山田回国以后每天都练习说汉语

   C. 山田在中国学的汉语没有用

3. 小王,人家李小姐已经结婚了,你就死了心吧。
   问:这句话的意思是:
   A. 让小王和李小姐结婚
   B. 劝小王不要和李小姐结婚
   C. 劝小王不要再想李小姐了

5. 小刘,单位组织旅游你怎么能不去呢?快去吧,别再迟疑了。
   问:这句话是让小刘:
   A. 别去旅游
   B. 不要犹豫,去吧
   C. 快去吧,别迟到

7. 女:你看,这块石头漂亮吧?这可是三峡石呢!
   男:这有什么新鲜的,我们那儿多的是。
   问:男的意思是:
   A. 这块石头真新鲜啊
   B. 这种石头我们那儿有很多
   C. 这块石头就是我们那儿的

9. 女:老王,怎么样?找到工作了吗?
   男:人家都是先问年龄,然后就摇头。现在谁还对40多岁的人感兴趣啊!
   问:从这句话可以知道:
   A. 老王找到工作了
   B. 老王不想告诉人家自己的年龄
   C. 老王已经40多岁了

4. 山田,我看这个班的汉语水平对你来说很合适,不要再换来换去的了。
   问:从这句话我们可以知道:
   A. 山田觉得他在这个班很合适
   B. 山田想换到别的班
   C. 山田的汉语水平很高

6. 昨天晚上不知道怎么了,邻居家的孩子一个劲儿地哭。
   问:这句话的意思是:
   A. 那个孩子不知道为什么哭了
   B. 我不知道邻居家的孩子哭
   C. 不知道为什么,邻居家的孩子不停地哭

8. 这种"小人书",像我们现在三四十岁的人小时候都看过;里边儿的故事,现在仍然记得很清楚。这种"小人书"开始出现在1925年,现在几乎没有了。
   问:这段话说的是:
   A. 一种人
   B. 一种书
   C. 一个故事

10. 女:这次出国的机会这么难得,你还是去吧。
    男:爸爸现在离不开我照顾,今年错过了出国机会,以后还会有。再说爸爸生病我不能离开,我要尽到作儿子的责任。
    问:从这句话可以知道:
    A. 男的要出国了
    B. 男的不想出国
    C. 男的没有尽到作儿子的责任

(二)听下面的对话并做练习:

谈婚论嫁

在当代都市中,生活着一批已经过了法定的结婚年龄,但仍然没有成家的未婚青年。他们对婚姻和家庭抱什么样的态度呢?请听记者的采访录音。

重点及难点提示

1. ……,再说我不能因为寂寞就去结婚啊。
   "再说"表示推进一层,追加理由。

1) 大家都有自行车,咱们就骑车去吧;再说也不远。
2) 他住的地方我没去过,再说又很难找,所以半天才找到。

2. 我觉得婚姻是一种可有可无的东西。
"可",助动词,"可以"。口语中用于正反对举。
1) 这个包可大可小。　　2) 那个晚会我可去可不去。　　3) 这双鞋你可买可不买。

(首先,记者采访了三位女士。)

女:我姓叶,是公司的职员。我现在还没有结婚的打算,因为学习很忙,我在读 MBA。和父母不在一个城市,有时就觉得寂寞。这种时候,我也会有结婚的想法,但很快就过去了,因为我有太多的事儿要做。再说我不能因为寂寞就去结婚啊。

女:我叫聂丽,是记者。我在北京已经工作两年了,工作稳定以后就想过结婚的事儿了,因为我觉得单身的生活太不稳定了。可是一直没有遇到合适的,总感到找一个合适的人太难了。身边的男孩子,因为太熟悉了,所以对他们没有感觉;而别人介绍的呢,又觉得太陌生了。

女:我姓列,在外企工作。我现在对结婚的事儿越来越小心。我已经谈了10多个男朋友了,但没有一个成的。从去年到现在,我看到不少朋友都离婚了,所以我对结婚有点儿害怕。

(然后,记者又采访了三位男士。)

男:我是李华,在机场工作。我觉得婚姻是一种可有可无的东西。另外我对现在的女孩子不太理解,她们对物质的要求很高,跟她们很难有共同语言。

男:我姓黎,在剧场工作。我很想结婚,在街上看见别人一家三口高高兴兴的,这时候我就想,我要是有个家该多好啊!但是没有钱,没有房子,怎么结婚呢?不过我现在不着急,我觉得男的应该35岁以后结婚,那时候各方面条件成熟了,人也成熟了。

男:我叫立华,是中学老师。我现在比以前更想结婚了,因为年龄大了,需要结婚了。

练　习

1. 听第一遍录音,判断正误:
1) 叶(yè)小姐现在一边工作,一边读书,所以每天都很忙。
2) 聂(niè)小姐现在工作还不太稳定。
3) 叶(yè)小姐因为没有结婚,所以有时会觉得很寂寞。
4) 列(liè)小姐的很多朋友离婚了,所以她现在对结婚的事儿很小心。
5) 聂(niè)小姐觉得很难遇到一个合适的男孩子。
6) 列(liè)小姐因为害怕结婚,所以也不想找男朋友。
7) 李先生觉得跟女孩子没有什么共同语言。　　8) 黎(lí)先生已经35岁了。
9) 李先生觉得现在的女孩子不太重视精神方面的要求。
10) 立华先生以前不太想结婚,现在很想结婚。

2. 听第二遍录音,把下列相关的内容用线连起来:

黎(lí)先生　　机场工作　　想结婚,但找一个合适的人不容易

列(liè)小姐　　中学教师　　不太理解现在的女孩子

立华先生　　　公司职员　　寂寞的时候会想到结婚

聂(niè)小姐　　剧场工作　　很想结婚,但现在还没有结婚的条件

李华先生　　　记者　　　　害怕结婚

叶(yè)小姐　　外企工作　　年纪比较大了,所以很想结婚

3. 理解下面各句的含义:

1)"我也会有结婚的想法,但很快就过去了。"这句话的意思是:

　A. 我也想结婚,但走过去以后就不想了

　B. 我也想过要结婚,但时间很快就过去了

　C. 我也有过结婚的想法,但过一会儿就不想了

2)"身边的男孩子,因为太熟悉了,所以对他们没有感觉。"这句话的意思是:

　A. 感觉不到他们在这儿　　　　B. 对身边的男孩子没有爱的感觉

　C. 那些男孩子都没有感觉

3)"我已经谈了10多个男朋友了,但没有一个成的。"这句话的意思是:

　A. 谈了10多个男朋友,都没有成功

　B. 谈了10多个男朋友,有一个没有成功

　C. 谈了10多个男朋友,只成功了一个

4)"我觉得婚姻是一种可有可无的东西。"这句话的意思是:

　A. 人一定要结婚　　　　　　　B. 人可以结婚也可以不结婚

　C. 人一定不要结婚

5)"没有钱,没有房子,怎么结婚呢?"这句话的意思是:

　A. 没有钱,没有房子,不能结婚　B. 结了婚就会没有钱、没有房子

　C. 没有钱,没有房子,怎么能算是结婚呢?

6)"我现在比以前更想结婚了。"这句话的意思是:

　A. 我以前不想结婚,现在想了　　B. 我以前就想结婚,现在更想了

　C. 我以前就不想结婚,现在更不想了

4. 听第三遍录音,用(　　)内的词语口头回答问题:

1) 叶小姐现在有没有结婚的打算?为什么?(因为、寂寞、再说)

2) 聂小姐想结婚吗?为什么她现在还没结婚?(合适、熟悉、陌生)

3) 列小姐对结婚是什么态度?(越来越、离婚、害怕)

4) 李华先生对结婚是什么态度?(可有可无、理解、共同语言)

5) 黎先生想结婚吗?为什么现在还没有结婚呢?(……怎么……呢?条件、成熟)

6) 立华先生为什么想结婚?(比……更……)

175

二、泛听练习

（一）我希望他（她）什么样？

女：我叫刘英。因为我是研究生毕业，所以我选择的对象应该是研究生毕业或是博士毕业，我觉得这是最重要的。另外，我身高1.67米，那他最少要在1.75米以上吧。当然，他还要懂生活、爱家庭。我自己业余时间喜欢旅游和做饭。我自己觉得我是一个比较可爱的、文静的女孩。

女：我叫安静。我选择伴侣首先要考虑的是他这个人怎么样，也就是说人品好不好；再就是他的职业。至于学历我觉得无所谓，但也不要低于大学毕业。跟别的女孩比较，我可能比较独立，我也希望他是一个独立、稳重的男人。

男：我姓陆，叫陆大勇。我很喜欢运动。我选择对象，要先看看她是不是很健康，这是最重要的。还有就是她的家庭环境，我的看法是家庭环境相似的人，比较容易互相了解。我觉得理想中的她应该是健康、善良、漂亮的女人。

男：我叫时超，时间的"时"，超过的"超"。我是博士毕业，但我不要求她有很高的学历，只要漂亮就行，因为我长得不怎么样；另外她最好会做家务。我平时喜欢音乐和下棋，也喜欢跟朋友一起去郊游。我自己认为我应该算是个可以依靠的男人。

练　习

听录音，填表：

问题＼姓名	刘英	安静	陆大勇	时超
最重视对方哪一项				
对对方的要求				
业余爱好				
自己是什么样的人				

（二）征婚

有一个叫蔡福的人，从小父母就死了，家里也没有其他的亲人。为了生活，十六岁的时候，他就离开自己的家乡，到外地去工作了。

时间过得很快，几十年一下子就过去了。当家乡的人快要忘记他的时候，他突然回来了。大家都有点儿吃惊，更让人吃惊的是，蔡福这些年在外边赚了一百多万。

回村后不久，蔡福就建了一座非常漂亮的小楼房。不过，他也有遗憾的事儿，就是这么多年在外只顾挣钱，耽误了要媳妇。这时，一个人呆在空房子里，更觉得孤单寂寞。于是有人给他出主意，说现在时兴在报纸上登征婚广告，凭你这么好的条件，找个年轻姑娘不成问题。

蔡福心想，这倒是个好主意。于是他请人写了一个征婚广告：蔡福，男，六十二岁，未婚，有小楼房一座,存款一百万,想找一位年轻漂亮的未婚女性为伴。有意者请和某省某县某乡某村本人联系。

广告登出来以后,一直没有女人给他来信。

蔡福有点儿失望。他想了两个晚上,终于想出了原因,他想是姑娘们觉得他太老了,于是他把征婚广告中的年龄少写了十岁,其他的内容不变,又在报纸上登了出来。可是又过了许多天,仍然没有来信。

蔡福又把征婚广告中的年龄少写了十岁。

广告刚登出来,蔡福发现广告中他的年龄没按他的要求写,但是不久他却收到了很多信,里边还有很多年轻姑娘的照片。他心中非常高兴,都不知道该选哪个姑娘了。可是正在他高兴的时候,突然接到一封报社给他的信,他连忙打开,只见上面写着:蔡福先生,因为我们工作中的错误,前几天登出的广告,您的年龄写成了九十二岁,非常抱歉。我们会在最近的报纸上予以更正。

(原载于《故事会》1997年10月　　本文有改动)

练　习

听录音,回答问题:
1. 蔡福是在多大的时候离开家乡的?
2. 他第一次登征婚广告的时候写的是多大年纪?第二次呢?
3. 他第三次登征婚广告的时候,想把年龄改成多大?实际上广告上边写的是多大年龄?
4. 你觉得前两次为什么没有女人给他写信?最后一次为什么有很多姑娘给他来信呢?

第七课　男人和女人

一、听力理解练习

(一) 听后选择正确答案:

1. 昨天晚上小王和小李竟然吵起架来了。

    问:这句话的意思是:

    A.他不知道为什么小王和小李吵架

    B.小王和小李是突然吵起来的

    C.他没想到小王和小李会吵架

2. 我本来对这次考试是很有信心的,不料却是这种结果。

    问:下面哪句话是对的?

    A.这次考试他考得很好

    B.这次考试他考得不好

    C.他现在对这次考试没有信心了

3. 我刚才一推开316房间的门,呵,一屋子的人在那儿开会呢!

    问:下面哪句话是对的?

4. 真奇怪,刚才那个人像跟熟人一样跟我打招呼,可我不认识他呀!

    问:下面哪句话是对的?

A.房间里有一个人
B.房间里有很多人
C.一个屋子里有人

A.刚才我跟一个熟人打招呼了
B.刚才我跟一个不认识的人打招呼了
C.刚才一个不认识的人跟我打招呼了

5. 这个电影太有意思了,里边儿的人都很有趣,我看了还想再看。
问:下面哪句话是对的?
　　A.这个电影我看了两遍
　　B.我想去看看这个电影
　　C.这个电影我看过了

6. 女:请问,这种葡萄多少钱一斤?
　　男:两块五,这是玫瑰香,特别好吃。来点儿吧,小姐。
　　女:哦,我只是问问。
问:女的意思是:
　　A.我不买
　　B.我只买一点儿
　　C.我再问问别的

7. 男:老王,明天中国女子足球队跟美国队的比赛能赢吗?
　　男:要我说啊,中国队要是输了那是意外,赢了是当然的。
问:老王的意思是:
　　A.中国队应该能赢
　　B.中国队可能会输
　　C.中国队可能会有意外

8. 女:最近看电视剧《人来人往》了吗?
　　男:嗨,现在的电视剧有什么好看的,看了前边的内容就知道后边的了。
问:下面哪句话是对的?
　　A.男的看了电视剧的前边的部分
　　B.男的觉得现在的电视剧很好看
　　C.男的觉得现在的电视剧没有意思

9. 女:张叔叔,您给我看看病啊?
　　男:看病?你爸爸不就是大夫吗?让他给你看。
　　女:我不相信西医,就相信中医。
问:从上面的话可以知道:
　　A.张叔叔是中医
　　B.张叔叔是西医
　　C.女孩儿不喜欢爸爸

10. 因为离工作单位比较远,每天上班都要打的。每月的收入竟然有一半用在打车上。有时坐在车里,心想:我这是去干什么?去上班。上班为了什么?为了挣钱。为什么要挣钱?挣钱好上班打的啊!这不是太奇怪了吗!
问:他要说的主要意思是:
　　A.他的收入太少了
　　B.挣钱的目的到底是什么
　　C.出租车太贵了

(二)听下列对话并做练习:

男人和女人
　　世界是由男人和女人组成的。可是,作为一个男人,你真的了解女人吗?作为一个女人,你真的了解男人吗?其实男人和女人存在着很多不同。请听录音。

重点及难点提示

这样**一来二去**,俩人就吵起来了。
　　随着某种情况的慢慢积累,渐渐产生了某种影响或结果。
　　1)这两位老人每天都会去公园打太极拳,一来二去,他们就很熟悉了。
　　2)大家不叫他的名字李小东,都叫他大李,一来二去,人们几乎忘了他的名字了。
　　3)我们两个工作上要经常来往,这样一来二去的,就成了很好的朋友。

女:听人说,男人和女人有很大的不同,甚至有人说,男人和女人其实是两种不同的动物。林教授,您怎么看?
男:这样说尽管有些夸张,但是男人和女人确实有很多不同。
女:这种不同表现在哪些方面呢?
男:比如在工作或生活中遇到困难的时候,女人往往是去找人聊天儿,她要把心里的话说出来,她这时需要的是一个听众。而男人遇到困难的时候,喜欢自己呆一会儿,他需要自己找出办法。这时女人最好什么话也不要说,只给他倒一杯茶就够了。
女:可是女人常常不懂这一点。当她看到丈夫把自己一个人关在房间里的时候,她很可能去问问丈夫怎么了。而丈夫心里可能会很乱,觉得妻子很烦人。妻子会想:我关心你,你却说我烦人。这样一来二去,俩人就吵起来了。
男:对。还有一点不同,就是在语言的使用上。男人说话一般尽可能用准确的词,女人不是这样。比如女人说:"你好久好久没带我去看电影了。"男人听了会说:"什么?好久?前两个星期我们不是刚去了吗?"其实女人说那句话的意思是:我希望你能带我去看电影。
女:可能有些男人也不太了解这一点。我看男人和女人确实存在很多不同,如果大家了解了这些,生活中就会减少很多麻烦。
男:是的。

练　习

1. 听第一遍录音,判断正误:
　1)他们在讨论为什么男人和女人不同。
　2)女人喜欢把自己的困难告诉别人,男人不喜欢。
　3)丈夫遇到困难的时候,妻子一定要去问一问。
　4)女人说话的时候喜欢用准确的词。
　5)夫妻吵架常常是由于互相不了解造成的。

2: 听第二遍录音,选择正确答案:
　1)他们谈到了男人和女人的哪些不同?
　　A.他们遇到的困难不同,说话时用的词语不同
　　B.他们遇到困难时的表现不同,说话时用的词语不同
　　C.他们遇到困难时的表现不同,说话时的样子不同

2) 女人遇到困难的时候,常常会:
   A.哭
   B.请朋友来帮助
   C.找人聊一聊

3) 男人遇到困难的时候,喜欢:
   A.别人来安慰他
   B.喝一杯茶
   C.单独呆一会儿

4) 女人遇到困难的时候,男人应该:
   A.听她说说话
   B.赶快帮她想办法
   C.让她自己呆一会儿

5) 男人遇到困难的时候,女人应该:
   A.问问他为什么不高兴
   B.只给他倒杯茶就可以了
   C.跟他说说话

6) 当一个女人对男人说"我们好久没去公园了",这时她想说的可能是:
   A.我们多长时间没去公园了　　B.我为什么好久没去公园了
   C.我想跟你一起去公园

3. 选择与下列各句意思相近的句子:
   1) 这样说尽管有些夸张,但是男人和女人确实有很多不同。
      A.这样说虽然有些夸张,但是男人和女人确实有很多不同。
      B.这样说不但有些夸张,而且男人和女人确实有很多不同。
      C.这样说要是有些夸张,男人和女人确实有很多不同。
   2) 她这时需要的是一个听众。
      A.她这时想当一个听众。　　B.她这时需要一个人来安慰她。
      C.她这时需要别人听她说话。
   3) 这时女人最好什么话也不要说,只给他倒一杯茶就够了。
      A.这时女人不要说着话给他倒茶。
      B.这时女人什么也不要问,只给他倒一杯茶就可以了。
      C.这时女人不说话,男人来给她倒一杯茶就行了。
   4) 当她看到丈夫把自己一个人关在房间里的时候……
      A.当她看到丈夫把妻子一个人关在房间里的时候……
      B.当她看到丈夫把他自己一个人关在房间里的时候……
      C.当她看到丈夫把一个人关在房间里的时候……
   5) 一来二去,俩人就吵起来了。
      A.你来一次,我去一次,俩人就吵起来了。
      B.你说一句,我说一句,俩人就吵起来了。
      C.你过来,我过去,俩人就吵起来了。

4. 听第三遍录音,找出与录音内容不一致的地方,并写出正确的内容:
   1) 男人和女人有很大的不同,还有人说,男人和女人确实是两种不同的动物。
   2) 这样说尽管有些夸张,但是男人和女人其实有很多不同。
   3) 在工作和生活中碰到困难的时候,女人往往是去找人聊天儿。
   4) 这时女人最好什么话也不要说,只给他倒一杯茶就行了。
   5) 这样一来二去,俩人就吵起架来了。

6）男人说话一般尽可能用标准的词,女人不是这样。

二、泛听练习

（一）女人的秘密

　　女性的平均寿命比男性高,几乎每个国家都是这样。原因有很多,但一个最重要的原因是:女人话多。

　　说话,交谈,是人们交流思想、表达意见、抒发感情的重要方式。女人,尤其是中老年女人,爱说话、爱唠叨,看起来像是缺点,实际上是他们解决心里痛苦的重要方法。心里有话就说出来,确实对健康有利。遇到不高兴的事儿,女人还爱哭,这同样对健康有好处。

　　中国有句俗话:"男儿有泪不轻弹",是说男人即使遇到再大的困难,也不能掉眼泪。这样时间长了,就会影响身体的健康。还有许多男性,特别是一些知识分子、领导干部,头脑很清楚,说话很有条理,没有一句没用的话。这些虽然是他们的优点,但是从生理上说,由于他们不能像女人那样随便唠叨,也就缺少了女人进行自我保护的这种手段。

　　有个说法,是说女人如果话一多,就说明她已经老了。其实也不都是这样,我发现女孩子也很爱聊天儿,拿起电话就说个没完。我觉得大家应该生活得轻松一点儿,男人在八小时以外,应该多交一些朋友,多和别人谈谈心,这样对健康是很有好处的。

练　　习

回答问题:
你觉得这段短文的大意是什么?
1. 女人为什么喜欢说话?　　2. 女人和男人有什么不同?
3. 女人为什么比男人寿命长?　　4. 怎样才能保持身体的健康?

（二）谁该进厨房?

　　A先生是一位作家,在北京也比较有名。数十年前就写过一本长篇小说,很有影响。在家里当然也是很重要的角色。不过最近这几年A先生在家里的地位却发生了一些变化。

　　首先是A先生的工资几十年不变,再说这些年年纪大了,只能写一些小文章,所以稿费也只有一点点儿,连自己买烟的钱都不够。另一方面,A先生的妻子——B太太,六年前她从医院辞了职,自己开了一个牙科诊所,收入增加了很多。B太太一个月赚的钱比A先生一年的工资都高。儿子小C开出租车,收入也很不错。儿媳妇小D原来是国营工厂的职员,这两年工厂改成中外合资,工资也是原来的好几倍。全家收入最少的就是A先生了,当然还有孙子小E,还在上小学,一分钱的收入也没有。

　　一家五口,除了A先生,别人工作都很忙。但是家里总要有人做饭啊。所以这做饭的事儿自然也应该是A先生的事儿了,虽然A先生开始坚决反对,但最后以4:1输了,他也就只好接受了这个角色。

（根据舒展《有戏没戏》中文章改写）

练 习

根据录音，把人物与相应的情况用线连起来：

第八课 "二人世界"的家庭

一、听力理解练习

（一）听后选择正确答案：

1. 小王一句话说得大家笑了起来。
   问：下面哪句话是对的？
   A. 大家听了小王的话都笑了起来
   B. 小王说完一句话就笑了起来
   C. 小王听了大家说的一句话就笑了起来

2. 对电脑，我简单地操作还可以，可是程序设计一点儿也不会。
   问：他的电脑水平怎么样？
   A. 会一点儿程序设计
   B. 不会程序设计
   C. 简单操作、程序设计都一点儿也不会

3. 不就是这么一点儿小事吗？老王怎么还拍桌子、瞪眼睛的？
   问：老王怎么了？
   A. 很生气
   B. 很难过
   C. 很失望

4. 小王，你不要把打印机拿到我这儿来。改天我去你那儿，帮你修理修理吧。
   问：他什么时候去小王那儿？
   A. 今天
   B. 明天
   C. 以后

5. 男：我现在工作还没有做完……
   女：你每天除了工作，还是工作。你什么时候考虑过我们这个家？什么时候把我和孩子放在眼里了？
   问：女的是什么意思？

6. 我真不明白中国人为什么每天花那么多的时间来做饭，甚至做饭的时间比吃饭的时间还长。大家坐在饭桌旁一边吃饭一边聊天儿不比把那么多的时间花在厨房里好吗？
   问：说话人的意思是：

A.在埋怨男的
B.不知道什么时候男的来看她和孩子
C.问男的什么时候回家

7. 女:喂,起床了。都几点了?
   男:哎,我昨天开夜车,今天又是星期天,就让我再睡一会儿嘛!
   问:男的昨天晚上做什么了?
   A.开车了
   B.工作了
   C.睡觉了

A.中国人每天吃饭的时间太长了
B.中国人每天做饭的时间太长了
C.他不喜欢一边吃饭一边聊天儿

8. 男:爸爸,我想辞职。天天工作十几个小时,连礼拜天都没有,可是工资才这么一点儿。
   男:这可是你的第一份工作啊!工作累不累、挣多少钱都不重要,重要的是你用什么样的态度去干,因为这会影响到你的一生。你再好好考虑考虑吧。
   问:爸爸让他再考虑考虑是因为:
   A.找一份工作不容易
   B.现在的工作也不错
   C.对工作应该有什么样的态度

9. 女:爸爸,您把帽子摘下来吧,要不照出来的相片脸是黑的。
   男:都没有头发了,摘下来更难看。
   问:他们在做什么?
   A.在看照片
   B.在照相
   C.在理发

10. 女:咱们儿子已经辞职了,他跟你商量过吗?
    男:我真没有料到他会不听从我的建议,由他去吧。
    问:从上面的话我们知道:
    A.男的想到了儿子会辞职
    B.男的以前曾经建议儿子辞职
    C.男的以前让儿子不要辞职

(二) 听下列对话并做练习:

"二人世界"的家庭

中国人在婚礼上,常常祝新郎、新娘"早生贵子",意思是希望他们早一点儿生个孩子,可见中国人对孩子的渴望。然而不知从什么时候起,有些人的想法就发生了变化,结婚后不急着要孩子,甚至根本不想要孩子。

重点及难点提示

1. 连丈夫都不要,<u>何况</u>孩子呢!
   "何况",连词。用于后一小句的句首。用反问的语气表示比较起来更进一层的意思。前边的小句常用"连……都……"与之相呼应。
   1) 这个问题连科学家都弄不清楚,何况我们这些人呢!
   2) 坐汽车都来不及了,何况走路去呢!

2. <u>难道</u>你还想等你老了,儿子会在你身边照顾你!

183

"难道",副词。加强反问语气。用在动词前,也可以用在主语前。句末常有"吗"或"不成"等词语。

1) 这件事你难道一直不知道吗?

2) 很长时间没见到他了,难道他回国了不成?

3. 即使他想照顾你,你忍心让孩子来照顾你吗?

"即使",连词。表示假设兼让步(口语中多用"就是"),用在前一小句中,后一小句常用"也(还)",表示结果或结论不受这种情况的影响。

1) 上课的时候要大胆说话,即使说错了,也没关系。

2) 即使明天下雨,我们也要去。

3) 飞机12点起飞,即使再晚一个小时出发,也来得及。

女:你看,刘佳和王涛结婚都六七年了还不要孩子,他们是不是也想当"丁克"家庭啊?大城市里这样的家庭越来越多了。你说这样好吗?

男:这有什么不好的!现在有不少年轻人,三十好几了都不结婚呢,做着单身贵族,这是人家的自由,连丈夫都不要,何况孩子呢!

女:没有孩子的家庭,算什么家啊!

男:那也是家呀,叫"二人世界"。

女:可是等他七八十岁的时候,身边没有孩子,多寂寞啊!

男:难道你还想等你老了,儿子会在你身边照顾你!他长大了要工作,他还有自己的家庭。即使他想照顾你,你忍心让孩子来照顾你吗?其实,我想这些"丁克"家庭不要孩子,可能是因为钱的问题。培养一个孩子要花很多钱呢。

女:什么呀!刘佳他们能说是因为钱吗?我看是因为太喜欢享受了,不想对孩子负责。还有这种家庭越来越多,中国人不就越来越少了吗?

男:中国人口还少吗?我倒觉得不要孩子不但不是什么坏事,反而对国家有好处呢。

女:那大家都应该向他们学习了?

男:也不能这么说。大家都不要孩子怎么行呢?不过这样的家庭还是少数的,不会对中国的人口有什么影响。

(根据舒展《有戏没戏》中文章改写)

练　习

1. 听第一遍录音,判断正误:

   1) "丁克"家庭是结婚以后不要孩子的家庭。　　2) 女人觉得"丁克"家庭不太好。

   3) 男人觉得"丁克"家庭很好。　　4) "丁克"家庭对中国人口会有很大影响。

2. 听第二遍录音,选择正确答案:

   1) "刘佳和王涛结婚都六七年了还不要孩子。"这句话的意思是:

   　　A. 刘佳和王涛结婚快六七年了还不要孩子

   　　B. 刘佳和王涛已经结婚六七年了还不要孩子

   　　C. 刘佳和王涛结婚才六七年就要孩子

2) 女:你说这样好吗?
   男:这有什么不好的!
   男的意思是:
   A.这样不好　　　　B.这样不好吗　　　　C.这样很好

3) "现在有不少年轻人,三十好几了都不结婚呢。"这句话的意思是:
   A.现在有很多年轻人,三十多岁了都不结婚呢
   B.现在有几个年轻人,三十岁了都不结婚呢
   C.现在有一些年轻人,快三十岁了都不结婚呢

4) "连丈夫都不要,何况孩子呢!"这句话的意思是:
   A.要丈夫,不要孩子　　　　　　　　B.不想结婚,更不想要孩子了
   C.没有丈夫,更没有孩子

5) "没有孩子的家庭,算什么家啊!"这句话的意思是:
   A.没有孩子的家庭,不能算真正的家
   B.没有孩子的家庭,算什么样的家庭呢
   C.没有孩子的家庭,也是一个家啊

6) "难道你还想等你老了,儿子会在你身边照顾你!"这句话的意思是:
   A.等你老了,儿子会在你身边照顾你
   B.等你老了,儿子不会在你身边照顾你
   C.你想一想,你老了,儿子会在你身边照顾你吗

7) 男:我想这些"丁克"家庭不要孩子,可能是因为钱的问题。培养一个孩子要花很多钱呢。
   女:什么呀!
   女人的意思是:
   A.你说什么　　　　　　　　　　　B.培养一个孩子不会花很多钱
   C.他们不要孩子不是因为钱的问题

8) "这种家庭越来越多,中国人不就越来越少了吗?"这句话的意思是:
   A.这种家庭越来越多,中国人就会越来越少吗
   B.这种家庭越来越多,中国人就会越来越少
   C.这种家庭越来越多,中国人不会越来越少

9) "中国人口还少啊?"这句话的意思是:
   A.中国人口太少了　　　　B.中国人口不少了　　　　C.中国人口很少吗

10) "我倒觉得不生孩子不但不是什么坏事,反而对国家有好处呢。"这句话的意思是:
    A.不生孩子不是坏事,对国家也有好处
    B.不生孩子不但是坏事,而且对国家没有好处
    C.不生孩子不是好事,对国家没有好处

3. 听第三遍录音,下面哪些不是他们的观点?请你说一说。
   女人觉得这种"丁克"家庭不太好。没有孩子,根本不能算真正的家。而且他们老了以后,身边没有孩子会很寂寞。他们不要孩子可能是由于经济的原因。不过这种家庭越多,中国人口就会越少。

男人觉得这种"丁克"家庭没什么不好的,要不要孩子是别人的自由,而且培养一个孩子要花很多钱。中国人口很多,他们不要孩子对国家有好处。我们应该向他们学习。

4. 对话中有一些反问句,请你找出来。

二、泛听练习

(一) 陪妻子逛商场

女人都爱逛商场,就像男人爱吸烟一样。结婚之前,她们可以跟几个女友一起高高兴兴地去逛,婚后陪她逛商场就自然地成了丈夫的任务。

这一天是星期日,妻子对我说:"亲爱的,我好长时间没逛商场了,今天你陪我去买双鞋好吗?"

"你不是有那么多双鞋吗?怎么还买啊?"我问。

"那些鞋都穿了几年了?样子也太旧了。再说,难道你不希望我打扮得漂漂亮亮的?"

"好好,我去,我去。你说,去哪儿吧?"

"咱们去蓝天大厦吧,听同事说那儿新到了一批进口皮鞋。"

来到了蓝天大厦,妻子却要去看服装。

我问她:"你不是要买鞋吗?怎么又要看服装?"

妻子说:"这么远来了,多看看嘛。"

得,看起来今天不到天黑回不了家了。我只好跟在她的身后。

在皮鞋柜台转了一圈,妻子对我说:"这儿的皮鞋太贵了,咱们还是去西城看看吧。"

"我不嫌贵,你就在这儿买吧。"我说,其实我不想再去别的地方了。

"你不嫌贵我还嫌贵呢。再说,那儿要是没合适的,还可以再回来买嘛!"

"好,走吧。"

到了西城商场,妻子一进商场就去化妆品柜台,香水、口红、眉笔看了一遍。

来到皮鞋柜台,妻子又嫌贵。她又要去东城转转。最后终于在那儿的一家小鞋店看中了一双又便宜又漂亮的皮鞋,经过一番讨价还价,成交了。

我们出了门,我说:"这回该回家了吧?我的脚都不会走路了。"

妻子很客气地说:"今天让你受累了。"

"没事儿。"

"真的没事儿吗?那我们再去南城看看皮包吧。"

"啊?!"咳,我为什么要说"没事儿"呢!

练 习

根据录音内容,指出他们今天去的地方的顺序,写在( )内,并与相关的活动连线:

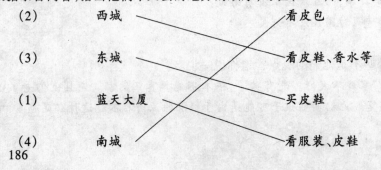

(二) 说话儿

男：哎，你看，这公共汽车上的玻璃擦得真干净。
女：呵，你倒挺会发现的！家里的酱油瓶倒了你怎么就看不见？
男：我不跟你说话，一说话你就想吵架。
女：我想吵架？我说的不是事实吗？
男：什么事实？家里的事儿我还做得少吗？
女：你还做得多了？你都做什么了？
男：接送孩子、辅导孩子功课，这不都是家务？
女：你是爸爸，你不管谁管？再说，你本来就是骑车上班，路过孩子的学校，顺路带孩子去上学，这也算是做家务？
男：照你这么说，你每天做饭也不是做家务。
女：为什么？
男：你自己每天也要吃饭吧？即使没有我和孩子，你也要做饭，所以你只是顺便给我们和孩子做了饭。既然我顺路带孩子上学不算做家务，你顺便给我们做饭当然也不能算做家务！
女：你！

练　习

听录音，回答问题：
1. 对话中的两个人是什么关系？　　2. 他们在哪儿？
3. 女的对男的有什么意见？
4. 男的在家里做家务吗？做什么？女的认为这是做家务吗？为什么？
5. 男的认为女的在家里做饭是不是做家务？为什么？

第九课　望子成龙

一、听力理解练习

(一) 听后选择正确答案：

1. 虽然大学毕业十几年了，可我们一直保持着联系。
   问：这句话的意思是：
   A. 他一直在和同学联系
   B. 他跟同学一直有联系
   C. 他一定要和同学保持联系

2. 看了好一会儿，他才认出我来。
   问：下面哪句话是对的？
   A. 他看了我一会儿就认出我来了
   B. 我看了他很长时间才认出他来
   C. 他看了我很长时间才认出我来

3. 我拿着妈妈生着病给我织的毛衣，眼泪都流了出来。

4. 各位观众，比赛正在进行。现在中国队要求换人，5号换上了8号，7

问：下面哪句话是对的？
A.妈妈生病的时候,我哭了
B.我生病的时候妈妈哭了
C.我看着毛衣哭了

5. 我本来应该去年大学毕业的,可是因为生病耽误了一年。
问：他哪年毕业？
A.去年
B.今年
C.明年

7. 你看刚才开会的时候,大家听了老王的意见,有的点头,有的摇头,说什么的都有。
问：下面哪句话是对的？
A.开会的时候老王一会儿点头,一会儿摇头
B.对老王说的话,有的人同意,有的人不同意
C.大家不知道老王说的什么

9. 一个人喝醉了,走出饭店,上了出租车,对司机说："去长城饭店",然后就睡着了。司机听了一愣,连忙把他推醒："您醒醒,这就是长城饭店"。他听了,掏出钱给了司机,临下车,还对司机说："以后开车不要太快,危险！"
问：下面哪句话是对的？
A.这个司机开车太快了
B.汽车到了长城饭店,司机把他推醒了
C.这个人上车以前刚从长城饭店里出来

号换下了2号。
问：中国队几号运动员要上场比赛？
A.5号和7号
B.8号和2号
C.7号和8号

6. 今年大学毕业生找工作很难,我忙了半年才找到了一家公司,现在总算松了一口气。
问：这句话的意思是：
A.他现在很紧张
B.他现在很忙
C.他现在放心了

8. 跟王经理工作的这些年,我跟他学到了很多东西,不只是赚钱的方法,更重要的还是提高了自己工作的能力。
问：这段话的意思是：
A.提高工作能力比赚钱更重要
B.这些年他不但赚了很多钱,而且工作能力也提高了
C.他和王经理都学到了很多东西

10. 男：你怎么老咳嗽啊？是不是感冒了？
女：谁感冒了？你看你抽的这屋子里都是烟。
问：女的为什么咳嗽？
A.她抽烟了
B.男的抽烟了
C.女的感冒了

(二) 听下列对话并做练习：

望子成龙

在中国,一个家庭只能有一个孩子,叫"独生子女"。因为只有一个,所以父母对孩子就有很大的希望,也就是"望子成龙"。然而对于怎样教育孩子,并不是每个家长都清楚的。请听录音。

重点及难点提示

1. 出错的地方<u>不是</u>数字的顺序弄错了,<u>就是</u>把题抄错了,<u>要不就是</u>少写一个数字。
 "不是……,就是……,(要不就是……)"用在选择句中,表示列举事实,用来说明某种情况。
 1) 她星期天不是洗衣服,就是做饭,要不就是打扫房间,总是忙个不停。
 2) 我每次去她的宿舍,她不是在听录音,就是在写汉字,学习非常刻苦。

2. 真<u>拿</u>他<u>没办法</u>!
 表示对人或物不满意,可是又想不出好的办法让他(它)改变,有无可奈何的意思。
 1) 我跟他说过好多次了,上课的时候不要迟到,可他根本不听,真拿他没办法。
 2) 他们让我去,我就是不去,他们拿我也没办法。

3. 我<u>简直</u>成了他的保姆了。
 "简直",副词。强调完全如此或几乎如此,有夸张的语气。
 1) 你看这幅画,简直像真的一样。　　　2) 这个姑娘简直太漂亮了。

4. 让他学会自己照顾自己,<u>不但</u>不会耽误他的时间,对他来说<u>反而</u>是一种锻炼。
 "不但",连词。前一小句用否定句,后一小句用肯定句。"不但不(没有)"与"相反"、"反而"等相呼应,表示前后分句意思相反。
 1) 他吃了药,不但没有好,反而更重了。
 2) 他骑车撞了我,不但不跟我道歉,反而说我撞了他。

女:张老师,您看,我儿子小民这次期中考试又考砸了。这可怎么办呢?
男:小民这孩子其实挺聪明。这次考试说起来还是老毛病,出错的地方不是数字的顺序弄错了,就是把题抄错了,要不就是少写一个数字。
女:是啊。每次考试以前,我都要跟他说,考试的时候一定要仔细、认真,做完以后多检查几遍,可是每次都是一样的毛病,真拿他没办法!您说,怎么才能让他改掉这个毛病呢?
男:我想这可能跟他的生活习惯有关系。他在家里做事是不是也有这个毛病呢?
女:在家里?在家里什么事儿都是我帮他做呀。他的房间我帮他收拾,他的脏衣服我帮他洗,就连每天的书包都是我帮他准备呀,我简直成了他的保姆了。
男:您为什么帮他做呢?他自己不能做吗?
女:做是能做。不过看他做得太慢了,觉得还不如我来做。还有啊,我帮他做这些,他不就有更多的时间学习了吗?我觉得他只要学习好,将来能考上一个名牌大学,我也就心满意足了。
男:我知道您这样做完全是为了孩子,可是他已经不小了,很多事情应该让他自己做。您知道,让他学会自己照顾自己,不但不会耽误他的时间,对他来说反而是一种锻炼。他有了好的生活习惯,对他的学习很有好处。您说呢?
女:对啊,您说的太对了。在生活中教育孩子,这太重要了。好,从今天开始,我让他自己的事儿自己做。谢谢您,老师。
男:别客气。

练 习

1. 听第一遍录音,判断正误:
   1) 对话中的两个人是小民的妈妈、爸爸。
   2) 小民的"老毛病"是在家里什么事儿都不做。
   3) 女的对小民的学习不太满意。
   4) 男的觉得孩子的学习习惯跟他的生活习惯有关系。
   5) 女的希望小民将来能上大学。

2. 听第二遍录音,选择正确答案:
   1) 他们在讨论什么?
      A. 小民的考试成绩
      B. 小民在家做不做事
      C. 怎样改掉小民的毛病
   2) 他这次考试没考好,是因为:
      A. 他不太认真
      B. 他不好好学习
      C. 他不聪明
   3) 他这次考试又犯了一些错误,对话中没有提到的是:
      A. 数字的顺序写错了
      B. 少做了一道题
      C. 少写了一个数字
   4) 每次考试以前,小民的妈妈都对小民说:
      A. 考试的时候一定要认真
      B. 做完以后要检查一下
      C. 考试的时候要快一点儿写
   5) 在家里小民的妈妈帮他做很多事,对话中没有提到什么事儿:
      A. 帮他整理房间
      B. 帮他洗衣服
      C. 帮他买书
   6) 在家里妈妈帮小民做很多事是因为:
      A. 小民不会做
      B. 妈妈喜欢帮小民做
      C. 节省时间让小民学习
   7) 男人觉得小民妈妈的做法怎样?
      A. 为了孩子应该这样
      B. 这样做对孩子不好
      C. 应该让孩子多锻炼身体

3. 理解下列每句话的含义:
   1) "我儿子小民这次期中考试又考砸了。这可怎么办呢?"说话人的心情是:
      A. 很生气
      B. 很着急
      C. 很为难
   2) "每次都是一样的毛病,真拿他没办法!"这句话的意思是:
      A. 他自己没办法改掉这个毛病
      B. 我没办法让他改掉这个毛病
      C. 他不改掉这个毛病,我就没办法
   3) "在家里什么事儿都是我帮他做呀。"跟这句话意思相近的句子是:
      A. 在家里什么事儿不是我帮他做呀
      B. 在家里我什么事儿都要做啊
      C. 在家里什么事儿他都帮我做啊
   4) "我帮他做这些,他不就有更多的时间学习了吗?"这句话的意思是:
      A. 我帮他做这些,他就没有更多的时间学习了

B.我帮他做这些,他还有时间学习吗
C.我帮他做这些,他就有更多的时间学习了

5)"他将来能考上一个名牌大学,我也就心满意足了。"这句话的意思是:
A.他将来能考上一个名牌大学,我就很满意了
B.他考上了一个名牌大学,我很满意
C.我觉得他将来一定能考上名牌大学

6)"不但不会耽误他的时间,对他来说反而是一种锻炼。"这句话的意思是:
A.不会耽误他的时间,还可以让他锻炼身体
B.不会耽误他的时间,而且可以锻炼他
C.不但会耽误他的时间,而且还会影响他锻炼

7)"我让他自己的事自己做。"这句话的意思是:
A.我让他做他自己的事儿　　　　B.我让他做我自己的事儿
C.他让我做我自己的事儿

4. 听第三遍录音,用(　　)里的词口头回答问题:
1)老师说小民这次考试怎么样?（说起来、不是……就是……、要不就）
2)每次考试以前妈妈都要对小民说什么?（一定要）
3)小民在家里做事儿吗?（连……都……、简直）
4)小民妈妈为什么要帮小民做很多事儿?（不如、不就……吗?）
5)老师认为很多事儿应该让孩子自己去做,他是怎么跟小民妈妈说的?（不但不、对……有好处）

二、泛听练习

(一) 关于独生子女教育的调查

现在城市里大多数家庭都是独生子女,对孩子的教育也越来越重视。某调查公司对1500户城市居民进行了调查。有一个问题是"您觉得自己担当的什么社会角色最成功?"有40.8%的父母认为"父母"的角色是最成功的。第二个问题是对孩子您最担心的问题是什么,有32.5%的家长担心孩子的学习。其余担心的问题还有"孩子的工作"、"孩子的健康"、"孩子调皮、淘气"等。另外,调查还发现,不同文化水平的父母担心的问题也不一样:小学文化水平以下的父母中,有58%的人为孩子的"工作、前途"担心,比其他文化水平的父母高;而在对孩子的"学习"问题,这种文化水平的父母比其他父母低,高中文化水平的父母最担心孩子的学习,达到57%。对孩子的健康等身体方面的担心,大学以上文化水平的父母最高,为54%。没有受过教育的父母最低。

从这次调查还可以发现,家长不重视孩子道德品质方面的培养,这一点需要引起社会的重视。

练 习

根据录音内容,在空格中填出你所听到的百分比(录音中没有的不用填):

父母的文化水平 \ 父母担心的问题	孩子的学习	孩子的工作	孩子的健康
小学以下			
高中			
大学			

(二) 父子对话

前几天,儿子的学校举行了期中考试。这天,考试成绩下来了,儿子放学回到家里,父亲关心地问:"这次期中考试得了多少分啊?"

"100分。"

"啊?"父亲一听,简直不敢相信,接着问道:"数学100呀还是语文100呀?"

"加起来100。"

父亲一听气急了。"你这孩子简直一点儿也不像我,说,数学哪道题错了?"

"嗯,第一道题错了。"

"第一道题是什么?"

"1加1等于多少?"

"这么简单的题你都错了?你写的等于多少?"

"11。"

"你这孩子简直简直……语文呢?作文是什么题目?"

"一场足球比赛。"

"作文,那是你的强项呀。我不是常常告诉你吗?写作文要有话就长,没有话就短一点儿。"

"对,爸爸,我一直记着您的话。"

"那这次怎么写的?"

"因为下雨,推迟比赛。"

"还有呢?"

"完了。"

"完了?这也太短了。"

这时,父亲又拿起儿子的历史试卷:"81分,这历史考得还可以嘛。"

"爸,您,您拿倒了。"

练 习

听录音,回答问题:

1. 儿子什么成绩是100分?
2. 儿子说1加1等于几?
3. 儿子考试的作文题目是什么?
4. 儿子的作文是怎么写的?
5. 儿子的历史考了多少分?

第十课　妈妈和儿子

一、听力理解练习

(一) 听后选择正确答案：

1. 看着这个可怜的孩子，这么冷的天，只穿了一件很薄的外衣，我的心里一阵发酸。
   问：说话人觉得怎么样？
   A. 很生气
   B. 很难过
   C. 很冷

2. 我们新来的老师跟以前的老师一样对我们很有耐心。
   问：新老师跟以前的老师：
   A. 教我们的方法一样
   B. 对我们的态度一样
   C. 性格一样

3. 这几天我咳嗽得很厉害，有时候上着课，一咳嗽起来，课都上不下去了。
   问：下面哪句话是对的？
   A. 他咳嗽得不能去上课了
   B. 他咳嗽得不能下去了
   C. 他咳嗽得不能继续上课了

4. 昨天的晚会上，朋友们一定要让我唱一首歌，这不是难为我吗！
   问：这句话的意思是：
   A. 我不想唱歌
   B. 我喜欢唱歌
   C. 唱歌不难

5. 昨天跟爸爸说我想暑假一个人去南方旅行，还没等我说完，他就把眼睛一瞪，吓得我不敢再说了。
   问：对他的旅行计划，爸爸的态度是：
   A. 很吃惊
   B. 不同意
   C. 很害怕

6. 要不是我亲眼看见，我可能还不会相信呢！
   问：他现在相信了吗？
   A. 相信了
   B. 不相信
   C. 可能不相信

7. 小明，你作业做完了就把书和本子收起来吧，在桌子上放着太乱了。
   问：他让小明做什么？
   A. 把书放在书包里
   B. 把书放在桌子上
   C. 快点儿做作业吧

8. 你不是还有一件大衣吗？我看这件你可买可不买。
   问：他的意思是这件大衣：
   A. 不要买了
   B. 应该买
   C. 买不买都行

9. 女：麦克，我有两张京剧票，今天晚上的，去不去？
   男：京剧我也看不懂啊，再说明天还有考试呢！
   问：麦克的意思是：

10. 男：李老师，你们班学生都来了吗？
    女：还缺一个。
    问：李老师他们班的学生：
    A. 有一个没来
    B. 来了一个
    C. 一个也没来

193

A. 很想去
B. 不想去
C. 想明天去

(二) 听下列对话并做练习:

妈妈和儿子

　　爸爸、妈妈要舒服、方便,孩子要漂亮、潇洒;父母要节约、少花钱,子女却要追求时尚、时髦。这好像是大人与孩子之间永远的矛盾。你听,在这个家里也有这样的矛盾。

重点及难点提示

1. <u>万一</u>下班的时候天晴了,……
　　"万一"表示可能性极小的假设。
　　1) 万一她不来怎么办呢?　　　2) 万一下雨,咱们还去不去呢?

2. 名牌<u>就是</u>名牌,……
　　"就是",副词。用在重叠的名词中间,有肯定、赞扬的语气。
　　1) 老师就是老师,遇到问题,老师一讲我就明白了。
　　2) 北大就是北大,他们的教授水平就是高。
　　3) 朋友就是朋友,有困难的时候总是会来帮忙的。

3. 喝茶为什么<u>非</u>要去茶馆<u>不可</u>呢?
　　"非……不可"表示一定要这样。
　　1) 要学好汉语非多听、多说、多读、多写不可。　　2) 不让他去,他非去不可。

女:小强,刚才听天气预报说明天有大雨。你明天别骑车去上班了,坐汽车去吧。也别穿雨衣了,带把雨伞吧! 千万别忘了啊! 还有你的雨鞋呢? 对了,在箱子里呢,我帮你找出来。
男:妈,您别找了。现在除了卖鱼的,谁还穿雨鞋啊?
女:穿雨鞋怎么啦? 我就穿雨鞋!
男:穿雨鞋去上班,在办公室那两只脚多难受啊! 万一下班的时候天晴了,我穿着雨鞋走在大街上,别人还以为我有毛病呢!
女:那你带一双皮鞋不就行了吗? 到了办公室就把皮鞋换上。
男:麻烦不麻烦啊!
女:好好好,我不管你了,你的事儿我是弄不明白了。上个月花240块钱买一件衬衣! 现在外边儿10块钱一件,240块钱就可以买24件! 你240块钱买一个名牌,只能新一次,240块钱要是买24件呢,即使穿脏了不洗,扔掉不要了,一年就可以半个月有一件新衬衣。你算算,哪个划算?
男:妈,名牌就是名牌,穿上名牌感觉就是不一样。您不懂。
女:我是不懂。
男:妈,明天晚上我可能晚点儿回来,小王请我去茶馆喝茶。
女:喝茶为什么非要去茶馆不可呢? 在家里喝茶有什么不好呢? 那儿那么贵!

男：家里有那种环境和气氛吗？

女：你去茶馆是喝茶，又不是喝环境、气氛，再说家里的环境不比茶馆好得多吗？

男：妈，家当然好了，只是家是家，茶馆是茶馆。对不对？

女：好了好了，你快去洗澡睡觉吧，明天还要上班呢。

（根据童孟侯《青年理由》改写，原载于《现代家庭》1999.6）

练 习

1. 听第一遍录音，判断正误：

    1）他们谈话的时候是晚上。　　　　2）小强平时坐汽车上班。

    3）妈妈让小强明天坐汽车去上班。

    4）小强明天想穿雨鞋，他让妈妈帮他找出来。

    5）小强的名牌衬衣花了240块钱，他穿上感觉不太好。

    6）明天晚上，朋友要请小强去茶馆喝茶。

2. 听第二遍录音，选择正确答案：

    1）妈妈怎么知道明天要下雨？可能是她：　　　2）明天要下雨，妈妈让小强明天：

    　　A.在报纸上看到的　　　　　　　　　　　　A.穿上雨衣、雨鞋

    　　B.在电视上看到的　　　　　　　　　　　　B.带上雨伞，穿上雨鞋

    　　C.听朋友说的　　　　　　　　　　　　　　C.穿上雨衣，带上雨伞

    3）小强不想穿雨鞋，因为他觉得：　　　　　4）小强不想穿雨鞋，妈妈让他：

    　　A.穿雨鞋很难受　　　　　　　　　　　　　A.穿皮鞋去

    　　B.明天是晴天，不会下雨　　　　　　　　　B.穿雨鞋去，带着皮鞋

    　　C.他的脚有毛病　　　　　　　　　　　　　C.穿皮鞋去，带着雨鞋

    5）妈妈觉得小强买的那件衬衣：　　　　　　6）小强觉得名牌衬衣：

    　　A.不是名牌　　　　　　　　　　　　　　　A.并不贵

    　　B.不划算　　　　　　　　　　　　　　　　B.是很贵

    　　C.不是新的　　　　　　　　　　　　　　　C.穿起来感觉很好

    7）妈妈觉得去茶馆喝茶：　　　　　　　　　8）小强觉得去茶馆喝茶：

    　　A.太贵了　　　　　　　　　　　　　　　　A.不如在家里好

    　　B.比在家里好得多　　　　　　　　　　　　B.环境和气氛比较好

    　　C.环境、气氛都不好　　　　　　　　　　　C.不贵

3. 理解下面每句话的含义：

    1）"现在除了卖鱼的，谁还穿雨鞋啊？"这句话的意思是：

    　　A.现在一般情况下人们都不穿雨鞋

    　　B.只有卖鱼的不穿雨鞋

    　　C.卖鱼的人一定要穿雨鞋

    2）"万一下班的时候天晴了 ……"跟这句话中"万一"这个词意思相近的词是：

    　　A.尽管　　　　　　　　　B.如果　　　　　　　　　C.即使

3)"好好好,我不管你了,你的事儿我是弄不明白了。"妈妈说这句话的时候,心情可能是:
   A.很好　　　　　　　　　B.有点儿不高兴　　　　C.有点儿奇怪
4)"名牌就是名牌,穿上名牌感觉就是不一样。"这句话的意思是:
   A.名牌就是好
   B.名牌是名牌,但是穿上感觉也不太好
   C.名牌跟名牌也不一样
5)"喝茶为什么非要去茶馆不可呢?"这句话的意思是:
   A.你们为什么一定要去喝茶呢?　　B.你们不去茶馆喝茶不行吗?
   C.你们为什么一定要去茶馆喝茶呢?
6)"家里的环境不比茶馆好得多吗?"这句话的意思是:
   A.家里的环境不比茶馆好　　　　B.家里的环境比茶馆差很多
   C.家里的环境比茶馆好很多
7)"家是家,茶馆是茶馆。"这句话的意思是:
   A.家和茶馆不一样　　　　　　　B.这是家,那是茶馆
   C.家和茶馆一样

4. 听第三遍录音,回答问题:
   1)明天下雨了,妈妈会怎么做?儿子呢?他为什么这样做?
   2)妈妈买衬衣的话,会怎么做?为什么?儿子呢?为什么?
   3)儿子为什么要去茶馆喝茶?妈妈为什么反对?
   4)在一些家庭里,可能会有爸爸妈妈不理解子女的时候。你的家庭里有这种情况吗?你怎么看这个问题?

二、泛听练习

(一) 先救谁?

　　在中国,妻子为了了解自己在丈夫心中的地位,常常问丈夫这样一个问题:在一只船上坐着你、我、孩子,还有你的妈妈,突然,船翻了,我们四个人都掉到了水里,可是就你一个人会游泳,并且你只能救一个人,这时候会先救谁呢?
　　这个问题通常会把男人们难住,也许是由于它太残忍了,无论说救谁,都对不起自己的感情。老实的男人会说:不会有这种事的。聪明的男人会说:谁离我近,我就救谁吧。狡猾的男人说:聪明的女人不应该问这种问题。总之,他们都会避免正面回答这个问题。
　　我也曾经问过身边的一些男性朋友。有的说当然救妈妈,因为是妈妈把他从小养大,没有妈妈就不会有他的今天。现在妈妈年纪大了,正是自己回报母亲的时候,怎么能不救母亲呢?妻子没有了,还可以再娶;儿子没有了,还可以再生;而妈妈却只有一个,一旦失去了,就再也不会有了。还有的丈夫说,要救孩子。妈妈和妻子已经享受了几十年的人生了,而孩子的人生才刚刚开始,如果让这么小的孩子就死去,那是最不能接受的了。有没有人要救妻子呢?反正我问的这些人里没有!
　　如果你是一个男人,你会有什么答案呢?

听录音,回答问题:

1. 课文中说的妻子常常问丈夫的问题是什么？
2. 对这个问题，不同的男人常常会怎么回答？
3. 有人说要先救妈妈，为什么？　　4. 有人说应该先救儿子，为什么？
5. 你的答案是什么？为什么？

（二）心跳与寿命

　　心跳和寿命之间有没有关系？心跳慢的人是不是比其他人寿命长一些？
　　世界上一些医学专家对心跳跟寿命的关系进行了研究。他们对老鼠、猫、大象三种体重不同的动物进行分析。结果发现，心脏的跳动周期，跟动物的体重成反比。另外，在健康人中，体重50公斤的人每分钟心跳次数为90次，100公斤的人是75次。可见人的体重跟心跳也存在着反比关系。
　　如果人的平均寿命是80岁左右，他一生中心跳的次数在15亿次至20亿次之间。当心跳次数达到一定极限后，生命就会结束。
　　那么，怎样才能让心跳慢一点儿呢？医学专家认为，跑步锻炼可以减少心脏的跳动次数。在生活中，不锻炼身体的人稍稍动一下身子，心跳就会一下子加快，停止运动后也往往要喘上好一阵子。平时经常锻炼的人，心跳不会出现明显的加快。即使剧烈运动后，心跳也能很快恢复正常。只有坚持锻炼，才能保持强壮的身体和标准的体重，使心脏能适应各种剧烈运动，避免出现心跳加快的不良反应。

练　　习

回答问题：
这段话的主要意思是什么？
1. 为什么人们的寿命不一样长？　　2. 心跳和寿命的关系以及怎样放慢心跳？
3. 心跳和寿命为什么成反比的关系以及怎样放慢心跳？

复习（二）

一、听力理解练习

（一）听后选择正确答案：

1. 我白天都爱迷路，何况晚上呢！
   问：她的意思是：
   A. 晚上不爱迷路
   B. 晚上有时候会迷路
   C. 晚上更爱迷路

2. 要不是我每天坚持锻炼，身体能有这么好吗？
   问：下面哪句话是对的？
   A. 他不是每天锻炼身体
   B. 他身体不太好
   C. 他身体很好

3. 学习的时候，懂就是懂，不懂就是不懂，不能不懂装懂。

4. 小王，你坐车来，怎么倒比我晚了？我还以为你会来得比我早呢！

问:这句话说的是:
　　A.学习的态度要诚实
　　B.有的地方懂,有的地方不懂
　　C.不懂的地方一定要弄懂

5. 你自己水平不高,可是又不努力去学,经理当然不把你放在眼里了。
问:经理对他怎么样?
　　A.不重视他
　　B.不想见到他
　　C.没有看见他

7. 老王,我看你还是先不要去武汉了。这几天武汉的温度有三十七八度,再说你又有高血压,生了病可怎么办呢?
问:他说这些话的目的是什么?
　　A.告诉老王武汉的天气情况
　　B.劝老王不要去武汉
　　C.问老王生了病应该怎么办

9. 先生,请您不要把车放在这儿。这样影响交通不说,万一被别人撞坏了怎么办呢?
问:从这句话我们知道:
　　A.他想让那位先生把车放在别的地方
　　B.那位先生的车被别人撞坏了
　　C.他的车被那位先生撞坏了

问:小王怎么样了?
　　A.来得比他早
　　B.来得比他晚
　　C.今天没有坐车来

6. 听了今天的讲座很有收获,真是没白来这一趟。
问:从这句话我们知道:
　　A.他今天没来听讲座
　　B.他今天白天没来
　　C.他今天听的讲座很好

8. 我这几十年的生活,大部分时候都是很顺利的,当然也会遇到一些坎坷。
问:"坎坷"一词的意思是:
　　A.很顺利的事儿
　　B.很高兴的事儿
　　C.不顺利的事儿

10. 小姐,这种牌子的香水挺受欢迎的,昨天一天我们就卖出去了20多瓶。再说价钱也不贵,您试试看吧。
问:他说这些话的目的是什么?
　　A.让这位小姐看看这种香水
　　B.告诉这位小姐这种香水很容易卖
　　C.让这位小姐买这种香水

11. 北京的交通也太拥挤了,骑自行车半个小时的路,开车能走一个小时,所以说以后我有了钱也不买汽车。
问:说话人的意思是:
　　A.即使他有钱,也不买汽车　　B.如果他有钱的话,他就不想骑车了
　　C.尽管他很有钱,但是也不想买汽车

12. 小强每天晚上跟朋友一起不是去茶馆喝茶,就是去饭馆吃饭,要不就是去酒吧喝酒,常常是一个月的工资不到半个月就花完了。
问:小强怎么样?
　　A.小强不去茶馆喝茶,也不去酒吧喝酒,只是去饭馆吃饭
　　B.每个月只花一半的工资　　C.每个月要花很多钱

13. 男:昨天开会要求我们每个人今年都必须写一篇论文。
　　女:本来就忙,现在更不用说了。
问:女的意思是:

A.以前很忙,现在更忙了　　　　　B.不用说现在也很忙
C.以前很忙,现在不太忙

14. 女:小丽刚上大学一年级就有了男朋友,这怎么能安心学习呢!
    男:你也不要太紧张。谈恋爱不但不会耽误学习,反而会让他们更加努力的。
    问:男的意思是:

    A.谈恋爱会耽误学习　　　　　B.谈恋爱不会耽误学习
    C.小丽会比她的男朋友更努力

15. 男:我只是有点儿感冒,用不着去医院,自己吃点儿药就好了。
    女:感冒可不是小病,再说药也不能乱吃啊,你还是听我的吧。
    问:女的可能让男的做什么?

    A.让他去医院　　　　　B.听她说话　　　　　C.让他吃药

16. 女:小王,我听小刘说你要去美国留学?
    男:他说的话难道你还相信?
    问:小王的意思是:

    A.你不要相信小刘的话　　　　　B.你为什么不相信小刘的话
    C.小刘说的是对的

17. 男:上个星期我跟我爱人都要出差,没办法只好让小明一个人在家自己照顾自己了。
    女:这也太难为他了。
    问:女的意思是:

    A.这对孩子来说太不容易了　　　　　B.这对你爱人来说太难了
    C.你们应该为孩子想想

18. 我大学的时候学的专业不太好,要找一个好的工作比较难。所以在大学的四年时间里,我除了专业以外,还学了经济、法律、计算机,甚至旅游等,这些对我后来找工作都起了很重要的作用。
    问:他在大学里除了学习专业以外,还学了什么?

    A.还学习了经济、法律、计算机和旅游
    B.学习了经济、法律、计算机,有时候还去旅游
    C.学习了经济、法律、计算机和游泳

19. 晚报一到,他就赶快去买了一份,其实他对报纸上的那些文章并不感兴趣,他注意的是晚报上的征婚启事。
    问:他为什么买晚报?

    A.他想在晚报上征婚　　　　　B.他喜欢看晚报上的文章
    C.他想看晚报上的征婚启事

20. 现代人真是,他们一方面每天大吃大喝,一方面又埋怨自己的身体太胖了;一边每天开着车上下班,坐电梯上下楼,不愿意多走一步路,一边又花很多钱去锻炼身体、去健身。
    问:这段话的意思是说现代人:

    A.很矛盾　　　B.很幸福　　　C.很辛苦

(二)听下面的短文并做练习：

朋友的意见

最近有人给小王姑娘介绍了一位男青年小李。经过了一段时间的了解以后,他觉得小李人很正直、善良,工作上也很努力。但是要说到结婚,小王姑娘想还是要认真考虑考虑,她担心自己的看法不准确,就找来了几位好朋友,帮她看看小李是不是合适。

小A说："人倒是不错,就是个子矮点儿,跟你走在一起不般配。"

小B说："他每天都忙着工作,等结了婚,家务事就都是你一个人的了。"

小C说："其他方面我倒觉得没什么,就是他家里人太多,以后的关系怕弄不好。而且又没什么钱,以后的日子恐怕不好过。"

小D说："你一个研究生找一个大学生,合适吗？"

小E说："你们俩性格都太内向了！"

小F说："小王,你是学文学的,他是学电脑的,俩人肯定说不到一起去！"

小王听了这些朋友的话,自己也犹豫起来。她觉得很奇怪,本来自己以为不错的一个人,怎么在朋友的眼里会变成这样？应该不应该听朋友们的呢？她左思右想,也许,当初就不该去问这些朋友的意见！

练 习

1. 听第一遍录音,做练习：

关于小李,小王的A、B、C、D、E、F几个朋友有很多看法,下面哪一项是她们没有谈到的？

年龄、身高、体重、长相、性格、工作、收入、学历、家庭、专业

2. 听第二遍录音,判断正误：

1) 小李的个子比小王矮。　　　　2) 小李工作很忙。
3) 小王家人很多。　　　　　　　4) 小李家的日子不好过。
5) 小李是研究生。　　　　　　　6) 小王和小李的性格不一样。
7) 小王和小李的专业不一样。

3. 听第三遍录音,选择正确答案：

1) "他每天都忙着工作,等结了婚,家务事就都是你一个人的了。"这句话的意思是结婚以后：

A.家务事只有小王一个人做　　B.小王只做一个人的家务

C.家里只有小王一个人

2) "其他方面我倒觉得没什么,……"这句话的意思是：

A.我没考虑其他方面　　　　　B.其他方面没有问题

C.其他方面也觉得没什么好的

3) "……而且又没什么钱,……"这句话的意思是：

A.他没有钱　　　B.他的钱没了　　　C.他的钱不多

4) "你是学文学的,他是学电脑的,俩人肯定说不到一起去!"这句话的意思是:
   A.俩人不会在一起说话　　　　B.俩人不会有共同的兴趣、爱好
   C.他们俩说了不会走到一起去

4. 回答问题:
   1) 小王自己觉得小李怎么样?她为什么要请朋友看看小李是不是合适?
   2) 听了几位朋友的话以后,小王是怎么想的?

二、泛听练习

你想学唱一首歌吗?请你先听录音,然后写出歌词。

小芳

村里有个姑娘叫小芳,
长得好看又善良,
一双美丽的大眼睛,
辫子粗又长。
在回城之前的那个晚上,
你和我来到小河旁,
从未流过的泪水,
随着小河淌。

谢谢你给我的爱,
今生今世我不忘怀,
谢谢你给我的温柔,
伴我度过那个年代。
多少次我回回头看看走过的路,
衷心祝福你善良的姑娘。
多少次我回回头看看走过的路,
你站在小村旁。

第十一课　命都不要了

一、听力理解练习

(一) 听后选择正确答案:

1. 别看老王平时总是对人发脾气,对孩子可是不一样。
   问:这句话意思是:
   A.老王今天和平时对孩子的态度不一样
   B.老王对别人和对孩子的态度不一样
   C.老王对孩子的态度跟孩子对老王的态度不一样

2. 小王,我看这次你考得不好,怪不得别人,要怪就只能怪你自己。考试以前大家都那么认真地复习,可你每天都在做什么?
   问:从这句话可以知道:
   A.小王考试以前没有认真复习
   B.考试以前小王不知道该做什么
   C.小王没有考好,怪别人

3. 星期天,丽丽看着别的小朋友跟爸爸妈妈高高兴兴地去公园,心里好不羡慕。

   问:从这句话可以知道:

   A.丽丽经常和爸爸妈妈去公园
   B.丽丽想跟小朋友去公园
   C.丽丽很少跟爸爸妈妈去公园

4. 真后悔早上没有听妈妈的话,现在衣服都淋湿了。

   问:妈妈早上可能对他说什么了?

   A.不要把衣服淋湿了
   B.带着雨伞吧
   C.多穿点儿衣服吧

5. 王丽,你晒在外边儿的衣服已经干了,快收起来吧。

   问:她让王丽做什么?

   A.快把衣服晒在外边儿
   B.快起来穿衣服吧
   C.快把外边儿的衣服拿进来吧

6. 半年以前我得了一次感冒,咳嗽了两个月才好,自从那次生病以后我就再也没有抽过烟。

   问:他多长时间没有抽烟了?

   A.半年
   B.两个月
   C.四个月

7. 男:我的同屋几乎每天都叫很多人到房间里来玩儿,而且每天都玩儿到很晚。昨天晚上我跟他吵了一架。

   女:俩人生活习惯不一样,难免会发生矛盾。不过别吵架啊,好好说一说嘛!

   问:女的意思是:

   A.要让俩人生活习惯一样是很难的
   B.俩人的生活习惯应该一样,免得发生矛盾
   C.俩人生活习惯不一样,很容易发生矛盾

8. 女:老师,不是说7点40出发吗?都差10分8点了。

   男:哎,真没办法。还有几个人没有来,恐怕还得再等几分钟。

   问:按老师的意思,他们大概几点才能出发?

   A.7点50　　　　　B.8点钟以后　　　　　C.8点钟以前

9. 女:师傅,你们饭馆需要人吗?

   男:想打工啊?我们恐怕在这儿都快干不下去了,哪儿还有你的工作啊?

   问:男的意思是:

   A.你要在哪儿工作　B.这儿没有工作
   C.我们很累,不想干下去了

10. 有一年,我坐船去一个城市。在船上呆了两天两夜,再加上晕船,就觉得很痛苦。船到岸以后,我心想,终于可以离开船,离开大海了。可是刚走进码头的大厅,看见迎面的墙上一幅很大的画,又不禁让我想起了那两天在船上的痛苦的生活。

    问:大厅墙上的那幅画上大概画的什么?

    A.大海　　　　　B.一个人　　　　　C.一个城市

(二) 听下列对话并做练习：

命都不要了

　　在日常消费中，我们需要做出适当的计划、合理的打算，但是过分地计算，就难免小气了。请听王先生是怎么精打细算的。

重点及难点提示

1. 他三天两头地跑到别人家去，……
　　"三天两头"，固定结构。用于口语，在句中作状语。意思是经常地发生。
　　1) 小王身体不好，三天两头生病。　　2) 这个学生三天两头旷课。

2. 在别人家一坐就是半天，……
　　"一 + 动词 + 就是 + 数量"，加强肯定语气。指说话人认为数量多。
　　1) 他经常出差，而且一走就是好几个月。
　　2) 她喜欢打电话聊天儿，一聊就是一个多小时。

3. ……不得不留李先生在他家吃午饭。
　　"不得不"表示某种动作行为并不是自己愿意做的，实在是没有办法。语气比"只好"更强。
　　1) 后天去上海的飞机票卖完了，我不得不坐火车去。
　　2) 我不懂法语，不得不请她翻译。　　3) 今天下雨，运动会不得不推迟了。

4. 一口也没吃，……
　　"一……也……"，固定结构。用在否定句中，表示强调。
　　1) 我今天一分钱也没有带。
　　2) 她刚开始学习汉语，一句话也不会说。
　　3) 教室里一个人也没有。

　　从前，有一个人，姓王。他非常小气，又很爱面子。他三天两头地跑到别人家去，而且在别人家一坐就是半天，一直到吃了饭才走。他觉得这样很划算，不但可以吃别人的，而且还可以防止别人来自己家吃。

　　有一天，他刚要去别人家，没想到，他的老同学李先生先到他家来了。

　　没办法，王先生只好请李先生坐下来，两个人聊起天儿来，王先生一边跟李先生聊天儿，一边不停地偷偷看表。几个小时过去了，李先生也没有要走的意思；已经十二点了，李先生还不走；王先生很爱面子，不得不留李先生在他家吃午饭。他端来一盘最便宜的菜——豆腐，请李先生吃，并且说："豆腐很好，很有营养，我最爱吃豆腐了，它简直就是我的命，我一顿饭也离不开它。你也尝尝吧。"李先生笑笑，没说什么。

　　几天以后，王先生到李先生家去，主人留他在家吃饭，王先生当然不会拒绝了。饭菜做好了，李先生对王先生说："我知道你爱吃豆腐，所以让家里人给你做了各种豆腐，请你尝尝吧。"

　　王先生往桌子上一看，呵，上面摆了八个盘子，全是用豆腐做的菜，有炒豆腐、炖豆腐、煎豆腐、还有豆腐炖鱼、豆腐烩肉——一桌豆腐宴。

再看王先生,眼睛睁得圆圆的,嘴巴张得大大的,眼睛里只有鱼和肉。过了一会儿,盘子里的鱼和肉都让他吃完了,可是豆腐却一口也没吃。李先生问:"你不是说最爱吃豆腐,还说豆腐就是你的命吗?"王先生擦了擦嘴说:"对啊,没错,豆腐是我的命啊,可是你知道吗,看见鱼和肉,我就连命都不要了。"

练 习

1. 听第一遍录音,判断正误:
   1) 王先生很爱面子,也很小气。
   2) 王先生觉得别人家的饭很好吃,所以常去别人家吃饭。
   3) 王先生也很喜欢朋友来他家,所以有一天他请李先生来他家做客。
   4) 到了12点,李先生还不走,王先生只好请他吃饭。
   5) 王先生在李先生家,看见豆腐,眼睛睁得圆圆的,嘴巴张得大大的,吃了很多。

2. 听第二遍录音,选择正确答案:
   1) 王先生觉得经常去别人家吃饭很划算,是因为:
      A. 不但可以跟朋友聊天儿,而且还可以跟朋友一起吃饭
      B. 不仅可以吃朋友家的饭,而且朋友不能去他家吃
      C. 不但他可以吃别人的,而且别人也可以吃他的

   2) 王先生为什么一边跟李先生聊天儿,一边偷偷地看表?
      A. 王先生希望李先生快点儿走
      B. 王先生有点儿事儿
      C. 王先生想知道几点了

   3) 王先生请李先生吃豆腐,是因为:
      A. 李先生喜欢吃豆腐
      B. 豆腐很有营养
      C. 豆腐非常便宜

   4) 李先生请王先生吃饭的时候,做了各种各样的豆腐,是因为:
      A. 王先生说他很喜欢吃豆腐
      B. 豆腐很有营养
      C. 豆腐很便宜

   5) 王先生比较喜欢吃什么?
      A. 豆腐
      B. 鱼和肉
      C. 鱼、肉、豆腐都喜欢

3. 理解下面各句的含义:
   1) "他三天两头地跑到别人家去"的意思是:
      A. 他三天中有两天要去别人家
      B. 他经常去别人家
      C. 他第一天和第三天去别人家

   2) "在别人家一坐就是半天"的意思是:
      A. 在别人家呆一个上午
      B. 在别人家一直坐12小时
      C. 只要去别人家,就呆很长时间

   3) "我一顿饭也离不开它"的意思是:
      A. 我每顿饭都要有它
      B. 即使只吃一顿饭,也要有它
      C. 我只吃了一次就离不开它了

   4) "王先生……不得不留李先生在他家吃午饭"的意思是:
      A. 王先生想请李先生在他家吃饭
      B. 王先生只好请李先生在他家吃饭
      C. 王先生必须请李先生在他家吃饭

5) "王先生眼睛睁得圆圆的,嘴巴张得大大的"意思是:
   A.王先生很吃惊
   B.王先生很害怕
   C.王先生吃得很高兴

6) "眼睛里只有鱼和肉。"意思是:
   A.看见桌子上只有鱼和肉
   B.他只吃鱼和肉
   C.他没看见有鱼和肉

7) "豆腐却一口也没吃"的意思是:
   A.他一点儿豆腐也没吃
   B.他吃了一口豆腐,没吃别的
   C.他没吃别的,只吃了豆腐

8) "豆腐是我的命啊,可是你知道吗,看见鱼和肉,我就连命都不要了"意思是:
   A.虽然我很喜欢吃豆腐,但是如果有鱼和肉,我就不吃豆腐了
   B.鱼和肉比我的命还重要
   C.即使有鱼和肉,我也要吃豆腐

4.听第三遍录音,填空:
  1) 他觉得这样很划算,<u>不但</u>可以吃别人的,<u>而且</u>还可以防止别人来自己家吃。
  2) 他刚要去别人家,<u>没想到</u>,他的老同学李先生先到他家来了。
  3) 王先生<u>一边</u>跟李先生聊天儿,<u>一边</u>不停地偷偷看表。
  4) 我最爱吃豆腐了,它<u>简直</u>就是我的命,我一顿饭也离不开它。
  5) 你不是说最爱吃豆腐,还说豆腐就是你的<u>命</u>吗?
  6) 你知道吗,看见鱼和肉,我就<u>连</u>命都不要了。

二、泛听练习

(一)"花昨天的钱"和"花明天的钱"

这些年分期付款已经渐渐地被中国人接受。以前,中国人一般是挣多少钱就花多少钱,甚至挣得多了也要留下来以后再花。在城市里,几乎所有的家庭在银行都有存款。从文化上来说,中国人是不习惯提前消费的民族。

如果说分期付款是"花明天的钱",那么更多的中国人的习惯是"花昨天的钱"。不过,随着中国对外开放程度的提高,越来越多的中国人开始接受"花明天的钱"这种消费方式。根据调查:68%的人愿意接受这一新的消费方式。

在对分期付款的态度上南方人和北方人不同。好像是越往南对分期付款越不感兴趣。有人认为,这是因为北方人和南方人的性格不同。北方人喜欢冒险,南方人很精明,喜欢在金钱上计较。但是更深的原因还是人们经济能力的不同。南方经济比较发达,人们想买什么东西,一次就可以把钱全部交上。而在北方,经济水平比较低,人们口袋里的钱不够,很难实现他们的愿望,分期付款就可以帮助他们实现这个愿望。这种消费方式对经济的发展会有很大的促进作用。

练 习

听录音,回答问题:

1. 课文中"花昨天的钱"和"花明天的钱"是什么意思?
2. 在花钱的问题上,中国人一般有什么样的习惯?

3. 现在有多少中国人愿意接受"分期付款"这种消费方式?
4. 在对"分期付款"的态度上,南方人和北方人有什么不同?
5. 南方人和北方人为什么有这种不同?

(二) 什么时间去买东西?

  买东西也要注意时间,选择一个好的时间,不仅可以让你买到质量好的商品,更重要的是还可以让你节省很多钱呢。什么时间最合适呢?听我来告诉你。
  有些东西是有季节性的,比如空调,不要等到夏天用的时候才去买,要在冬天买,冬天的价格会比夏天便宜很多,而且由于顾客少,商家的售后服务做得也会比较好。
  再有就是刚刚上市的东西,你如果不是特别需要就不要急去买。因为刚刚生产出来的东西,一是比较贵,质量也很有可能还不太稳定。过一段时间,生产的多了,而且质量也会更稳定了,这时候再去买,又买到了好东西,又节省了钱。
  另外,一天里什么时间去买东西最好呢?上午。上午商场里的商品比较全,而且售货员刚刚上班,很热情,也很有耐心,所以一定要上午去逛商场。
  听我的,准没错。

练 习

听后回答问题:
1. 如果你要买游泳衣的话,什么季节买比较好?为什么?
2. 为什么刚刚上市的东西,不要急着去买? 3. 为什么上午去商场比较好?

第十二课 可以打扰一下吗?

一、听力理解练习

(一) 听后选择正确答案:
1. 在我们中文系的50个老师中,有40个人出过国,而其中有50%的人去过日本。
  问:他们中文系有多少人去过日本?
   A.25个人   B.20个人   C.40个人
2. 国华商场真是不错,你在那儿要是买比较大的东西,他们会负责给你送到家。他们处处为顾客考虑,所以很受广大顾客的欢迎。
  问:这段话是说:
    A.这家商场欢迎顾客去买东西
    B.这家商场的东西很好   C.顾客很喜欢这家商场
3. 我妈妈经常对我说,作为一个小学老师,对学生的影响是很大的,身上的责任也是很大的。所以我对工作非常认真,每一节课都精心准备。
  问:从这段话可以知道:
    A.他是小学老师   B.妈妈是小学老师   C.他学习很认真

4. 我隔壁的那个学生,昨天晚上自己不睡觉不说,还听音乐,害得我也睡不着觉。

   问:这句话意思是:

   A.我不听音乐睡不着觉　　B.隔壁的声音太大,吵得我不能睡觉

   C.我睡不着觉,所以就听音乐

5. 那次我去王小明家玩儿,不小心把他家的花瓶打碎了。回家后,挨了妈妈一顿训。

   问:从这段话我们知道:

   A.我妈妈训我了　　B.小明的妈妈训我了　　C.小明的妈妈训他了

6. 女:你看,这件衬衣20块钱。

   男:这么便宜,质量能好吗?

   问:男的意思是:

   A.不知道这件衬衣质量怎么样　　B.这件衬衣很便宜,质量也很好

   C.这件衬衣太便宜了,质量不会很好

7. 男:孩子还这么小就给他念书,他能听懂什么呀!

   女:不懂的地方也许有,但重要的是培养孩子对书的兴趣。

   问:女的意思是:

   A.她对给孩子念书感兴趣

   B.孩子对念书感兴趣　　C.她要让孩子对书感兴趣

8. 女:今天下午不上课了?黑板上怎么也不写个通知啊?

   男:写了,没准儿让谁擦了。

   问:下面哪句话是对的?

   A.黑板上写着通知呢

   B.黑板上写了通知　　C.黑板上可能写了通知

9. 女:冬天,房间里跟外边儿温度差很多,出去一定要多穿衣服,不然容易感冒。

   男:哎,现在说什么也晚了。

   问:男的意思是:

   A.现在时间很晚了　　B.你说什么　　C.我已经感冒了

10. 那个英语老师给我们上课的时候没有课本,讲的内容都是从报纸、杂志上找来的。他也不是一字一句地讲,而是选择其中的几个词进行比较,比如,他讲"笑"这个词的时候,就引出"微笑"、"大笑"、"苦笑"、"傻笑"来做比较。这样教给学生,使学生对英语也大有兴趣。

    问:他觉得这位老师怎么样?

    A.上课的时候不带课本,不太认真

    B.上课的时候总是笑　　C.他教得很好

(二)听下列对话并做练习:

可以打扰一下吗?

汉语有一个词:"充电"。我们今天说的可不是给电池充电啊,是给人"充电"。什么意思呢?什么人在忙着"充电"呢?为什么要"充电"呢?听了录音你就知道了。

记者：你们好！可以打扰一下吗？我是《中国青年报》的记者,想对参加培训班的问题,采访一下你们,可以吗？

男：当然可以,没关系。

记者：二位贵姓？

男：我姓马,她姓王。

记者：你们已经工作了吧？

男：嗯,我在一家公司工作。

女：我是中学老师。

记者：都是这个电脑培训班的学生吧？

男、女：对。

记者：是利用业余时间来这儿学习的？

男、女：嗯,没错。

记者：你们为什么要参加这个培训班呢？

男：怎么说呢？我是中专毕业,参加工作快一年了,在工作中越来越觉得自己的知识太少了,需要学的东西太多了,所以我就想给自己充充电,提高工作能力吧。

女：我的目的就是为了换一个好一点儿的工作,我大学学的中文,关于电脑的知识,我知道的不是很多。等这个培训班毕业以后,我想去公司当秘书。

记者：在你们单位,参加这种培训班的年轻人多吗？

男：想继续学习的人不少,但真正能来学习的人也不是很多,主要是工作太忙了吧,没有时间。

女：还有人是因为家务太多,父母啦、孩子啦,都需要照顾；还有的是因为经济的原因,上一个培训班要交几千块钱呢。

记者：你们知道这种培训班除了培训电脑的内容以外,还有别的内容吗？

男：电脑培训班最多了,另外还有英语、经济管理、法律等各种各样的培训班。我除了这个电脑培训班以外,还参加了英语培训班,她还参加了一个经济管理培训班。

记者：在这儿学习的成绩呢？怎么样？还满意吗？

女：说实话,很不满意。主要是这种培训班的教学质量一般都不太好,学生的水平也是千差万别,跟我原来想的差多了。

记者：培训班毕业以后,还会继续参加别的培训班吗？

女：当然。

男：我觉得不一定,自己学习可能也不错。

记者：好,谢谢你们。

男、女：不谢。

练　习

1. 听第一遍录音,判断正误：

  1) 那位记者是《中国青年》杂志的记者。

  2) 记者采访了小马和小王办培训班的问题。

3) 小马在公司工作,小王在学校工作。
4) 小马和小王都参加了电脑培训班。
5) 小马和小王都是下班以后来参加培训班学习的。
6) 小王对自己在培训班的学习成绩不是很满意。

2. 听第二遍录音,选择正确答案:
   1) 小马参加工作多长时间了?
      A.不满一年
      B.够一年了
      C.正好一年
   2) 小马参加培训班的目的是:
      A.换工作
      B.提高工作能力
      C.以后当秘书
   3) 小王参加培训班的目的是:
      A.去学校当老师
      B.提高工作能力
      C.换工作
   4) 小王在大学的时候学的是:
      A.电脑专业
      B.中文
      C.经济管理
   5) 小王想换什么工作?
      A.去中学当老师
      B.去公司当秘书
      C.挣钱比较多的工作
   6) 在小马和小王的单位里,参加这种培训班的年轻人:
      A.不少
      B.很多
      C.不太多
   7) 有些年轻人没有参加培训班,对话中没有谈到哪个原因:
      A.培训班的教学质量不好
      B.没有时间
      C.没有钱
   8) 哪种培训班最多?
      A.英语培训班
      B.法律培训班
      C.电脑培训班
   9) 对话中没有提到下面哪种培训班?
      A.英语培训班
      B.中文培训班
      C.法律培训班
   10) 小马参加了什么培训班?
      A.法律培训班、电脑培训班
      B.英语培训班、电脑培训班
      C.英语培训班、法律培训班
   11) 小王参加了什么培训班?
      A.电脑培训班、经济管理培训班
      B.经济管理培训班、英语培训班
      C.电脑培训班、英语培训班
   12) 小王觉得这种培训班怎么样?
      A.跟她原来想的差不多
      B.教学质量不太好
      C.学生们的水平很好

3. 理解下面每句话的含义:
   1) 记者:是利用业余时间来这儿学习的?
      男、女:嗯,没错。
      对话中"没错"的意思是:
      A.你说得对
      B.你说错了
      C.你错了
   2) 记者:你们为什么要参加这个培训班呢?
      男:怎么说呢?
      对话中的"怎么说呢"意思是:
      A.你怎么这么说呢
      B.我不知道该怎么说
      C.你说什么

3) "上一个培训班要交几千块钱呢。"这句话的意思是：
   A. 上一个培训班要交多少钱
   B. 上一个培训班要交很多钱
   C. 上一个培训班要交一些钱

5) "跟我原来想的差多了。"这句话的意思是：
   A. 跟我原来想的差不多
   B. 我原来想的很差，现在觉得很好
   C. 我原来想的很好，现在觉得很差

4) 记者：在这儿学习的成绩呢？怎么样？还满意吗？
   女：说实话，很不满意。
   女的意思是：
   A. 我实在不满意
   B. 实际上我很不满意
   C. 说心里话，很不满意

6) 记者：培训班毕业以后，还会继续参加别的培训班吗？
   男：我觉得不一定，自己学习可能也不错。
   第二个人的意思是：
   A. 他可能以后不参加培训班了
   B. 他不知道自己以后是不是还参加培训班
   C. 他以后还要参加培训班

4. 听第三遍录音，口头回答问题：
   1) 小马为什么参加培训班？小王呢？
   2) 在他们单位，参加这种培训班的人多吗？为什么？
   3) 除了电脑培训班以外，还有什么培训班？
   4) 小王对在培训班的成绩满意吗？

二、泛听练习

（一）怎样提高学习效率

根据多年的研究，人们总结了一些提高学习效率的方法，你如果有兴趣可以试一试。

一是不要长时间地看书。学习一个小时左右要放松一下，比如听听音乐、活动活动身体等等，这样要比长时间地学习更有效率。

二是吃饱饭以后不要学习新的东西。因为饭后大部分血液都流到了胃部，脑部的血液比较少，这时候学习的话，效果会很差。特别是学习新的东西会很吃力。

三是要适应自己的学习时间。有些人早上精力特别好，而有些人晚上注意力才容易集中，应该选择最适合自己的时间去学习。

四是学习的时候要安静。不要离门和窗户很近，不要听收音机，也不要一边学习一边看电视，应该尽可能找一个安静的地方。

五是学习一个新的内容时，先用自己的话说一说这个内容，这样可以帮助你理解。

六是预习或复习时尽量学一个完整的内容。比如你记一首诗，就要全篇一起记，而不要一句一句或一段一段地记。

练 习

听录音,判断正误:
1. 学习一个小时左右就应该休息休息。
2. 吃饭的时候不要学习。
3. 早上人都特别精神,所以应该早上学习。
4. 不要一边学习,一边听音乐。
5. 学习新的东西时,为了帮助理解,可以先用自己的话说一说。
6. 记一首诗的时候要一句一句地记。

(二) 朝三暮四

从前有一个人,养了很多猴子。时间长了,他很了解猴子的脾气;猴子呢,也能懂得主人的意思。因此,他更爱这些猴子了。他家里没有钱,但是他宁可自己少吃一点儿,也要让猴子们吃饱。

后来,他家里越来越穷了,给猴子买食物的钱也快没有了。这时他就想每天少给猴子吃一点儿食物,但是又怕猴子们不听话,他就跟猴子们商量说:"以后,我每天早上给你们三个栗子,晚上给你们四个,你们看怎么样?"

猴子们听了,又是喊,又是叫,表示不同意。

过了一会儿,主人想了想,又对猴子们说:"要不然这样吧,我每天早上给你们四个栗子,晚上给你们三个,这下你们该同意了吧?"

果然,猴子们听了又蹦又跳,很高兴的样子,以为真的给他们增加了食物。

"朝三暮四"这个成语就是这么来的。它本来的意思是说用各种方法来骗人。后来用它形容一个人没有一定的主意,经常改变。

练 习

听后回答问题:
1. 主人为什么很爱这些猴子?
2. 主人后来为什么要给猴子减少食物?他是怎样跟猴子们说的?猴子们同意吗?
3. 他第二次是怎么跟猴子们说的?他给猴子增加食物了吗?
4. "朝三暮四"这个成语本来是什么意思?现在呢?

第十三课　话说过年

一、听力理解练习

(一) 听后选择正确答案:

1. 小王,你这么早就来了?没想到,住得离学校远的人反而先到了。

2. 我跟我爱人工作都很忙,根本没时间照顾孩子。好在孩子也大了,可

问:从这句话我们知道:
　　A.小王住得离学校比较远
　　B.他比小王先到了
　　C.小王住得离学校很近

以自己照顾自己了。
问:说话人的意思是:
　　A.他们的孩子很好
　　B.孩子只好自己照顾自己
　　C.孩子不需要他们照顾了

3. 有一个家长想请我给他的孩子当家教,一星期辅导三次英语。我自己才学了一年英语,怕水平不够啊。
问:说话人的意思是:
　　A.自己的英语水平太低了
　　B.自己的时间不够
　　C.那个家长觉得我的英语水平不太好

4. 要是当篮球运动员,身高要在190公分以上,小刘的个子还不够高。
问:小刘的身高大概是:
　　A.190公分以上
　　B.190公分
　　C.190公分以下

5. 男:妈妈,我们学校现在正组织演讲比赛呢,我想参加。
女:你是学生,要以学习为主。今天参加演讲比赛,明天参加节目表演,什么时间学习呢?
问:妈妈的意思是:
　　A.可以参加演讲比赛
　　B.可以参加节目表演
　　C.你应该学习

6. 现在跟朋友联系越来越方便了,打电话啦,发E-mail啦。可我还是喜欢写信,而且一写就是好几页。
问:说话人的意思是:
　　A.写信很方便
　　B.他写的信都比较长
　　C.他经常给朋友写信

7. 男:请问,那双布鞋多少钱?
女:250块。
男:啊?都够买一双好皮鞋的了。
问:男的意思是:
　　A.这双布鞋太贵了　　B.这双皮鞋很好　　C.我有一双皮鞋就够了

8. 公司的女同事在一起的时候,经常说的一件事就是:没衣服穿。哪怕她一天换两套衣服,她还是这么说。时间长了就总结出来了:女人说没衣服穿意思是没新衣服穿了。
问:从这段话我们知道他的女同事:
　　A.常常一天换两套衣服　　B.每天穿的衣服很少　　C.喜欢穿新衣服

9. 现在虽然人们用电脑越来越多,但是我觉得它不能代替笔,就像汽车不能代替自行车一样,哪怕电脑再发达,有时还是要用笔写个字。
问:这段话的主要意思是:
　　A.汽车不能代替自行车
　　B.电脑不能代替笔　　　　C.以后电脑会代替笔

10. 在中国,节日有以下几种:一是传统的节日,如春节、清明节、端午节、中秋节等。二是一些重要的纪念日,如"五四"青年节、"七一"建党节、"八一"建军节、"十一"国庆节等。还有一些国际节日,如"三八"妇女节、"五一"劳动节、"六一"儿童节等。另外还有各种少数民族的节日,如泼水节、开斋节等等。

问:上面这段话介绍了中国的几种节日?

  A.四种   B.三种   C.两种

(二)听下列对话并做练习:

话说过年

你一定知道中国最大的一个传统节日:春节。那么过春节,也就是过年的时候都有一些什么传统习惯呢?听了录音你就知道了。

重点及难点提示

1. 麦克:这样不是可以节省时间吗?

  老师:这倒也是。

"这倒也是"意思是同意对方的看法,而且这个看法一般是说话的人原来没有想到的。

 1) A:老师说她不能参加这个晚会了。她不来我们不是可以更随便一点儿吗?

  B:这倒也是。

 2) A:骑车去虽然慢一点儿,但是还锻炼身体呢!

  B:这倒也是。

2. 麦克:平时吃的穿的就很好了,所以春节的时候吃什么、穿什么也就不觉得有什么特别了。

  老师:就是啊。

"就是啊"意思是肯定对方的意见。

 1) A:再过几天就是小王的生日了,我们要给她准备生日礼物吧?

  B:就是啊,不知道她喜欢什么。

 2) A:明天八点的飞机,我们应该早点儿出发。

  B:就是啊,万一遇上堵车就麻烦了。

麦克:老师,今年春节是几月几号?

老师:是2月16号。

麦克:什么时候放寒假呢?

老师:1月27号。

麦克:对了,老师,中国人怎么过春节啊?

老师:简单地说呢,从春节前一个多星期,就开始打扫房间啊、准备过年吃的用的东西啊、买新衣服、写对联儿啊,一直忙到腊月三十。腊月三十这一天最重要,要把写好的对联儿贴在门上。晚上全家人要在一起吃饭,这顿饭叫"年夜饭",十二点一到就开始拜年,孩子要给大人拜年,大人要给孩子钱,叫"压岁钱"。从初一到初五,大家都到亲戚朋友家里去拜年。一直到正月十五,春节的活动才结束。在春节期间,大家每天都放鞭炮,尤其是腊月三十日的晚上到正月初一早上,放的最多。
麦克:那一定非常热闹了?
老师:是啊!不过这些年人们都觉得春节过得有点儿平淡。
麦克:为什么呢?
老师:在一些大城市,不让放鞭炮了,这样就少了一些热闹的气氛;拜年的人也少了,而且不再是到别人家里去拜年,而是用寄贺卡啊、打电话啊、送鲜花等方法拜年。
麦克:这样不是可以节省时间吗?
老师:这倒也是。还有"吃""穿"上也有很大变化。以前只有过年才吃饺子,觉得很好吃,现在不再是过年才吃饺子了,它已经成了家常便饭,所以春节吃饺子也不觉得新鲜。"穿"呢,现在新衣服什么时候都可以买,过年时穿新衣服也没什么了。
麦克:主要是因为生活水平提高了。平时吃的穿的就很好了,所以春节的时候吃什么、穿什么也就不觉得有什么特别了。
老师:就是啊。哎,麦克,你春节的时候在这儿吗?
麦克:放假以后我去哈尔滨,打算春节以前回来。
老师:你春节在这儿的话,就来我们家过"除夕"吧。来看看就知道我们怎么过春节了。
麦克:好,谢谢老师。

练 习

1. 听第一遍录音,判断正误:
   1) 今年春节是2月16号。　　2) 他们1月21号放寒假。
   3) 这些年人们都觉得以前春节过得有点儿平淡。
   4) 现在过春节跟以前不太一样。　　5) 麦克寒假要回国。
   6) 麦克除夕要去老师家。

2. 听第二遍录音,选择正确答案:
   1) 春节前人们要准备多长时间?
      A. 三十天
      B. 一个多星期
      C. 一个来星期

   2) 春节前人们要做很多准备,下面哪一项对话中没有谈到?
      A. 打扫房间
      B. 买鞭炮等过年用的东西
      C. 给朋友准备礼物

   3) 什么时候贴对联儿?
      A. 腊月三十日以前
      B. 腊月三十日
      C. 正月初一

   4) "年夜饭"就是:
      A. 腊月三十的晚上吃的饭
      B. 春节期间吃的饭
      C. 全家人在一起吃的饭

   5) 什么时候开始拜年?
      A. 从正月初一
      B. 从腊月三十的晚上十二点
      C. 从春节前一个多星期

   6) 在家里,大人和孩子谁给谁拜年?
      A. 大人要给孩子拜年
      B. 孩子要给大人拜年
      C. 大人和孩子要互相拜年

7) 孩子给大人拜年的时候,大人要做什么?
   A. 要给孩子"压岁钱"
   B. 也要给孩子拜年
   C. 要给孩子放鞭炮

8) 以前从正月初一到初五,人们都:
   A. 放鞭炮
   B. 请别人到自己家来
   C. 到别人家去拜年

9) 春节的活动从开始准备到结束,一共大概多长时间?
   A. 十五天
   B. 二十多天
   C. 一个月

10) 春节期间,放鞭炮最多的时间是:
    A. 腊月三十的晚上到正月初一的早上
    B. 正月初一的早上到晚上
    C. 腊月三十的早上到晚上

11) 现在过春节比以前:
    A. 热闹了
    B. 平淡了
    C. 有趣了

12) 现在过春节跟以前比有了很大的变化,下面哪种变化在对话中没有谈到?
    A. 气氛
    B. 拜年的方式
    C. 吃的东西

13) 现在人们拜年有很多方式,对话中没有说的是:
    A. 写信
    B. 打电话
    C. 送花

14) 拜年在方式上的变化会怎么样?
    A. 会浪费很多时间
    B. 可以节省时间
    C. 会花很多钱

15) 现在过春节,人们觉得吃饺子、穿新衣服都不新鲜,这是因为:
    A. 现在的饺子不好吃了、衣服也不好看
    B. 生活水平提高了
    C. 人们觉得过春节没意思了

16) 老师请麦克去她家过除夕的目的是:
    A. 请麦克去玩
    B. 请麦克去吃饭
    C. 让麦克看看中国人怎么过春节

3. 理解下面每句话的含义:

1) 麦克:这样不是可以节省时间吗?
   老师:这倒也是。
   老师的意思是:
   A. 你说的对,不能节省时间
   B. 你说的对,可以节省时间
   C. 你说的不对,可以节省时间

2) "现在不再是过年才吃饺子了。"这句话的意思是:
   A. 现在过年不再吃饺子了
   B. 现在不是过年的时候不吃饺子
   C. 现在平时也吃饺子

3) "现在是新衣服什么时候都可以买,过年时穿新衣服也没什么。"意思是:
   A. 过年时也没什么新衣服穿
   B. 过年时也没穿什么新衣服
   C. 过年时穿新衣服也不觉得新鲜

4) 麦克:春节的时候吃什么、穿什么也就不觉得有什么特别了。
   老师:就是啊。
   老师的意思是:
   A. 你说的意思很对,就是这样
   B. 你说的意思对是对,不过还有点儿问题
   C. 你就这一句话说得对

4. 听第三遍录音,回答问题:
   1) 春节前人们要准备什么?
   2) 春节期间,最重要的是哪一天?这一天要做什么?
   3) 什么叫"年夜饭"?什么叫"压岁钱"?
   4) 这些年春节的时候,气氛有什么变化?为什么?
   5) 现在拜年的方式上有什么变化?
   6) 人们为什么觉得春节的时候吃饺子、穿新衣服不新鲜了?

二、泛听练习

(一) 春联儿是怎么来的?

"春联儿"是春节的时候贴在门上的对联儿,它有上联、下联和横批三部分。上联贴在门的右边,下联贴在门的左边,上联和下联一般都有五个字以上,横批贴在门的上方,一般是四个字。念的时候,先念上联,再念下联,最后念横批。快到春节的时候,家家户户门上贴上春联儿。这时,屋里屋外都打扫得干干净净,再加上红色的春联儿,为节日增加了热闹的气氛。

在古代,春联儿叫"桃符",最早出现在九百多年以前,那时"桃符"是用桃木做成人的样子,放在门的两边儿,上面写上字,这样就可以避邪,神鬼不敢来打扰。到了明代,也就是六百多年以前,贴春联儿才成为一种风气,这时也不再叫"桃符"了,而是叫"春联儿"。春节的时候,家家都要贴春联儿,有文化的人有时还为别人写春联儿,于是春联儿就成为一种独特的文学形式,它讲究用字工整、对称,有诗意,寓意含蓄,吉祥。贴春联儿,历代相传,成了中华民族的一种风俗,一直流传到现在。

练 习

听后回答问题:
1. 春联儿有哪几部分?   2. 贴春联儿的时候应该怎么贴?
3. 念春联儿的时候应该怎么念?
4. 春联儿最早出现在什么时候?那时候就叫"春联儿"吗?什么时候才开始叫"春联儿"的?

(二) 偷春联儿

传说,古时候有一位大书法家很喜欢写春联儿。有一年除夕,他为自己家写了一副春联儿:春江春水春色,新年新岁新景。写好后,他叫儿子把它贴到大门上去。谁知道,刚贴出去一会儿,就被人偷走了。原来是朋友们非常喜爱他的字,而他又很少把字给人。也不知道是谁看见有这样好的机会,就偷偷地给拿走了。书法家只好又写了一副:莺啼北里,燕语南邻。贴出去后,结果还是一样。他不得不再写一副,不过这次他留了个心眼儿,只写了对联的上半部分:福无双至,祸不单行。来偷春联儿的人一看,这两句很不吉利,就没有再偷。第二天一早,书法家笑着走到大门前,把下边的部分加上了。再一读,这副对联就成了:福无双至今朝至;祸不单行昨夜行。大家看了,都说写得太好了。

练 习

听后回答问题：
1. 书法家写的第一副春联儿为什么被偷走了？
2. 书法家写的第二副春联儿怎么样了？
3. 他贴在门上的第三副春联儿,别人为什么没偷？
4. 第二天早上,书法家做什么了？

第十四课　你最好还是戒了吧！

一、听力理解练习

（一）听后选择正确答案：

1. 我哥哥看起来比我高,实际上我一点儿也不比他矮。
   问：这句话的意思是：
   A. 哥哥比我高
   B. 哥哥不比我高
   C. 我比哥哥矮

2. 有很多事情,看起来很简单,你实际做起来就不是那么回事儿了。
   问：这句话的意思是很多事情：
   A. 看着简单,做的时候却很难
   B. 看着简单,做的时候也不难
   C. 看的和做的不是一回事儿

3. 昨天我们留学生搞了一个汉语节目表演,非常精彩,很多老师都被学生们的表演吸引住了。
   问：从这句话我们知道：
   A. 老师把学生们吸引住了
   B. 学生们的表演把老师吸引住了
   C. 很多老师都参加了学生们的节目表演

4. 那天我在马路上开着车,看见前边儿又堵车了,等我把车停下来才知道,前边儿发生了一起交通事故。
   问：从这句话我们知道：
   A. 他开车时发生了交通事故
   B. 他从车上下来了
   C. 他把车停住了

5. 这会儿小明正一个人在家,他看见桌子上放的糖,刚想伸手去拿,突然想起妈妈刚才出门的时候说的话,伸出去的小手又收回来了。
   问：妈妈刚才可能对小明说什么了？
   A. 在家等妈妈回来
   B. 吃糖以前要洗洗手
   C. 不要吃糖

6. 男：爸爸,你要去哪儿啊？今天可是星期六。
   男：知道。既然我上星期答应今天陪你在家玩儿,我就会在家的。我只是出去买一包烟。
   问：孩子说那句话的意思是：
   A. 告诉爸爸今天是星期几
   B. 提醒爸爸今天要在家陪他玩儿
   C. 星期六不要去买烟

7. 男:你看我们公司的小刘都三十好几了,还是单身呢。你们单位有没有合适的姑娘给介绍介绍。

女:原来他是单身啊?我还以为他早就结婚了呢。

问:女的意思是:

A.小刘原来是单身,现在结婚了

B.她现在才知道小刘是单身

C.她不知道小刘已经结婚了

8. 女:你快看,马路对面那两个人在做什么?

男:有什么好看的!你没见过打架的啊?

问:男的意思是:

A.不要看了

B.那两个人不好看

C.你见没见过打架的

9. 男:(大声地唱歌)你总是心太软,心太软……

女:哎,唱什么!孩子睡觉呢!

问:女的意思是:

A.你唱得太难听了,不要唱了

B.别影响孩子睡觉

C.你唱的什么歌

10. 男:小姐,我看你肯定是学医的!

女:咦,你怎么知道的?

问:从上面的话我们知道:

A.男的说错了

B.女的是学医的

C.女的不是学医的

(二) 听下列对话并做练习:

你最好还是戒了吧!

由于各种各样的原因,有一些人开始抽烟。大家都知道吸烟对身体有害,怎么才能帮这些人把烟戒掉呢?

重点及难点提示

见面说不上两句话就有人找他们,……

"说不上"表示达不到(某种数量或程度)。

1) 还没说上两句话,火车就要开了。

2) 每次见面都是只有几分钟,说不上几句话就匆匆分手了。

女:哎,你又在这儿抽烟呢!今天5月31号,可是"无烟日"啊!

男:让我一天都不吸烟?我可受不了。

女:我就觉得奇怪,你是怎么学会抽烟的呢?

男:我告诉你,你可能都不相信。十多年以前,我到处找工作,那些公司的老板总是很忙,见面说不上两句话就有人找他们,我就只好告辞。朋友就给我想了个主意,让我买包烟,一见面,先给老板递上一支烟,在他没有抽完这支烟以前,他总不好意思走嘛。而一支烟一般要抽8到10分钟。

女:这是什么主意啊!

男:我按照他说的,买了一包烟,二十五,又花了两块钱买了一个打火机,递上烟以后我又给老板点上烟,这样一来,他果然不好马上离开。为了不让他看出我是特意买的烟,我自己也点着了一支。我就是在这十分钟里办成了事儿。从那以后我和烟就再也没离开过。

女:我听说过因为受爸爸的影响开始抽烟的、有学电影明星的样子开始抽烟的,因为找工作开始抽烟,我还是第一次听说。还有,我发现你以前是两三天抽一盒,现在是一天一盒都不够了。你看你的脸,都什么颜色啦!跟十年以前怎么能比呢!每天夜里都咳嗽,你自己不觉得难受吗?你最好还是戒了吧。

男:已经抽了这么多年了,不是想戒就能戒掉的。

女:你诚心诚意地戒,就能戒掉。哎,明天我去给你买点儿戒烟糖,好吗?

男:把烟戒掉,恐怕身体会适应不了的。

女:我们可以慢慢来,让身体逐渐适应嘛!哎,可不要到最后,烟没有戒掉,又多了吃戒烟糖的毛病啊!

男:那也没准儿!

练 习

1. 听第一遍录音,判断正误:
   1) 今天5月31号,是"无烟日"。
   2) 男的抽烟抽了10多年了。
   3) 男的是联系工作的时候开始抽烟的。
   4) 抽烟对男的身体没有什么影响。
   5) 男的对戒烟的态度不太坚决。

2. 听第二遍录音,选择正确答案:
   1) 男的开始找工作的时候,情况怎么样?
      A.老板们不太喜欢他
      B.老板们没有很多时间跟他谈
      C.老板们只让他说两句话

   2) 他找工作的时候别人告诉他,跟老板见面的时候要:
      A.陪老板一起抽烟
      B.请老板抽烟
      C.送给老板一盒烟

   3) 朋友为什么给他出那个主意?
      A.因为老板们都很喜欢抽烟
      B.为了让老板不要马上走开,跟他谈话
      C.因为不这样做不太礼貌

   4) 一支烟要抽多长时间?
      A.8分钟
      B.9分钟左右
      C.10分钟

   5) 他找工作的时候买的那盒烟:
      A.25块钱
      B.2块钱
      C.27块钱

   6) 他给老板递上烟后,老板:
      A.点着了烟
      B.马上离开了
      C.跟他谈话的时间比较长

   7) 他给老板递上一支烟后,自己也抽了一支,是因为:
      A.让老板一个人抽烟不礼貌,他要陪老板抽
      B.他很想抽
      C.不让老板看出他不会抽烟

   8) 人们开始抽烟的原因各种各样,女的以前没听说过的情况是:
      A.受家庭的影响
      B.受电影明星的影响
      C.联系工作的需要

9) 男的现在每天抽烟的数量：
　　A. 比以前多了
　　B. 比以前少了
　　C. 跟以前差不多

10) 男的现在身体怎么样？
　　A. 脸色不好、晚上睡不着觉
　　B. 晚上咳嗽、睡不着觉
　　C. 脸色不好、晚上咳嗽

11) 女的对男的戒烟担心的是：
　　A. 身体适应不了　　B. 戒不掉
　　C. 不但戒不掉烟，还加了别的毛病

3. 理解下面每句话的含义：

1) "见面说不上两句话就有人找他们。"意思是：
　　A. 刚见面还没说话就有人找他们
　　B. 见面后只说两句话就有人找他们
　　C. 见面后刚说了几句话就有人找他们

2) "在他没有抽完这支烟以前，他总不好意思走嘛。"意思是：
　　A. 他不好意思不抽这支烟就走
　　B. 他不好意思抽完这支烟再走
　　C. 他没有抽完这支烟就不好意思走

3) "这是什么主意啊！"女人说这句话时的语气是：
　　A. 满意
　　B. 可笑
　　C. 遗憾

4) "他果然不好马上离开。"意思是：
　　A. 他真的不容易马上离开
　　B. 他马上离开真的不好
　　C. 他真的不想马上离开

5) "我就是在这十分钟里办成了事儿。"句子中"办成了事儿"的意思是：
　　A. 发生了一件事
　　B. 找到了工作
　　C. 办完了一件事

6) "从那以后我和烟就再也没离开过。"意思是：
　　A. 从那以后我和烟没有再离开过
　　B. 从那以后我就再也不抽烟了
　　C. 从那以后我就开始抽烟了

7) "现在是一天一盒都不够了。"在对话中的意思是：
　　A. 一天抽不到一盒烟
　　B. 一天要抽一盒多的烟
　　C. 一天要抽一盒烟

8) "你看你的脸，都什么颜色啦！"意思是：
　　A. 你看你的脸色多不好看啊
　　B. 你看你的脸上都是什么颜色
　　C. 你看你的脸上为什么有颜色

9) "跟十年以前怎么能比呢！"对话中的意思是：
　　A. 跟十年前不能比
　　B. 十年前跟现在不能比
　　C. 十年前不如现在

10) "已经抽了这么多年了，不是想戒就能戒掉的。"意思是：
　　A. 不想戒就不能戒掉
　　B. 想戒掉不是那么容易的
　　C. 想戒掉就能戒掉

11) "你诚心诚意地戒，就能戒掉。"跟这句话意思最接近的是：
　　A. 你只有诚心诚意地戒，才能戒掉
　　B. 不管你是不是诚心诚意地戒，都能戒掉
　　C. 你如果诚心诚意地戒，就能戒掉

12) "我们可以慢慢来，让身体逐渐适应嘛！"句子中"慢慢来"的意思是：
　　A. 走得很慢
　　B. 抽烟抽得很慢
　　C. 逐渐地戒烟

13) 女:哎,可不要到最后,烟没有戒掉,又多了吃戒烟糖的毛病啊!
    男:那也没准儿!
    男的是什么意思?
    A.他还没准备　　　B.那也有可能　　　C.没有这种事儿

4. 听第三遍录音,用( )里的词回答问题:
   1) 十多年前,他开始找工作的时候,遇到了什么问题?(总是、说不上、只好)
   2) 这时候朋友给他想了什么主意?(在……以前、不好意思)
   3) 他按照朋友说的做了以后,发生了什么情况?(果然、办成、再也……)
   4) 男的现在身体不太好,女的是怎么说的?(什么、怎么、不……吗?)
   5) 女的是怎么劝男的戒烟的?(最好、好吗?)

5. 根据实际情况回答问题:
   1) 你或者你的朋友抽烟吗?是怎么开始抽烟的?
   2) 如果你的朋友抽烟抽得很厉害,你怎么劝他戒烟呢?

二、泛听练习

(一) 喝酒(相声)

甲:你会喝酒吗?

乙:多少能喝点儿。

甲:一顿饭能喝多少?

乙:也就是二两吧。

甲:太少了。来一斤吧。

乙:不行,不行。来一斤我就醉了。

甲:醉了好。

乙:醉了还好呢?

甲:我爱看醉鬼。你看那些喝醉的人,有哭的、有乐的、有打的、有闹的。

乙:是吗?

甲:那天我就看见一位,喝醉了,在马路上走路来回晃,走着走着躺在马路上了,嘴里还说呢:"今天我在这儿休息一会儿。"

乙:这多耽误事儿啊!

甲:人家告诉他"来车了"。"嗯,什么车?"

乙:"自行车。"

甲:"不躲,让他从我身上轧过去。"人家那位骑自行车的没时间跟他讲道理,扛着自行车过去了。

乙:真不像话。

甲:过了一会儿,又告诉他:"又来车了。""什么车?"

乙："三轮车。"

甲："不躲,让他从我身上轧过去。"

乙：真耽误事儿。

甲：人家骑三轮车的也绕开他过去了。过了一会儿,又告诉他："又来车了。""什么车?"

乙："汽车。"

甲："不躲。"

乙："是救火车。"

甲："那……"

乙："不躲,让他从我身上轧过去。"

甲："那我先躲会儿。"

乙：哎,这次怎么躲啦?

甲：救火车轧死了白轧呀。

乙：看来他是装醉。

甲：你发现了吗?大家在一块儿喝酒,越是说自己醉了："哎呀,不行了,我喝多了,已经醉了。"其实他没醉。越是说自己没醉的,其实都醉了。

乙：是吗?还有这规律?

甲：你看,喝酒的时候,别的人都说自己醉了,就有两位说自己没醉。"你的酒量不行,你都醉了,我再喝一斤都没问题。"那位说："你才醉了呢,你的舌头都直了。你没醉你过来。"

乙："干什么呀?"

甲：他拿起一个手电筒,往桌子上竖着一放,然后把手电筒打开,上边儿有一个光柱,你听这话醉没醉?"你顺着这个光柱爬上去。"

乙：那能爬上去吗?

甲：那位看了看,"你别来这套。我爬上去?我爬上去,你把手电筒一关,我掉下来呀?"

练 习

听后回答问题:
1. 你觉得躺在马路上的那个人醉了没有?为什么?
2. 大家在一起喝酒,什么样的人真的醉了?什么样的人是装醉?
3. 你觉得相声中最后的那两个人醉了没有?为什么?

(二) 关于香烟

香烟传到中国,虽然只有400多年的时间,但今天,在中国9亿成年人中,吸烟人数已经达到了3.2亿,中国香烟的消费量占世界消费总量的31%,而每个吸烟的人每天吸烟的数量还在增加,10年前是每人每天吸12支,现在是16支。

大量吸烟会给人的健康带来危害。根据研究部门统计,现在中国每年死于和吸烟有关的疾病的人数是50万,预计到2025年这个数字会是现在的4倍。

从性别上看,中国成年男性吸烟人数达到60%,女性的吸烟率只有7%。但中国吸烟者中性别的差异正在缩小,有些女性把吸烟看做是现代女性的象征。

人们已经知道禁烟对身体的重要性。北京市制定了在公共场所禁止吸烟的规定,对吸烟的人限定了不准吸烟的八种场所,如医院、幼儿园、中小学等。而对宾馆、饭店等公共场所目前暂时没有规定。

听录音,填出下列数字:
1. 香烟传到中国已经有_____年了。
2. 中国有_____成年人,其中吸烟的人有_____。在成年男性中,吸烟率达到了_____;在成年女性中的吸烟率是_____。
3. 中国香烟的消费量是世界消费总量的_____。
4. 10年前是每人每天吸_____支,现在是_____支。
5. 现在中国每年死于和吸烟有关的疾病的人数是_____,预计到2025年这个数字会是现在的_____倍。

第十五课 你试过这个办法吗?

一、听力理解练习

(一) 听后选择正确答案:

1. 这次考试,小丽是我们班惟一一个得100分的学生。
   问:这句话的意思是:
   A.小丽只得了一个100分
   B.我们班只有小丽得100分
   C.只有我们班有人得100分

2. 我参加工作以后,连家都不怎么回了,只是偶尔给家里打个电话。
   问:从这句话我们知道他参加工作以后:
   A.偶尔回家
   B.不回家
   C.经常回家

3. 小明在我们班,要说聪明没有比他更聪明的了。可是学习成绩呢,没有比他更差的了。
   问:小明怎么样?
   A.不太聪明,成绩也不好
   B.很聪明,学习也不差
   C.很聪明,但学习不太好

4. 从来到这儿以后,我就没有舒服过一天,今天头疼,明天肚子疼,后天又感冒了……哎!
   问:说话人的意思是:
   A.他的身体从来就没有好过
   B.来到这儿以后,他的身体很不好
   C.他今天头疼

5. 我上大学的时候,我们班有50多位同学呢,可是现在我连他们的名字也记不全了。
   问:那些大学同学的名字,他:
   A.全不记得了
   B.全记不得了
   C.不全记得了

6. 小王和小李关系很亲密,但是小王脾气不太好,经常惹小李生气。
   问:下面哪句话是对的?
   A.小王经常生气
   B.小李经常生气
   C.小李和小王都很生气

7. 女:你了解李芳这个人吗?
   男:我不过跟她见过一两次面而已。
   问:男的意思是:
   A.虽然很了解她,但是不经常见面
   B.不太了解
   C.尽管经常见面,但是不太了解

8. 女:小李,你们单位的小王结婚了吗?
   男:他连女朋友都没有呢,更不要说结婚了。
   问:小李的意思是:
   A.小王都没有女朋友,当然还没结婚呢
   B.我们不要说结婚这件事儿
   C.小王和他的女朋友还没有说结婚的事儿

9. 女:小王,这是你新买的自行车啊?
   男:哪儿啊,早就买了。就是没怎么骑过。
   问:下面哪句话是对的?
   A.小王新买了一辆自行车   B.小王的自行车没骑过几次
   C.小王的自行车还没骑过

10. 我是从来不听天气预报的,因为听了也没用,温度湿度都是数字找不着感觉。倒是很希望有一种穿衣服的预报,很温柔地告诉你今天可不可以穿短裙,明天是不是该穿条厚的长裤,再穿一件大衣,有没有必要戴围巾、手套……
    问:下面哪句话是对的?
    A.她听了天气预报就知道该穿什么衣服
    B.她每天不听天气预报,听穿衣预报
    C.听了天气预报也不知道该穿什么衣服

(二) 听下列对话并做练习:

你试过这个办法吗?

你每天休息得好吗?有没有失眠、做噩梦的时候?你知道这些是什么原因造成的吗?要想每天都休息好,有什么好的办法吗?

重点词语例释

说到底,你还是因为工作太辛苦了……
   "说到底",插入语。表示归根到最根本的一点。
   1) 小明这次没考好,一会儿说是题太难了,一会儿说是考试的时间太短。我看说到底,就是因为他自己没有学好。
   2) 小王辞职,不是因为他不喜欢这个工作,也不是因为工资低。说到底,还是因为经理不把他放在眼里。

女：哎，老张，你怎么了？脸色不太好，是不是昨天晚上没有睡好？
男：咳，别提了！这段时间我就没睡好过。
女：我教给你一个办法，你晚上躺在床上以后就数数，1、2、3、4、5……
男：早就试过了，根本不行。都数到1000多了，眼睛还睁得大大的呢。
女：那你睡觉前吃点儿安眠药呢？
男：我可不想吃，安眠药对身体不好，而且时间长了，不吃药就睡不着，那可不行。
女：像你这样每天失眠对身体影响太大了。
男：也不是每天都失眠，偶尔也能睡着，但是睡着了就会做噩梦啊，或者有一点儿声音就醒了，早上也醒得很早，觉得没有休息够。
女：你说的这些都是浅睡眠现象，是睡眠质量不好。浅睡眠对身体的影响和失眠差不多。报纸上说，有77%的人都有这种现象。你要注意调节一下自己的身体，这样长时间下去，身体会受影响。
男：其实我现在就觉得每天都很累，精神紧张，记忆力下降，脾气也变得不好了。
女：你看，这都是睡眠不好造成的。对人来说，睡觉比吃饭、喝水更重要。有人研究过，如果不吃饭，人可以活20天，不喝水可以活7天，要是不睡觉，只能活5天。哎，对了，这个办法你试过吗？
男：什么办法？
女：晚上睡觉以前，你出去锻炼一下，跑跑步什么的，回来以后，再泡个热水澡，保准能睡个好觉。
男：这个办法倒可以试一试。不过我现在每天都要工作到晚上12点多，要是再锻炼、泡热水澡什么的，那还不得到两三点钟啊？
女：说到底，你还是因为工作太辛苦了，所以要保持轻松、愉快的心情，多放松放松自己。

练　习

1. 听第一遍录音，判断正误：
   1）老张最近每天晚上都休息不好。　　2）女的给老张想的办法，老张都试过了。
   3）77%的人有这种浅睡眠现象。　　　4）浅睡眠对身体的影响不如失眠的影响大。
   5）对人来说，睡觉比吃饭、喝水更重要。6）老张睡眠不好的原因是工作太多了。

2. 听第二遍录音，选择正确答案：
   1）女的给老张想的第一个办法，老张：　　2）女的让老张吃安眠药，老张：
      A.以前试过，不行　　　　　　　　　　　A.不喜欢吃药
      B.他听说过，觉得不行　　　　　　　　　B.他吃过，而且吃了以后很长时间睡不着
      C.他想试一试，不知道行不行　　　　　　C.觉得安眠药对身体有影响，不想吃
   3）下面哪种不是老张现在的睡眠情况：　　4）浅睡眠现象就是：
      A.每天晚上睡不着　　　　　　　　　　　A.睡眠时间太短
      B.有时候会做噩梦　　　　　　　　　　　B.睡眠质量不好
      C.早上醒得很早　　　　　　　　　　　　C.失眠

5）老张现在的身体情况，对话中没谈到的是：
   A.很累
   B.记忆力不好
   C.头疼

6）有人对睡觉、吃饭、喝水做过比较，结果是：
   A.不睡觉能活5天，不喝水能活7天，不吃饭能活20天
   B.不喝水能活5天，不睡觉能活7天，不吃饭能活20天
   C.不吃饭能活7天，不睡觉能活20天，不喝水能活5天

7）女的告诉老张的第三个办法是：
   A.要经常锻炼
   B.洗澡的时候要用热水
   C.睡觉前先去锻炼，然后再泡热水澡

8）老张觉得女的说的第三个方法：
   A.很耽误时间，他不想试
   B.虽然可能会耽误时间，不过可以试试
   C.如果耽误时间，他不想试

9）女的认为解决老张睡眠问题的根本办法是：
   A.减少工作
   B.晚上不要工作到很晚
   C.保持好的心情、放松自己

3. 理解下面每句话的含义：

1）女：哎，老张，你怎么了？脸色不太好，是不是昨天晚上没有睡好？
   男：咳，别提了！
   男的心里：
   A.很失望
   B.很难受
   C.很伤心

2）"早就试过了，根本不行。"意思是：
   A.很早以前就试过了
   B.早上试过了
   C.刚才试过了

3）"都数到1000多了，眼睛还睁得大大的呢。"意思是：
   A.他的眼睛很大
   B.眼睛一直睁得很大
   C.他还没有睡着

4）"有一点儿声音就醒了。"这句话跟下面哪句话的意思最接近？
   A.只要有一点儿声音，我就醒了
   B.因为有声音，所以我就醒了
   C.哪怕声音很小，我也会被吵醒

5）"这样长时间下去，身体会受影响。"意思是：
   A.如果这样长时间休息不好，身体就会受影响
   B.要是这样长时间走下去，身体就会受影响
   C.由于长时间休息不好，身体受到了影响

6）"那还不得到两三点钟啊？"意思是：
   A.那样的话，一定会到两三点钟
   B.那样的话，恐怕要到两三点钟
   C.那样的话，到不了两三点钟

7) "保准能睡个好觉。"跟这句话意思最接近的句子是：
   A. 果然能睡个好觉
   B. 也许能睡个好觉
   C. 一定能睡个好觉

8) "说到底，你还是因为工作太辛苦了。""说到底"的意思是：
   A. 要说最根本的原因是你工作太辛苦了
   B. 最后一个原因是你工作太辛苦了
   C. 肯定是因为你工作太辛苦了

4. 听第三遍录音，口头回答问题：
   1) 女的给老张想的第一个办法是什么？老张觉得怎么样？
   2) 女的给老张想的第二个办法是什么？老张觉得怎么样？
   3) 老张现在的睡眠情况怎么样？你仔细说一说。
   4) 浅睡眠现象对人的身体有哪些不好的影响？
   5) 为什么说睡觉比吃饭、喝水更重要？
   6) 女的给老张想的第三个办法是什么？老张觉得怎么样？

二、泛听练习

（一）说说"感冒"

在人类所有的疾病中，可以说感冒是最常见的了。几乎每个人都得过感冒，但很多人对感冒却并不真正了解，甚至还有一些不正确的认识。

很多人觉得感冒是小病，所以也就不注意它的预防和治疗。其实感冒本身不仅会给身体带来发烧、头疼这些不舒服的症状，而且由于身体的抵抗力下降，很容易引起其他一些疾病。因此有"感冒是百病之源"的说法。

还有，我们在冬天，经常会听到这样的话："穿暖和点儿，别感冒了！"人们一般认为感冒是因为寒冷，但是医学实验已经证实，这种想法是错误的。

人们一般认为打喷嚏是感冒传播的主要方式，而根据医学家调查证实，手的接触才是最主要的传播方式。在手上，感冒病毒可以存活两个小时，在东西上面，可以存活72个小时。如果感冒的人用手摸了什么地方，那么没感冒的人再去摸这些地方的时候，就很容易传染上感冒。所以预防感冒的方法就是：不要用手乱摸东西，经常洗手，不要和感冒的人握手。

练 习

下面这些关于感冒的说法对不对？
1. 感冒是最常见的病。
2. 因为感冒很容易引起别的病，所以不能把感冒看成是小病。
3. 冬天一定要穿暖和一点儿，不然会感冒。
4. 感冒的时候打喷嚏最容易传染给别人了。
5. 在东西上面的感冒病毒可以存活72个小时。

(二) 医术

　　陈东是某医科大学的高才生。毕业那年,学校想把他留在学校当老师,他不肯,偏要回到家乡———一个小县城来。

　　来到县里,他不去县医院,而是自己在县城的街上租了一间房,申请了一个营业执照,在那儿开了一个小诊所。他还担心如果病人太多,一个人忙不过来,就请了一位姓张的老头儿帮他。

　　第一天,有几个人把脑袋伸进来看了看。

　　第二天,有一个妈妈抱着孩子在门口转了一圈儿又走了。

　　第三天,有个老人进来了,说了句"你就是医生?"后又出去了。

　　直到第七天,才有一个小伙子跑进来,买了两片感冒药。

　　而在不远的北街上有一家小诊所,病人进进出出,生意很不错。

　　陈东忍不住偷偷地跑去观察,发现那医生的医术并不高,而有点儿奇怪的是:那个大夫似乎不近视,但桌子上却放了一副黑框的眼镜;还有那大夫最多30岁,诊所的名字却叫做"老田诊所"。

　　回来后陈东想了半天,看见头发花白的老张,突然拍了一下儿脑袋说:"有了。"于是第八天,诊所里多了一位白头发的老大夫,身穿白大褂、鼻子上戴着一副眼镜、脖子上也挂了一只听诊器,当然他就是老张了,并且他还坐在了原来陈东坐的位子上。陈东呢?站在了原来老张站的位置上。

　　老张不会看病,病人来了,当然还是要陈东看,老张会像对学生那样对陈东说:"这点小病,小陈,你来给看看就可以了。"

　　这样一年下来,竟然没有人看出什么问题,甚至有人说:这个诊所不错,学生就能看病,根本不用老师看。也有人说,这个诊所不比县医院差。

(根据潘高鹏《医术》改写,原载于《现代女报》)

练　　习

听后回答问题:
1. 陈东的诊所在刚开始的时候,别人对它的态度怎么样?
2. 北街的那家诊所为什么生意不错?　　3. 后来陈东想了一个什么主意?

复习(三)

一、听力理解练习

(一) 听后选择正确答案:

1. 你这样跟经理说,他要不生气才怪呢!问:这句话的意思是:

2. 老王说起妻子这些年的辛苦,他不由得哭了起来。

A. 经理一定会生气
B. 经理如果生气我会觉得很奇怪
C. 经理不会生气

问:下面哪句话不对?
A. 老王不禁哭了
B. 老王忍不住哭了起来
C. 老王忍住,不哭了

3. 山田是我们班年龄最大的学生,要说学习汉语,恐怕没有人会比他更吃力了。
问:在他们班山田怎么样?
A. 他学习没有别人吃力
B. 别人学习比他更吃力
C. 他比班上任何人都吃力

4. 别看我父亲从来不对我说爱我的话,可我知道他心里是很疼爱我的。
问:关于父亲,下面哪句话是对的?
A. 疼爱我,但是不说
B. 从来不看着我说话
C. 父亲说话的时候不要看他

5. 我最怕同屋给朋友打电话了,他一聊就是半个小时,我在房间里都不能学习。
问:他的同屋怎么样?
A. 经常打电话打很长时间
B. 经常打电话打一个半小时
C. 打电话只打半个小时

6. 小李,开车的时候慢一点儿,免得发生交通事故。
问:下面哪句话跟这句话的意思一样?
A. 开车的时候难免发生交通事故
B. 为了避免发生交通事故,开车的时候慢一点儿
C. 开车的时候慢一点儿就不会发生交通事故

7. 我的同屋是日本人,可他不会说英语;我呢,是英国人,可是不会说日语;好在我们都会一点儿汉语,不然真不知道怎么办呢!
问:下面哪句话是对的?
A. 他和同屋的汉语都很好   B. 他们不知道怎么办
C. 他们现在用汉语谈话

8. 小李是我的好朋友,难得到咱们家来一次,人家一来小明就告诉人家咱们正要出去,结果让人家坐都没坐就走了,这太不礼貌了!
问:说话人的意思是:
A. 怪小李不应该现在来   B. 怪小明没有礼貌
C. 怪自己没请小李坐

9. 小王是他们家的独子,没有兄弟姐妹,所以从小他要什么父母就给什么。
问:"独子"的意思是:
A. 独立的孩子   B. 惟一的孩子   C. 孤独的孩子

10. 小刘的妈妈生病住院了,他最近三天两头地请假,很多工作只好我替他做了。
问:小刘最近怎么样?
A. 请了两三天假   B. 请了好几天假   C. 经常请假

11. 你们别说了,这件事儿我最清楚,是你们错怪小王了。
问:他的意思是:

229

A.这件事是小王做错了,应该怪小王
B.你们错了,不应该怪小王　　　　　　　C.你们错了,应该怪小王

12. 女:明天的飞机是9点的,我们提前三个小时走怎么样?
男:不用,哪怕再晚一个小时都没问题。
问:男的意见是几点走?
A.7点　　　　　　　B.10点　　　　　　　C.8点

13. 男:老师,上个月我去广州,发现广州人说话我一点儿也听不懂。
女:就连我们中国人都听不懂,更不要说你们外国人了。
问:老师的意思是:
A.不要说你们是外国人　　　　　　　B.你们外国人更不懂了
C.你们外国人说的话我们中国人也听不懂

14. 女:我现在很少买书,想看什么书就去图书馆借,又方便又省钱。
男:新书恐怕就没那么容易借着了吧?
问:下面哪句话跟男的意思不一样?
A.新书在图书馆很难借着　　　B.从图书馆借书看也有不方便的时候
C.图书馆的新书不会借给你

15. 女:师傅,我这台电视机就有一点儿毛病,一下儿就能修好了,您现在就给我修,好吗?这样,我今天就可以拿回去了,要不我还要再来一趟。
男:你说起来倒容易,你试试看!
问:男的意思是:
A.这台电视机修起来是很容易
B.这台电视机修起来是很难的
C.我试试看吧

16. 男:这个小王,怎么搞的?又惹了这么大的麻烦!
女:他刚开始工作,没什么经验,出点儿问题也是难免的。
问:女的意思是:
A.这个问题太难了
B.这是不容易避免的　　　　　　　C.这是一定不能避免的

17. 男:这次考试的题太难了,再说考试时间又只有一个半小时,咱们孩子考这样的成绩已经很不容易了。
女:说到底啊,还是他平时没有努力学习,人家刘英怎么就考了100分啊?
问:女的认为孩子没有考好的原因是:
A.题太难、考试时间太短
B.题太难、考试时间太短、平时没有努力学习
C.平时没有努力学习

18. 男:老师,我怎么才能提高我的口语水平呢?
女:我觉得最好的办法还是要多跟中国人交朋友,多跟他们聊天儿,像你这样都不怎么跟中国人来往怎么能行呢?
问:老师认为他口语不好的原因是:

A.不知道怎么跟中国人来往
B.不常跟中国人来往   C.不跟中国人来往

19. 女:山本,这么热的天,你怎么穿上西服了?
    男:不是要去看京剧吗?当然要穿了。
    女:在中国不必这样。只要不是太随便就行,你看小王只穿一件衬衣就够了。
    问:女的意思是:
    A.小王穿一件衬衣就够热的了
    B.小王穿一件衬衣太随便了   C.穿一件衬衣就行

20. 女:哎,张明,你不是不抽烟吗?
    男:没办法,自从我自己开了这家公司以后,经常跟陌生人打交道,要是不先请别人抽烟,就办不成事儿。
    问:关于张明,下面哪句话是错的?
    A.自己开公司以后开始抽烟了
    B.为了办事儿他不得不学会了抽烟   C.他一般不请别人抽烟

(二)听下面的短文并做练习:

吃完再说

快过中秋节了,张三买了四个月饼。他想,家里人正好一人一个。

在路上走着走着,他觉得饿了,就把自己那个吃了。可是吃完以后还是饿,他想了想,又拿出爸爸的那个月饼,心想:"爸爸比我年纪大,吃的月饼也比我多。再说爸爸心疼儿子也是应该的。"说完,他就把爸爸的那个月饼也吃了。

走了没多远,肚子还是"咕噜咕噜"直响。他就又拿出儿子的那个月饼,心想:虽然说爸爸应该心疼儿子,但是他的年龄比我小得多,以后吃月饼的机会多着呢。想到这里,他就又把儿子的那个月饼三口两口地吃了。

又走了不一会儿,还是觉得饿,他又拿出最后一个月饼,也就是妻子的那个月饼。可是想了半天,也找不到吃这个月饼的理由,要说年龄呢,他俩一样,再说妻子吃的月饼也不一定比他多。怎么办呢?他终于想出了一个办法:我把这个月饼扔到地上,如果它躺在地上,我就吃了它;如果它站在地上,我就不吃。说着他就把月饼往地上一扔,当月饼快掉到地上的时候,他心想,这下该我吃了。没想到,月饼正好掉到一块石头旁边儿,而且靠着石头直立在那里。他一看生气了,大声地说:"不管你躺着还是站着,我吃完了再说。"

练　习

1. 听第一遍录音,判断正误:
   1) 中秋节以前,张三买了四个月饼。
   2) 张三家有他、妻子、两个孩子四口人。   3) 张三一共吃了四个月饼。

2. 听第二遍录音,选择正确答案:
   1) "张三买了四个月饼。他想,家里人正好一人一个。"这句话意思是:

231

A.家里人每个人可以吃一个月饼
B.家里只有一个人有一个月饼　　　C.家里正好有一个人

2)"走了没多远,肚子还是'咕噜咕噜'直响。"这句话意思是:
A.他肚子疼　　　B.他还是饿　　　C.他把肚子拍响了

3)"他就又把儿子的那个月饼三口两口地吃了。"这句话意思是:
A.那个月饼他吃了五口　　　　　　B.那个月饼他吃得很慢
C.他很快就把那个月饼吃完了

4)"妻子吃的月饼也不一定比他多。"这句话的意思是:
A.妻子吃的月饼一定不比他吃得多
B.他吃的月饼一定比妻子少　　　　C.他和妻子不一定谁吃的月饼多

3.听第三遍录音,回答问题:
1)张三吃爸爸那块月饼时心里是怎么想的?
2)张三吃儿子那块月饼时心里是怎么想的?
3)张三吃妻子那块月饼时为什么找不到理由了?
4)他最后想出了一个什么办法?你觉得这个办法怎么样?
5)当他把月饼扔到地上的时候,月饼怎么样了?
6)妻子的那块月饼他吃了没有?他是怎么说的?

二、泛听练习

对对联儿

甲:您会对对联儿吗?

乙:会呀!咱们对一副!

甲:好哇,您听着,我说"阅览室"。

乙:我对"图书馆"。

甲:我说"报刊"。

乙:我说"书籍"。

甲:我说"随便"。

乙:我说"自由"。

甲:行啊,我上联是:阅览室报刊不能随便拿走。

乙:我下联是:图书馆书籍可以自由借出。

甲:自由借出?没有借书证行吗?

乙:不行。我给您来个上联,怎么样?

甲:您给我来个难一点儿的。

乙:好,我说"体育场"。

甲:我对"游泳池"。

乙：我上联是：体育场踢球跑步。

甲：我下联是：游泳池跳水做操。

乙：哎，游泳池做什么操啊？

甲：水上体操啊，女游泳运动员的集体项目，在水上表演各种优美的动作，可好看了。

乙：那叫"水上芭蕾"。

甲：我知道。我说的"做操"就是水上芭蕾的意思。我要是说"水上芭蕾"跟你的上联就不合适了。

乙：行。不过，我的上联还可以再加上几个字。

甲：我的下联也可以再加呀！

乙：我的上联是：体育场踢球跑步不准打猎。

甲：打猎？体育场连一只兔子都没有，能打猎吗？你这不是画蛇添足吗？我看原来的上联就挺好！

乙：您不是要一个难一点儿的吗？

甲：哦，想难住我！您的上联是……

乙：体育场踢球跑步不准打猎。

甲：我下联是：游泳池跳水做操，这里做操是指水上芭蕾，是女游泳运动员的集体项目……

乙：您就别啰嗦，快说下联吧！

甲：您上联是什么来着？

乙：又忘了！体育场踢球跑步不准打猎。

甲：我下联是……您说我对得怎么样？

乙：什么怎么样？您还没说出来呢！

甲：您上联是……

乙：这么一会儿，这是第三遍了！我上联是：体育场踢球跑步不准打猎。

甲：我下联是：游泳池跳水做操禁止钓鱼。

乙：游泳池里有鱼吗？

甲：这不是跟您一样画蛇添足嘛！

问题：他们一共对了几副对联儿？请你把它们写出来。

第十六课　该听谁的？

一、听力理解练习

(一) 听后选择正确答案：

1. 要说一个人带孩子生活的困难，恐怕没有谁比我体会得更深刻。

    问：对一个人带孩子生活的困难，他觉得：

    A．没有很深刻的体会　　　　B．谁也没有很深刻的体会

C.他的体会很深刻

2. 保护原始森林,保护自然环境,对人类非常重要。遗憾的是,并不是所有的人都了解这一点。

问:说话人觉得很遗憾的是:
A.所有的人都不了解这些　　B.有的人不了解这些
C.不知道是不是所有的人都了解这些

3. 中国的"希望工程"使很多家庭生活困难的孩子能够接受学校教育。我曾经资助过三个农村孩子,其中一个今年还考上了大学,我打算继续资助他。

问:从这句话我们知道:
A.他现在资助着三个农村孩子　　B.他正在资助一个大学生
C.他以前资助过三个农村孩子

4. 今年暑假,妈妈打算带我去大连,我特别高兴,我还从来没在海里游过泳呢!

问:他为什么特别高兴?
A.他还没去过大连呢　　B.他可以见到大海
C.他可以在海里游泳

5. 我看上了小刘的一张邮票,想花100块钱买他的,可他不肯,非要送给我不可,这让我多不好意思啊!

问:下面哪句话是对的?
A.小刘觉得100块钱太便宜了
B.小刘想把那张邮票送给他　　C.他不好意思跟小刘说

6. 男:妈妈,喝水。
女:好孩子,大夫说了,刚做完手术,千万不能马上喝水。

问:谁现在不能喝水?
A.孩子　　B.妈妈　　C.大夫

7. 女:我看小刘最近挺忙的,咱们的电脑能不能请小王帮忙修一修?
男:要说修电脑啊,还非小刘不可。

问:男的意思是:
A.只有小刘才能修好他的电脑　　B.小刘一定要修他的电脑
C.他一定要让小刘修他的电脑

8. 男:我再去找小王谈谈,让他对辞职的事儿再好好考虑考虑。
女:我看他是已经下决心了,你说什么他都听不进去。

问:女的意思是:
A.你去找小王,他可能不让你进去
B.小王不会听你的话　　C.小王可能听不懂你的话

9. 按照原来的计划,我们是先去上海,再去广州、香港,然后再从香港去昆明。后来去香港的手续太复杂了,就取消了去香港的安排。

问:他们现在的安排是:
A.上海-广州-香港-昆明
B.上海-香港-广州-昆明　　C.上海-广州-昆明

10. 男：小王的妈妈得了癌症，他想把妈妈送到最好的医院去治疗，你觉得大华医院怎么样？
    女：大华医院是不是最好的医院，我不敢说。不过治疗癌症还是很有名的。
    问：女的意思是：
        A.她很害怕，不敢说　　　　　B.大华医院不是最好的医院
        C.她不能肯定地说大华医院是最好的医院

(二) 听下面的短文并做练习：

该听谁的？

遇到问题的时候，希望有人给自己出个主意，但别人给你出的主意太多又是什么感觉呢？请听录音。

古时候，在一个村子里住着爷爷和孙子两个人。有一天，他们俩拉着自己家的一头驴去赶集。

走了没多远，遇见一个熟人，他看见爷孙俩拉着驴走，就说："你们俩真傻，为什么不骑到驴身上呢？这样不是可以轻松一点儿吗？"于是爷爷就让孙子骑到驴的身上，然后二人又继续赶路。

走着走着遇见一位老大娘，她看到孙子骑在驴身上，而爷爷却自己走着，就摇了摇头，叹了口气说："哎，这孩子，太不懂事了，爷爷这么大年纪了，怎么能让爷爷自己走呢？"爷孙俩听了老太太的话，觉得有道理，于是爷孙俩换了一下，爷爷骑到驴的身上，孙子自己走。

走了没多一会儿，又遇见一位老大爷，他看到这爷孙俩，摇摇头，叹了口气说："这个当爷爷的，眼里只有自己，孙子这么小，怎么能让他自己走呢？"听了这话，爷孙俩也觉得很有道理，所以这次他俩都骑到驴的身上，心想，这回该没问题了吧。

没想到，走了不远，又遇到一位小伙子，他看到这爷孙俩，也摇摇头，叹口气说："真没见过这么狠心的人，爷孙俩都骑到驴身上，看那可怜的驴呀，快被压死了！"爷孙俩听了，赶紧跳下来。这可怎么办呢？爷孙俩都不骑不行，都骑上去也不行；孙子一个人骑不行，爷爷一个人骑也不行。怎么才好呢？他们终于想出了一个好主意，他们用绳子把驴前边的两条腿和后边的两条腿分别捆起来，然后用一根棍子把驴抬了起来。

看着这爷孙俩的样子，路上的人都奇怪地望着他们……

练 习

1. 听第一遍录音，把下面的话按故事发生的顺序排好：
   （2）路上碰见一个熟人　　　　　　　（1）爷孙俩拉着驴去赶集
   （10）周围的人奇怪地看着他们　　　（8）走了不远，遇到一个小伙子
   （4）遇见一位老大娘　　　　　　　　（9）爷爷和孙子抬着驴走
   （6）在路上遇见一位老大爷　　　　（3）爷爷让孙子骑到驴的身上
   （7）爷爷和孙子都骑到驴的身上　　（5）爷爷骑到驴的身上，孙子自己走

2. 听第二遍录音,理解下面每句话或词语的含义:

1)"走了没多远。"意思是:
   A.走了很远
   B.走了不远
   C.不要走太远

2)"遇见一个熟人。"这句话中"熟人"的意思是:
   A.很熟悉的人
   B.很熟练的人
   C.陌生人

3)"走了没多一会儿。"意思是:
   A.走了好大一会儿
   B.走了一小会儿
   C.走了多大一会儿

4)"眼里只有自己。"意思是:
   A.只能看见自己
   B.只看自己,不看别人
   C.只考虑自己

5)"真没见过这么狠心的人。"这句话中"狠心的人"是指:
   A.孙子
   B.爷爷和孙子
   C.爷爷

6)"爷孙俩听了,赶紧跳下来。"这句话中"赶紧"的意思是:
   A.紧张
   B.赶快
   C.着急

7)"看那可怜的驴呀,快被压死了。"意思是:
   A.驴快把他们压死了
   B.他们快把驴压死了
   C.他们快被驴压死了

8)别人见到他们的时候总是"摇摇头、叹口气"是什么意思?
   A.遗憾
   B.失望
   C.不同意

3. 听第三遍录音,用( )里的词回答问题:
   1)他们在路上遇到的那个熟人说什么了?(不是……吗?)
   2)遇到的那位老大娘说什么了?(太不……了、怎么能……呢?)
   3)那位老大爷说什么了?(……只有自己、怎么能……呢?)
   4)那个小伙子说什么了?(真没见过……、快……了)
   5)听了那个小伙子的话以后,爷孙俩做什么了?(分别、抬)

4. 请你讲一讲这个故事。你对这爷孙俩有什么看法?

二、泛听练习

(一) 一条裤子

阿虎新买了一条裤子,回家一试,长了三寸,没法儿穿,于是他拿着裤子去找他妈妈,想请妈妈给收拾一下儿。没想到妈妈说:"我年纪这么大了,眼睛都看不见了。再说你都娶媳妇了,为什么不让她去做?"

没办法,阿虎拿着裤子又来找媳妇,媳妇一听不高兴了,说:"我跟你结婚还不到一个月,你就让我干活?"

这可怎么办呢？妈妈不帮忙，媳妇也不帮忙。哎，对了，找妹妹去。不成想，跟妹妹一说，妹妹的脸就拉得老长："你又有妈妈又有媳妇，怎么让我做？"

阿虎很生气，心想，结婚以前如果有这种事，妈妈也会帮我，妹妹也会帮我。现在结婚了，谁都不管我了。他一生气，把裤子扔到床上，上班去了。

他走了以后，妈妈想，唉，毕竟是我的儿子嘛，我虽然年纪大了，收拾裤子这点儿活还是可以做的。于是她偷偷地拿出那条裤子，剪下三寸，然后缝好，又把裤子放在了原处。

妻子呢，看他走了，心想，他是我丈夫呀，我不帮他谁帮他呢？于是她偷偷地把裤子拿出来，剪下三寸，然后又缝好放在原处。

妹妹呢，觉得哥哥可能生气了，心想，我刚才是跟他开玩笑呢，我怎么能不帮她呢？所以她也拿出裤子，收拾了一遍然后放回原处。

等阿虎下班回来，拿起床上的裤子一看："咦，我记得是买的长裤啊，怎么变成裤衩了？"

练 习

听录音，回答问题：
1. 阿虎买的裤子有什么毛病？　　2. 妈妈为什么不帮他收拾？
3. 妻子为什么不帮他收拾？妹妹为什么也不帮他收拾？
4. 妈妈后来为什么又帮他了？她是怎么想的？妻子呢？妹妹呢？
5. 阿虎的裤子变成什么了？为什么？

（二）左右为难

一个农民正在喂猪，有一个人过来问他："你用什么喂猪？"农民回答说："我用吃剩的东西和不要的菜叶。"那人说："我是大众健康视察员。猪是供大家吃的动物，你怎么能用这些没有营养的东西去喂它？罚你一百块钱。"

过了几天，又来了一个人，他问这个农民："多肥的猪啊！你是用什么喂它的？"农民说："他吃的东西都很有营养，我每天喂它鸡、鱼还有海鲜什么的。"那人听了说："我是国际食物学会的视察员，你要知道，世界上还有三分之一的人在挨饿，你竟然用那么好的东西来喂猪。罚你一百块钱。"

又过了几天，来了第三个人，和以前那两个人一样，他也问这个农民："你用什么喂猪？"

"老兄，"农民回答："现在我每天发给他们十块钱，他们爱吃什么就自己去买什么。"

练 习

听录音，回答问题：
1. 这个农民被罚了几次？罚了多少钱？　　2. 他第一次为什么被罚？第二次呢？
3. 当第三次有人问他用什么喂猪时，他是怎么回答的？
4. 听了这个故事，你有什么想法？

第十七课　企鹅的婚恋

一、听力理解练习

（一）听后选择正确答案：

1. 从小失去母亲，其中的痛苦，只有像我这样亲身经历过的人才能体会得到呢。
   问：从这句话我们知道：
   A.他从小失去了母亲　　　　B.他现在很痛苦
   C.他现在才体会到失去母亲的痛苦

2. 小王是一个靠得住的朋友。如果朋友有了困难，他会像对待自己的困难一样去帮助朋友。
   问：下面哪句话是对的？
   A.他和小王住在一起　　　B.小王很可靠　　C.他现在有了困难

3. 小明，你的桌子上怎么这么多书啊？你把那些一时用不着的书都放到书架上去吧。
   问：他让小明做什么？
   A.把桌子上的书都放到书架上去　B.把书架上没用的书放到桌子上去
   C.把现在不用的书都放到书架上去

4. 我妈妈每个月给我500块钱。可这个月才过了一半我就花完了，下半个月我怎么过呢？想跟妈妈再要一点儿，可是我怎么说得出口呢？
   问：他怎么了？
   A.不好意思跟妈妈说　　　　B.不知道怎么样才能说出来
   C.这个月的钱他花了一半了

5. 有的大学毕业生找工作的时候，坐下来还没说几句话，就问人家工资多少，有没有房子等等，给人家留下很不好的印象，这样的学生也很难找到合适的工作。
   问：这段话的意思是大学毕业生：
   A.去哪儿找工作　　　　B.找什么样的工作
   C.找工作的时候要注意的问题

6. 女：这件事儿你打个电话告诉小王不就行了吗？
   男：打电话不好，想来想去我还是亲自去一趟吧。
   问：从上面的话我们可以知道：
   A.男的电话坏了　　　　　　B.男的以前去过小王那儿，今天还要去
   C.男的觉得去小王那儿告诉他比打电话告诉好

7. 男：今年我们要组织一个考察团去南方考察，不知道小李想不想去？
   女：这种机会他不肯不去。
   问：女的意思是：

238

A.小李肯定会去　　　　　B.小李不一定会去　　　　C.小李一定不去

8. 女:小李,你爱人出国,你怎么不一起去啊?是不是不想去啊?
   女:我怎么不想去,可是我要去了谁照顾我父母啊!
   问:小李为什么没有出国?
   A.她不太想去　　　　　B.她要是出国的话,没人照顾她
   C.她要照顾父母

9. 女:哎,师傅,同样的一种衣服,怎么你这儿比旁边儿那家商店贵这么多啊?
   男:小姐,他们店里那是什么东西啊?
   问:男的意思是:
   A.旁边那家店里的衣服不如他的好
   B.旁边那家店里卖的不是衣服
   C.不知道旁边那家店里卖的是什么

10. 女:小王,这个问题你刚才问老师,他没给你解释吗?
    男:解释是解释了,只是我还是不太清楚。
    问:关于这个问题,下面哪句话是对的?
    A.老师解释得不清楚　　　　B.虽然解释了,但是小王仍然不明白
    C.老师没有解释

(二) 听下面的短文并做练习:

企鹅的婚恋

在南极大陆生活着一种非常可爱的动物——企鹅。你喜欢它们吗?了解它们吗?你知道雄企鹅是怎么向雌企鹅求婚的吗?它们又是怎么养育自己的孩子的?

企鹅生活在南极洲,是我最喜欢的动物之一。人们喜爱它,多半是由于它那可爱的样子。其实企鹅之间的恋爱也是很有意思的。

到了成熟的年龄,雄企鹅就会到南极洲的水里,游上数十公里,直到遇见一块石头。根据它的理解,这块石头的形状和颜色一定能让它将来的妻子喜欢。然后,它就叼着这块石头,再去找它最喜欢的雌企鹅。当它遇到喜欢的雌企鹅时,它就把这块石头放在雌企鹅的脚旁边,但是它能不能成功还要看对方的表现:雌企鹅如果接受,就叼起石头回到自己的窝里。不然,就拍着翅膀,把这个雄企鹅赶走。

有时会有这样的情况:一只雄企鹅找到了一块石头,当它游回来的时候,为了休息几分钟,把珍贵的石头放在岸上。这时,另一只雄企鹅就在它不注意的时候把石头偷走,去送给自己喜欢的雌企鹅。

企鹅夫妻之间是很忠诚的。一只企鹅生病或者受伤的时候,它的爱人不会离开,即使在危险的情况下也是这样,直到这只企鹅病好了或者死去。人们常常看到这样的情景:企鹅成双成对地死在一起,因为它们中的任何一个都不愿离开另一个。

最大的一种企鹅身长有120厘米,体重30公斤。雌企鹅总是在最冷的时候产卵。它把

产下的卵放在雄企鹅的脚边,然后自己就到海里找吃的东西。雄企鹅就用自己的肚子把卵包住,两个月后,雌企鹅回来的时候,小企鹅就差不多快出来了。小企鹅出生以前,雄企鹅一直不吃东西。企鹅的这种做法是不是也很特别啊?

练 习

1. 听第一遍录音,判断正误:
    1) 企鹅是我最喜欢的动物。
    2) 雄企鹅找到它喜欢的雌企鹅以后,就会到水里找一块石头送给它。
    3) 雌企鹅如果也喜欢那只雄企鹅,它就会把那块石头叼到自己的窝里。
    4) 雄企鹅找到的石头,有时候会被别的雄企鹅偷走。
    5) 最大的一种企鹅体重有20公斤。
    6) 雌企鹅把卵产下以后,就用肚子把它包住,一直到小企鹅出来。
    7) 从雌企鹅产下卵到小企鹅出生,几乎要用两个月的时间。
    8) 小企鹅出生以前,雄企鹅一直不吃东西。

2. 听第二遍录音,选择正确答案:
    1) 人们喜爱企鹅的主要原因是:
        A. 它是南极洲惟一的动物
        B. 它的样子很可爱
        C. 它的恋爱很有意思
    2) 到了成熟的年龄,雄企鹅就会到南极洲的水里:
        A. 游泳
        B. 去找雌企鹅
        C. 去找一块石头
    3) 雄企鹅选择石头的标准是:
        A. 它自己喜欢的
        B. 将来的妻子会喜欢的
        C. 颜色很漂亮的
    4) 雄企鹅选择石头的时候,要看这块石头的:
        A. 形状和大小
        B. 大小和颜色
        C. 颜色和形状
    5) 雄企鹅找到自己喜欢的雌企鹅以后,就把那块石头放在:
        A. 雌企鹅的窝里
        B. 雌企鹅的肚子下边
        C. 雌企鹅的脚边
    6) 雌企鹅如果不喜欢这只雄企鹅,它就会:
        A. 下到海里
        B. 拍雄企鹅的翅膀
        C. 拍翅膀把雄企鹅赶走
    7) 有的雄企鹅会在什么时候去偷别的雄企鹅的石头?
        A. 雄企鹅把石头放下休息的时候
        B. 雄企鹅刚游回来的时候
        C. 雄企鹅把石头放在雌企鹅脚边的时候
    8) 如果企鹅夫妻中雄企鹅生病了,雌企鹅会:
        A. 找别的雄企鹅
        B. 离开雄企鹅
        C. 陪着雄企鹅
    9) 雌企鹅产下卵以后,就会:
        A. 把卵放在雄企鹅的脚边
        B. 每天都到水里为雄企鹅找吃的
        C. 一直不吃东西

3. 理解下面每句话的含义:
1)"雄企鹅就会到南极洲的水里,游上数十公里。"这句话中"游上数十公里"的意思是:
   A.游十公里
   B.游十几公里
   C.游几十公里

2)"但是它能不能成功还要看对方的表现。"句子中"对方"是指:
   A.雄企鹅自己
   B.它喜欢的雌企鹅
   C.别的雌企鹅

3)"企鹅成双成对地死在一起。"句子中"成双成对"的意思是:
   A.很多只
   B.两只
   C.四只

4)"它们中的任何一个都不愿离开另一个。"在课文中的意思是:
   A.企鹅夫妻互相不想离开
   B.任何一只企鹅都不想离开别的企鹅
   C.企鹅夫妻两个不想离开别的企鹅

4. 听第三遍录音,简单回答问题:
1) 雄企鹅怎样向雌企鹅表达自己的感情?
2) 雌企鹅接受雄企鹅时,会有什么表现?不接受的时候呢?
3) 在企鹅的世界里,有时会发生什么样的偷窃现象?
4) 为什么说企鹅之间的爱情是忠诚的?   5)企鹅夫妻怎样照顾它们的卵?

二、泛听练习

(一) 假如猎豹参加奥运会

奥林匹克运动会每四年举行一次,世界各国都会派出最优秀的运动员去参加比赛。但是,你想过没有,假如动物也被允许参加比赛的话,情况会怎样?

当然,首先应该确定新的比赛规则。比如,不能有集体项目,而且只进行跑步、游泳等比赛。

那么,比赛的结果呢?我想在很多项目的比赛中,人会觉得很尴尬。拿跑步来说,100米、200米、400米、800米和1500米赛的冠军,除了猎豹,还能有谁呢?因为猎豹是跑得最快的哺乳动物,可达到每小时96公里,而人类的最快速度是每小时43公里。

猎豹为什么能快速奔跑呢?这是因为猎豹的身体构造十分协调,它的腿很长,更重要的是它的腰背和肩部非常灵活,很适合于奔跑。

科学家们对猎豹的速度进行过精确的测试,结果猎豹只需要16秒就能跑完400米。人类在1988年的世界记录是由美国运动员创造的,43.29秒,比猎豹慢得多。

800米和1500米的比赛,会让人更尴尬,猎豹用32秒和1分多钟的时间跑完800米和1500米。而人类的记录分别是1分41.73秒和3分27.37秒。

但更长距离的比赛场上就看不见猎豹的影子了。原来,猎豹在快速奔跑一分钟后,需要停下来长时间地休息。如果让它跑5000米,它一定跑不过我们的运动员,人类的最好成绩是12分44.39秒。

练　习

听录音,填表(课文中没有的内容不填):

项目	400米	800米	1500米	5000米	每小时跑的距离
猎豹					
人					

(二) 鸟

　　1980年,中国鸟类学会在大连成立。1982年,广东又把每年的3月20日定为"鸟节"。这使人们更加爱鸟护鸟。

　　鸟是人类的朋友。

　　有些鸟唱歌的本领真让人赞叹。像百灵、画眉、黄鹂等鸟的歌声非常动人,人们把它们叫做"歌唱明星"。

　　有些鸟是时装设计师。像孔雀、鸳鸯、鹦鹉等鸟,它们的服装非常美丽,让人类的时装设计师、时装模特都很羡慕。

　　鸟成为人类的好朋友,还有一个重要的原因,就是它们大都是除害虫的专家。像猫头鹰、布谷鸟、啄木鸟等都是有名的"森林医生"。

　　全世界已经知道的鸟类有9016种,我国出产的鸟类有1166种。但是,近年来中国的鸟群正在不断减少,这是由于森林面积在逐渐减少、人们大量猎杀造成的。鸟类减少是大自然向人类发出的一个警告。

练　习

听录音,找出课文中没有提到的内容:

1. 北京鸟类学会成立的时间。　　2. "鸟节"在哪一天。
3. 为什么说鸟是人类的朋友。　　4. 哪些鸟会唱歌、跳舞。
5. 世界上已经知道的鸟的种类。　　6. 中国出产的鸟的种类。
7. 鸟的数量减少的原因。　　8. 怎样保护鸟类。

第十八课　该怎么说?

一、听力理解练习

(一) 听后选择正确答案:

　　1. 以前在我们这儿那些野生动物数都数不清。

　　　问:这句话意思是:

A.以前野生动物很多

B.他说不清楚以前到底有多少野生动物

C.有多少野生动物他没有数过

2. 京西饭店呀？就在这个学校的后边儿，您可以从这个学校穿过去。

问：别人要去哪儿？

A.学校　　　　　　　　B.学校后边儿　　　　　　C.京西饭店

3. 山田刚来的时候，一句中国话都不会说，现在能到这个水平，我简直连想都不敢想。

问：这句话的意思是：

A.他没想到山田现在一句中国话都不会说

B.山田现在的汉语水平很高，他一点儿都没想到

C.他想不出山田的汉语现在能到什么水平

4. 小王辞职了。经理让秘书告诉小李，小王的工作先请他代替一下。

问：现在小王的工作由谁来做？

A.经理　　　　　　　　B.秘书　　　　　　　　C.小李

5. 我觉得这部电视剧之所以这么受欢迎，是有很多原因的。首先，它反映了我们的现实生活，观众看了以后觉得很亲切、很真实。另外，演员的表演也很自然。

问：这段话的主要意思是：

A.人们喜欢这部电视剧的原因　　B.他喜欢什么样的电视剧

C.这部电视剧为什么让人觉得亲切、自然

6. 小李，你女儿钢琴弹得不错嘛！好好培养培养，说不定将来能成个大钢琴家呢！

问：他的意思是：

A.小李的女儿培养得真好　　　　B.让小李认真培养他的女儿

C.小李的女儿一定能培养好

7. 男：我看小王这几天好像心情不太好，就约他去长城玩儿了一趟，想让他散散心。到了长城，果然他好像开心多了，一直爬到了最高的地方。

女：就是嘛！环境变了，人的心情也会随着变的。

问：女的意思是：

A.随着环境的变化，人的心情也会变化

B.人的心情总是在变化　　　　C.随着心情的变化，环境也会变化

8. 女：这就是小吃一条街啊？这么多种小吃啊？

男：你看见的这些只是其中的一部分。

问：男的意思是：

A.除了这些以外，还有别的小吃　　B.这条街只有一部分是小吃

C.你看见的这些只有一部分是小吃

9. 女：小刘，你对上海熟悉吗？

男：那还用说！我去上海也不是一回两回了。

问:男的意思是:
A.他只去过一两次上海,对上海不熟悉
B.他去过很多次上海,对上海很熟悉　　C.他去上海不是一次,而是两次了

10. 女:小明,今天的五道作业题你都做完没有?
男:我呀,嘿嘿,要是做完了这一道题,再做四道,就做完了。
问:小明做完了几道题了?
A.一道　　　　　　　　　　B.四道　　　　　　　　　　C.一道也没有

(二)听下面的对话并做练习:

该怎么说?

　　在中国传统文化中,有禁忌的习俗,就是有些事情,他们认为不太吉利,是不能直接说出来的。那么该怎么说呢?听了录音你就会有所了解了。

女:哎,麦克,照片上的这个人是谁啊?
男:是我爷爷,老麦克。
女:怎么?你跟你爷爷的名字一样?
男:对啊,因为我爸爸很喜欢我,又很尊敬我爷爷,所以就让我叫爷爷的名字。
女:在中国肯定没有这种情况。在中国,晚辈的名字不能跟长辈的名字一样,也不能有发音一样的字,更不能对自己长辈直接叫他的名字。要不然,会被认为是不尊敬长辈。在古代,甚至如果有什么东西的名字和长辈名字中的字一样,都要把这种东西的名字改一下儿。
男:是吗?要是按中国的习惯,我就太不尊敬我爷爷了。我听说中国人认为有的年龄不吉利,也不能说,是吗?
女:对,是四十五、七十三、八十四、一百岁这几个年龄,这一般和历史传说有关。传说中国历史上一个很有名的人叫包公,他在四十五岁那年遇到危险,差一点儿死掉。而七十三和八十四呢,据说,跟孔子和孟子有关系,孔子是七十三岁死的,孟子是八十四岁死的,人们认为这两个年龄连他们这样的人都没有办法逃避,所以一般的人又怎么能逃避得了呢?而一百岁呢,人们认为是寿命的极限,所以也不吉利。
男:那如果到了那个年龄该怎么说呢?
女:如果你真是这些年龄,比如你今年七十三岁,也只能说,"去年七十二岁",或者"明年七十四岁"。
男:还真是挺复杂呢!
女:除了这些,还有其他一些事情也不直接说,比如,女孩子结婚要说"出门"或者"成人",而生孩子要说"有了"、"添喜了",人死了要说"去世了"、"老了"、"不在了"等等。
男:是吗?我看学汉语也应该了解这些。
女:对。

(根据任骋《中国民间禁忌》改写)

练 习

1. 听第一遍录音,判断正误:
   1) 麦克的名字跟爷爷的名字一样。
   2) 在中国,晚辈的名字不能跟长辈的名字一样。
   3) 中国人可以直接叫长辈的名字。
   4) 中国人觉得有的年龄不吉利,这跟历史传说有关系。
   5) 中国人觉得不吉利的几个年龄是45、74、83、100。
   6) 女孩子结婚可以说"添喜了"。

2. 听第二遍录音,选择正确答案:
   1) 在中国古代,如果有一件东西的名字跟长辈的名字中的字一样,他会:
      A.把长辈的名字改一改
      B.把那件东西的名字改一下
      C.不说那件东西的名字
   2) 在中国,晚辈跟长辈名字中的字:
      A.汉字不一样,但是发音一样没关系
      B.汉字一样,但是发音不一样没关系
      C.汉字和发音都不能一样
   3) 中国人不喜欢45这个年龄是因为:
      A.包公是45岁的时候死的
      B.孔子是45岁的时候死的
      C.包公45岁的时候遇到过危险
   4) 中国人觉得73、84这两个年龄不吉利是因为:
      A.孔子是73岁的时候死的、孟子是84岁的时候死的
      B.孔子是84岁的时候死的、孟子是73岁的时候死的
      C.孔子在73岁的时候、孟子在84岁的时候遇到过危险
   5) 中国人认为100这个年龄不吉利是因为:
      A.在古代没有人能活到100岁
      B.中国人认为100是寿命的极限
      C.孔子是100岁的时候死的
   6) 如果一个人今年84岁,他会说自己:
      A.今年84岁
      B.今年85岁
      C.去年83岁
   7) 人死了可以说:
      A.出门了　　B.有了　　C.不在了

3. 理解下面每句话的含义:
   1) "要不然,会被认为是不尊敬长辈。"句子中"要不然"的意思是:
      A.要是不这样的话
      B.不要这样
      C.要是这样的话
   2) "他在四十五岁那年遇到危险,差一点儿死掉。"句子中"差一点儿死掉"意思是:
      A.没有死
      B.差不多死了
      C.死了

245

3) "一般的人又怎么逃避得了呢?"意思是:
   A．一般的人怎么才能逃避呢
   B．一般的人逃避不了
   C．一般的人能不能逃避呢

4．听第三遍录音,回答问题:
   1) 麦克和他爷爷的名字一样,中国人会怎么看?在中国,晚辈和长辈的名字应该怎样?
   2) 中国人为什么会认为45、73、84、100这几个年龄不吉利?
   3) 如果你今年45岁,按中国人的习惯,你会怎么说?
   4) 对女孩子结婚、生孩子、人死了,中国人一般会怎么说?

二、泛听练习

(一) 再吃一碗

有一个老奶奶,说话很注意,从来不说有忌讳的话,比如节日的时候就不说"不"这个字,因为她觉得过节的时候说"不"字不吉利。

有一年春节,一家人坐在一起吃饭,老奶奶吃完了一碗,她的孙子问:"奶奶,您再吃一碗好吗?"

老奶奶回答:"好,好。"

孙子立刻给他盛了一碗饭,老奶奶又吃了。

奶奶吃完了,孙女又问:"奶奶,您再吃一碗?"

老奶奶想到过节的时候不能说"不",于是说:"好吧,再吃一碗。"就这样老奶奶一连吃了五碗,已经撑得一口也不能再吃了。可是不懂事的孙子还在问奶奶:"奶奶,您是不是再来一碗?"

老奶奶连忙摇头说:"不,不,不能再吃了,再吃我就撑死了。"

练 习

听录音,回答问题:
1．老奶奶为什么一连吃了五碗?
2．老奶奶最后说的话是什么?你觉得吉利不吉利?

(二) 不吉利的话

有一个小孩儿,说话总是不吉利。一天,他家的亲戚要举行婚礼,他的爸爸想带他去参加婚礼。临去以前,爸爸一个劲儿地跟他说千万不要说不吉利的话。

儿子不耐烦地说:"好了,好了,我都十几岁了,这些事儿还不知道吗?"

到了亲戚家,儿子果然很有礼貌。他的父亲很高兴。跟主人告别的时候,儿子却突然对新郎新娘说:"我今天可没有说一句不吉利的话,以后你们离婚,可不能怪我!"

听录音,回答问题:
1．这一天,爸爸带这个孩子去做什么?

2. 临去以前,爸爸对他说了什么话?
3. 这天,这个孩子说不吉利的话了吗?

(三) 吃月饼(单口相声)

我有仨儿子,他们各有特点:老大稳重,老二有幽默感,老三呀,这孩子最讨厌,说话什么也不考虑,老是说些不吉利的话。

前两天,八月十五,中秋节呀,我买了盒月饼,一回到家,三个儿子围过来,伸手就要拿月饼吃。我说:"先等会儿,我呀,出一道题,你们要是答对了,才能吃这月饼。"三个孩子说:"爸,行,您快说吧。"我就给他们出了这么个题:"什么东西圆又圆,什么东西缺半边,什么东西乱糟糟,什么东西静悄悄。"

过了一会儿,我们老大过来了:"爸,我知道。""那你说吧。""今晚的月亮圆又圆,再过十五天它就缺半边,天上星星乱糟糟,人们都睡了就静悄悄。"嘿,有点儿意思,我让他拿走了。

接着,老二过来了。这孩子说话特别幽默,经常把到我们家的客人逗乐了。"爸,我也想出来了。""那你说吧。""桌上的月饼圆又圆,咬一口就缺半边,吃到嘴里乱糟糟,都吃完了就静悄悄。"怎么样?可乐吧?得,你也拿俩月饼吧。

下边该老三了,这孩子最讨厌,老是说不吉利的话,我得好好嘱咐嘱咐他:"你可想好了再说啊。""嗯,爸,我想好了。""那你说吧。""爸和妈俩人圆又圆,要是死一个就缺半边,我们哥儿仨一哭就乱糟糟,爸和妈都死了就静悄悄。"

练 习

听录音,回答问题:
1. 他的三个儿子都有什么特点? 　　2. 他给三个儿子出了一道什么题?
3. 他的三个儿子是怎么回答的?请你在横线上写出来。

老大说:＿＿＿＿＿圆又圆,＿＿＿＿＿缺半边,
　　　　　＿＿＿＿＿乱糟糟,＿＿＿＿＿静悄悄。
老二说:＿＿＿＿＿圆又圆,＿＿＿＿＿缺半边,
　　　　　＿＿＿＿＿乱糟糟,＿＿＿＿＿静悄悄。
老三说:＿＿＿＿＿圆又圆,＿＿＿＿＿缺半边,
　　　　　＿＿＿＿＿乱糟糟,＿＿＿＿＿静悄悄。

第十九课　起名字

一、听力理解练习

(一) 听后选择正确答案:

1. 今天的作业特别多,好容易做完了,才发现有一道题看错了。
问:下面哪句话是对的?

2. 这座山太高了,我实在爬不动了。我在这儿休息一下儿,你们爬吧。
问:他现在大概在这座山的什么地方?

A.今天的作业虽然很多,但是很容易
B.他很容易就发现有一道题看错了
C.今天的作业做起来很不容易

A.山的最下边儿
B.山的中间
C.山的最上边儿

3. 他找来找去,那本书到底让他找到了。
   问:跟这句话意思差不多的句子是:
   A.那本书终于被他找到了
   B.那本书他到底找到了没有
   C.那本书果然让他找到了

4. 女:妈妈,快过来帮我一下!
   男:小华,你没看见妈妈正忙着吗?我来吧!
   问:男的意思是:
   A.让小华看看妈妈正忙什么呢
   B.妈妈正忙着呢,他来帮小华
   C.他来看看妈妈正忙什么呢

5. 女:小王,这本小说是你借图书馆的吧?放假以前可别忘了还啊!
   男:幸亏你提醒我,要不我真忘了。
   问:男的意思是:
   A.好在你提醒我,不然我会忘的
   B.你一定要提醒我,要不我就忘了
   C.谢谢你提醒我,不过我不会忘的

6. 女:小明,等等我,我都走不动了。
   男:哼,要不是你,我们早就到了。
   问:小明的意思是:
   A.不是你,是我们早就到了
   B.如果我们是你的话,早就到了
   C.就是因为你,我们现在还没到

7. 男:小李,你在干什么呢?
   女:我的车明明放在这儿了,怎么不见了?
   问:小李在做什么?
   A.在放车
   B.在看什么东西
   C.在找车

8. 男人和女人有很多不同。比如迷路了,女人一般会去问路;男人不喜欢问路,而是看地图或者靠记忆;再比如工作中遇到什么事情,男人回到家里,不喜欢跟妻子说,而妻子正相反。
   问:工作中遇到困难,妻子喜欢怎么样?
   A.不告诉丈夫
   B.跟丈夫说说
   C.不回家

9. 男:咱们去商场带1000块钱够了吗?
   女:我也不想买什么东西,用不着带那么多。
   问:女的意思是:
   A.不用带那么多东西
   B.不要买那么多东西
   C.不用带那么多钱

10. 女:明天要做手术,我心里挺紧张的。
    男:你又不是没做过手术,紧张什么!
    问:男的意思是:
    A.明天不是你做手术,不要紧张
    B.你做过手术,不要紧张
    C.明天又是你做手术,不过不要紧张

（二）听下面的对话并做练习：

起名字

中国人很重视给孩子起名字,为了给孩子起名字常常是再三考虑,但是什么样的名字才是比较好的名字呢？请听录音。

男：老师,我发现有的中国人的名字很好听。
女：是啊,中国人很重视起名字,做父母的认为给孩子起一个好的名字,会给他(她)带来好运气,甚至影响他(她)的一生。
男：什么样的名字才算是好名字呢？
女：这个当然每个人有每个人的看法,不过也有一些规律。比如你觉得李来福、张乐喜这两个名字怎么样？
男：听起来好像很吉利。
女：对。父母都希望孩子的名字要吉利。还有一些名字包含了父母对孩子的希望,比如希望孩子将来能为国家尽力、希望孩子将来能成功等等。
男：我认识兄弟两个,哥哥叫王为国、弟弟叫王为民,是不是就是这种名字？
女：对。还有一点就是名字念起来要好听。你知道汉语有四个声调,利用这四个声调起的名字,会很有节奏感。
男：这样说来,如果名字中的几个字都是一个声调的话,恐怕就不好听了。
女：就是啊,应该避免这种情况。当然还有一点就是写起来要方便。就是说名字的字形要协调,几个字不能都是笔画很多的。如果字的笔画太多,孩子不容易写。
男：就是说好的名字要听起来吉利、念起来好听、写起来方便,对不对？
女：对。
男：老师,我认识两个叫刘畅的人,好在他们俩互相不认识,所以还没有太大的麻烦。
女：现在两个字的名字越来越多,很容易同名。还有一些大姓很容易同名,就是姓这个姓的人很多,比如姓李的有1亿多人,另外还有张、王、赵、刘等姓;同名还有一个原因就是人们很喜欢用这样一些字起名字,比如：红、军、兰、涛、华、国、杰、英、刚等等,用的人多了,自然会造成同名。

练 习

1. 听第一遍录音,并判断正误：
   1) 中国人非常重视给孩子起名字。
   2) 因为每个人的看法不一样,所以起名字也没有什么规律。
   3) 中国人的名字一般都是三个字,两个字的名字非常少。
   4) 同名的原因有两个。

2. 听第二遍录音,选择正确答案：
   1) 中国人认为起一个好的名字会：　　　　2) 你认为"张有福"这个名字怎么样？

A.念起来很好听
　　B.带来好的运气
　　C.有很多同名

3) 你认为"李为国"这个名字怎么样?
　　A.名字的意思是父母希望他以后为国家尽力
　　B.笔画太多,写起来不方便
　　C.很吉利

5) 怎样才能让名字好听呢?
　　A.名字中的几个字都用同一个声调
　　B.名字中的几个字不要用同一个声调
　　C.用好听的字起名字

7) 中国人的名字有些什么变化?下面哪句话不对?
　　A.三个字的名字增加了
　　B.两个字的名字越来越多了
　　C.同名的现象增加了

9) 对话中提到的几个大姓是:
　　A.张、王、李、赵、刘
　　B.张、王、李、赵、周
　　C.张、黄、李、赵、刘

　　A.名字的意思是父母希望他以后为国家尽力
　　B.没有节奏感
　　C.很吉利

4) 关于"刘来福"这个名字,下面哪句话不对?
　　A.很吉利
　　B.没有节奏感
　　C.笔画太多

6) 怎样才能让名字的字形协调呢?
　　A.名字中的字都用笔画最少的字
　　B.名字中的字有的笔画多一点,有的少一点
　　C.不能用笔画多的字

8) 男的认识的两个叫刘畅的人怎么样?
　　A.很好
　　B.不太麻烦
　　C.互相不认识

10) 中国人起名字的时候喜欢用的一些字,对话中没提到的是:
　　A.兰　　B.英　　C.梅

3. 听第三遍录音,填空:
　1) 做父母的认为给孩子起一个好的名字,会给他(她)带来好运气,甚至影响他(她)的一生。
　2) 这样说来,如果名字中的几个字都是一个声调的话,恐怕就不好听了。
　3) 就是说好的名字要听起来吉利、念起来好听、写起来方便,对不对?

4. 简单回答下列问题:
　1) 中国人起名字的时候,一般有什么规律?
　2) 现在为什么会有这么多同名的现象?
　3) 说说你知道的中国人的名字,他们有没有什么意义?

二、泛听练习

(一) 中国人的姓

　　根据历史学家研究,中国人的姓最早出现在五六千年以前。我国最古老的姓不过30

个,而且大都带有女字旁,如姬、姜、姚等。

我国古代到底有多少姓氏呢?据统计,中国历史上先后出现过近12000个姓氏。现在我国使用的汉字姓氏又有多少呢?大概有3050个左右。其中,一个字的姓有2900多个,两个字的姓大约有100多个。而在这些姓氏中,经常用的只有100个姓氏,大约占全国总人口的60%以上,这100个姓氏按人数的多少排列的话,前十名分别是:李、王、张、刘、陈、杨、赵、黄、周、吴。在这100个姓氏中,前19个姓都是占汉族人口1%以上的大姓,其中人口最多的是李,人数超过1亿,占汉族人口的7.9%。排名第二三位的是王、张,第四五位的刘、陈,人数也都在5000万以上。另外,在我国的汉族人口中,平均每32万人共用一个姓,所以同名同姓的现象非常多。

这3000多个姓氏的分布情况如何呢?据调查统计,北京市有2225个姓氏,上海市有1640个,沈阳市有1270个姓氏,武汉市有1574个姓氏,重庆市有1245个姓氏,成都市有1631个姓氏,广州市有1802个。以上七个城市使用的不同的姓氏大约有2580多个。

练 习

听录音,判断正误:
1. 中国人的姓最早出现在五六千年以前。
2. 中国最古老的姓大都有"女"字旁。
3. 中国历史上先后出现过12000来个姓。
4. 现在中国使用的汉字姓氏有3500个,其中一个字的姓有2900个。
5. 在中国人的姓氏中,最常用的有100个,占全国总人口的60%多。
6. 在中国姓李的人有1亿多,占汉族人口的9.7%。
7. 在北京、上海、沈阳、武汉、重庆、成都、广州七个城市中,北京人使用的姓最多。

(二) 译名

在中国销售商品的时候,给商品起一个好听的名字是很重要的。

"金利来"是一个很受中国人喜爱的服装品牌。它最初的名字是 Goldlion,意思是"金狮"。这个名字对中国人来说,不但没有新鲜的感觉,而且"狮"和"死"音很接近,容易引起反感,于是生产者重新起了一个吉祥的名字:"金利来",受到了中国人的欢迎。

外国商品名字起得最好的要算"可口可乐"。原文 CocaCola 是两种植物的名字,而与原文发音最接近的是"苦口苦辣",但在30年代中国人把它译成"可口可乐",一直受到中国人的欢迎。后来可口可乐公司生产出一种新的饮料,开始叫"士必利",中国人对它反应很平淡。经过调查发现,原来中国人不喜欢这个名字。于是公司把这种饮料的名字改为"雪碧",并配上"晶晶亮,透心凉"的广告,很快就被中国人接受。

可是当前,我国不少企业给自己的产品起的名字有问题。有的明明是为老百姓生产的东西,却起名为"帝王"、"富豪"、"皇家"等等;有的明明是在国内销售的商品,却起一个老百姓不懂的外国名字。

(根据《法制日报》1996.10.12 陈光平文改写)

练 习

听录音,回答问题:
1. 这段话的主要意思是什么?
2. "Goldlion"直接翻译成汉语的话,是"金狮",为什么中国人不喜欢?
3. "士必利"和"雪碧"是同一种饮料吗?
4. 作者认为中国不少企业在给自己的产品起名字的时候有什么问题?

第二十课　换工作

一、听力理解练习

(一) 听后选择正确答案:

1. 天气这么好,与其在家呆着,还不如出去逛逛呢。
   问:他想做什么?
   A. 在家呆着
   B. 出去
   C. 还没决定

2. 招聘启事上写的要求有五年以上工作经验,我还差两年呢!
   问:他已经工作几年了?
   A. 两年
   B. 七年
   C. 三年

3. 对人一向亲切温柔的小李,今天不知怎么发起脾气来了。
   问:小李今天怎么样?
   A. 不知道怎么发脾气了
   B. 向来对别人很好
   C. 经常对别人发脾气

4. 今年我们公司不错,大家或多或少都增加了收入。
   问:下面哪句话是对的?
   A. 公司有的人增加的收入多,有的人少
   B. 公司的收入有时候多,有时候少
   C. 不知道今年的收入是多还是少

5. 上午我们正在办公室开会,突然刘秘书进来了。他小声地跟经理说了一句什么,经理很紧张,马上站起来跟小刘一起出去了。
   问:刘秘书大概跟经理说了一句什么样的话?
   A. 很高兴的话
   B. 安慰经理的话
   C. 告诉他发生了不太好的事儿

6. 男:我觉得学习汉语太难了!发音难、汉字难、语法更难。什么时候才能学会呀?
   女:麦克,不要着急,你学习自己国家的语言还要花很长功夫,更何况学习另一种语言呢!
   问:女的意思是:
   A. 学习另一种语言比汉语更难
   B. 要学好汉语得花很长时间
   C. 你为什么要学习另一种语言呢

7. 男：刚才的电话又是小王打来的,小李也不知道去哪儿了。
   女：他找小李一定是有什么急事儿,否则,不会十分钟内打过三次电话来。
   问：小王怎么了?
   A. 十分钟打了三次电话找小李
   B. 打了十分钟的电话
   C. 不会十分钟打三次电话

8. 男：春节的时候咱们一家人一起去南方旅行吧。
   女：那可要趁早买好飞机票,春节去旅行的人太多了。
   问：女的意思是：
   A. 要早一点儿买好飞机票
   B. 要买早上的飞机票
   C. 要买早一点儿的飞机票

9. 男：小李,听说你们班昨天搞了一个晚会,小王还给大家唱了一首歌?
   女：是啊。他本来就准备了一首歌,可他唱完以后,大家非让他再来一个不可。
   问：小王唱完第一首歌后,大家要怎么样?
   A. 让小王再唱一遍
   B. 让小王再唱一首
   C. 再来一个人跟小王一起唱

10. 男：这个工作我是越干越觉得没意思,有时候真想辞职。
    女：你要是辞了职,恐怕就再也找不着这么合适的工作了。
    问：女的意思是：
    A. 这个工作对你很合适
    B. 你辞了职再找一个合适的工作
    C. 你辞了职就找不到工作了

(二)听下面的短文并做练习：

换工作

　　以前,中国人找到一份工作以后,就有可能干一辈子,他们很少考虑这份工作对自己是不是合适。而现在的年轻人越来越重视自己的发展,在选择工作上也是一样。

重点及难点提示

1. <u>以</u>全县第一名的成绩考上了北京的一所名牌大学。
   "以",介词。表示凭借,用,拿。
   1) 北京足球队以1∶0胜了上海队。　　2) 她以100分的成绩取得了全班第一。

2. <u>反正</u>现在的很多事儿他都想不明白了。
   "反正"强调在任何情况下都不改变结论或结果。前一小句中常有"无论"、"不管"或表示正反两种情况的词语。多用在主语前。
   1) 不管贵还是便宜,反正我不买。　　2) 无论你怎么说,反正我不相信。

　　张大爷从小就生活在农村,一辈子连县城都没去过,可他的儿子有<u>出息</u>,前些年参加高考,以全县第一名的成绩考上了北京的一所名牌大学,张大爷高兴得几天都合不上嘴。

　　四年以后,儿子继续读研究生,又过了三年,毕业以后留在大学当老师,成了高级知识分

253

子。每年的寒暑假,有将近三个月的假期,让那些在公司工作的同学非常羡慕。学校的生活也很安静。但是有一点让小张不太满意,就是他的工资跟那些在公司工作的同学比起来,实在太可怜了。于是小张下决心离开学校,来到一家大公司。虽然只是一个小职员,但是一个月挣的钱比张老汉一年挣的都多,还经常往家里寄钱,张大爷自然是高兴得不得了,村里人更是好不羡慕。可是没想到,上个月儿子突然来信,说他不在那家大公司工作了,到一家小公司去了,工资也比以前少了。张大爷觉得很失望,有挣钱多的工作不做,偏去做挣钱少的工作。村里人也开始议论,怀疑张家的儿子做了什么见不得人的事儿,让公司炒了鱿鱼。张大爷连忙给儿子写信寻问原因,几天后收到儿子的回信,信中说以前在大公司工作,虽然挣钱不少,但没有成就感,也不太被领导重视。现在在小公司虽然钱挣得少了,但是现在是公司的副经理,觉得很满足等等。张大爷越看越糊涂,成就感?什么是成就感?难道钱挣得多还没有成就感?哎,反正现在的很多事儿他都想不明白了。

练 习

1. 听第一遍录音,判断正误:
   1) 张大爷生活在农村,从来没去过县城。 2) 张大爷的儿子前年考上了大学。
   3) 小张考大学的时候成绩是全班第一名。 4) 小张考上了北京大学。
   5) 小张在大学学习了七年。 6) 小张一共换了三次工作。

2. 听第二遍录音,选择正确答案:
   1) 小张在大学工作时,同学们羡慕他什么?
      A.生活很安静
      B.有将近三个月的假期
      C.工资很高
   2) 小张离开学校去大公司是因为:
      A.他被学校炒了鱿鱼
      B.在学校工作没有成就感
      C.在学校工资太少了
   3) 小张在大公司:
      A.是副经理
      B.一个月挣的钱不如张大爷一年挣的多
      C.常常给张大爷寄钱
   4) 小张在大公司工作,张大爷:
      A.很高兴
      B.不高兴
      C.很失望
   5) 小张在大公司工作,村里人:
      A.很羡慕
      B.不羡慕
      C.怀疑他是被炒了鱿鱼
   6) 小张离开大公司去小公司是因为:
      A.大公司工资很低
      B.他被大公司炒了鱿鱼
      C.在大公司不被重视、没有成就感
   7) 小张在小公司:
      A.是小职员
      B.工资比较多
      C.是副经理
   8) 小张去小公司工作,张大爷:
      A.很高兴
      B.很生气
      C.不理解
   9) 小张去小公司工作,村里人:
      A.很失望
      B.不理解
      C.怀疑他被炒了鱿鱼
   10) 小张认为有成就感就是:
      A.挣钱多
      B.被重视
      C.在大公司工作

11）张大爷认为有成就感就是：
A.挣钱多　　　B.在大公司工作　　　C.当经理

3. 理解下面每句话的含义：
1)"张大爷高兴得几天都合不上嘴。"这句话是说张大爷每天：
A.都在笑　　　　　B.很吃惊　　　　　C.嘴不舒服
2)"他的工资跟那些在公司工作的同学比起来,实在太可怜了。"意思是：
A.他很可怜　　　　B.他的工资很少　　　C.那些同学很可怜
3)"村里人更是好不羡慕。"意思是：
A.村里人不羡慕　　B.村里人很羡慕　　　C.村里人有点儿羡慕
4)"村里人也开始议论,怀疑张家的儿子做了什么见不得人的事儿,……。"
这句话的意思是村里人怀疑张家的儿子：
A.眼睛坏了　　　　B.找不到了　　　　　C.做了不好的事儿
5)"难道钱挣得多还没有成就感？"意思是：
A.挣钱多就没有成就感　　B.挣钱多就应该有成就感
C.挣钱多了就有成就感吗

4. 听第三遍录音,回答问题：
1) 小张换过哪几次工作？
2) 说一说他做第一份工作时的情况。他为什么换了工作？
3) 说说他做第二份工作时的情况。后来为什么又换了工作？
4) 说说他做第三份工作时的情况。
5) 对于"成就感",小张和爸爸有什么不同的理解？

二、泛听练习

（一）招聘启事

我们北京少年儿童服务中心为了给小学生介绍家庭教师,为想做家庭教师的人提供工作机会,最近开展了介绍家庭教师的业务。
1. 家庭教师服务的项目：
1) 专长辅导：有外语、音乐、舞蹈、美术、书法等。
2) 定时辅导：为双职工家长接送孩子并辅导家庭作业。
3) 考试前辅导：主要在期中、期末考试前进行突击性的辅导。
4) 假期辅导：在寒假和暑假期间辅导作业或补习功课。
2. 家庭教师的条件：
1) 大学三、四年级的在校学生或大中小学教师以及退休教师。
2) 了解儿童心理,有一定的教学经验。
3) 身体健康。

4）有北京市户口。
3. 报名手续及时间：
　　1）报名时请携带您的学生证或工作证以及一张一寸照片。
　　2）报名时间：从1月7日到1月27日，每周三、周六下午2点到8点；周日9点到16点30分。
4. 地址：北京建国门外大街9号（坐地铁在建国门站下车即到）
5. 电话：65150044 转 221　　呼机号：66771166 呼 26117
6. 联系人：张小姐、李先生

练 习

听录音，判断正误：
1. 这是中国少年儿童服务中心的招聘启事。
2. 这个启事招聘家庭教师。
3. 家庭教师可以帮助双职工家长接送孩子。
4. 大学生都可以报名当家庭教师。
5. 报名时要带一张照片。
6. 报名时间是7月1日到7月27日。
7. 星期三到星期六的下午2点到8点可以报名。
8. 报名地址是北京建国门外大街6号。
9. 呼机号是66771166呼26117。
10. 联系人是姜(Jiāng)小姐、李先生。

（二）什么样的人可以进公司？

　　这是一家原来只有十多个人的小公司，但是现在已经是一个有一千人的大公司了。其中一个重要的原因就是他们招聘的时候选择人的方法跟别的公司不一样。

　　首先它们要看应聘的人说话声音的大小。他们准备好一篇文章，让来参加考试的人念。一般声音大的人对自己有信心。

　　然后再看吃饭吃得快慢。他们给每一个来考试的人准备一份米饭，并对他们说："午饭已经准备好了，请大家不要着急，慢慢儿吃。大家吃完以后我们再考试。"虽然说了请慢慢吃，但是还是有人十分钟就吃完了饭。这些人后来都进了公司。因为吃饭快的人，身体一般都很健康。

　　另外还要看打扫厕所打扫得干净不干净。打扫的时候只能用自己的手，不能用工具。有人打扫完以后，好像打扫得很干净，但是很多地方还是很脏。打扫得很干净的人，做事很认真。

　　考试的时候来得早晚。一般上班来得早的人，工作成绩都很好；总是迟到的人，工作也不太好。

练 习

下面哪种人不能进这家公司？为什么？
1. 说话声音太大的人。
　　说话声音很小的人。
2. 吃饭比较慢的人。
　　吃饭比较快的人。
3. 打扫厕所打扫得很干净的人。
　　打扫厕所打扫得不太干净的人。
4. 考试的时候来得很早的人。
　　考试的时候迟到的人。

复习（四）

一、听力理解练习

（一）听后选择正确答案：

1. 西瓜便宜了，四毛一斤，十斤以上的五毛一斤。

    问：买一个九斤的西瓜多少钱？

    A. 三块六

    B. 两块七

    C. 三块钱

2. 肯定是小明在学校犯了什么错误，否则，老师不可能叫我们赶快到学校去。

    问：从这句话我们知道：

    A. 老师没有让他们到学校去

    B. 老师让他们赶快到学校去

    C. 老师不可能让他们到学校去

3. 丽丽，一会儿大夫打针的时候，千万不要喊叫啊，你一喊叫，他会紧张，那样会更疼的。

    问：谁不能喊叫？

    A. 丽丽

    B. 大夫

    C. 说话的人

4. 潘教授对大熊猫进行了数十年的观察、研究，终于得出了这样一个结论。

    问：潘教授研究大熊猫多少年了？

    A. 几十年

    B. 十几年

    C. 十年

5. 王丽，我下个星期要去参加一个朋友的婚礼，你帮我好好设计设计，穿什么样的衣服比较好？

    问：下面哪句话是对的？

    A. 王丽设计得很好   B. 王丽一定会帮我设计得很好

    C. 让王丽认真帮她设计设计

6. 小王大学毕业以后在深圳找了一份工作，他女朋友不是在深圳上大学嘛。

    问：下面哪句话是对的？

    A. 小王之所以去深圳工作，是因为他女朋友在那儿上学

    B. 小王的女朋友之所以去深圳上学，是因为小王在那儿工作

    C. 小王在深圳找工作并不是因为他女朋友在那儿

7. 听说北京的京剧演员要到咱们这儿演出？哎，我要不是这么大年纪，非去看看不可。

    问：说话的人怎么样？

    A. 一定要去看看   B. 年纪不是很大

    C. 年纪大了，不能去看了

8. 这些年中国的经济发展很快，人们的生活水平也有了很大的提高，可在二三十年以前，这种生活简直连想都没敢想过啊。

    问：下面哪句话是对的？

    A. 他没想过二三十年以前的生活什么样

B.现在的生活跟二三十年以前完全不一样

C.二三十年以后的生活会比现在更好

9. 今天不知道怎么搞的,从一出门就开始堵车,就这么点儿路竟然走了一个半小时,等我赶到火车站已经差五分十点了,差一点儿没赶上火车。

问:他到火车站的时候火车开走了吗?

  A.还没走   B.刚刚开走   C.早就开走了

10. 男:咱们今天考试的地方改了,小王说他不知道,结果今天考试没能参加,他正在那儿生气呢!

女:我又不是没通知过他,他怪谁啊?

问:女的意思是:

  A.没有通知过小王   B.已经通知过小王了   C.不是她通知的小王

11. 女:哟,佳佳这是怎么了?哭什么啊?

女:咳,她今天非要跟我一块儿去公园不可,我今天有点儿事,让她爸爸带她去吧,她还不答应。

问:佳佳怎么了?

  A.她一定要今天去公园   B.她今天一定要去公园

  C.她今天一定要跟妈妈去公园

12. 女:听说你们班今年有很多同学都考上大学了?王丽考上没有?

男:李华都考上了,更何况王丽呢!

问:男的意思是王丽:

  A.考上了   B.没考上   C.不知道考上没有

13. 女:姐姐,你看,这种布多漂亮!我用这种布做条裙子怎么样?

女:你身材很好,与其买布做裙子,不如直接买裙子。像我这种身材就不得不买布做了。

问:姐姐的意见是:

  A.买布不如买裙子   B.买裙子没有买布好   C.只好买布

14. 女:老王,我们想请小李到咱们公司来,您跟他熟悉,能不能跟他谈谈?

男:他同意不同意,我可不敢说;不过经理,你放心,我肯定会去尽力说服他。

问:老王的意思是:

  A.他不敢去跟小李说   B.小李要是不同意,他不敢告诉经理

  C.他不能保证小李一定会同意

15. 男:妈,这种药的说明书您没有仔细看吗?有高血压的人不能吃!

女:是吗?幸亏没吃过几次。

问:女的意思是:

  A.好在我还没吃过这种药 B.这种药我只吃过几次   C.忘了吃过几次了

16. 男:咱们自从有了这个孩子,我看你眼里就只有孩子了。哎,我已经成了可有可无的人了。

女:孩子这么小,当然要多照顾他一些了。

问:男的觉得女的怎么了?

　　　　A.女的只看见孩子　　　　B.女的眼睛不好了　　　C.女的只关心孩子

17. 女：我听说老王这个人脾气可有点儿怪。你这次跟他一起去出差,可要注意点儿。
　　男：我跟他接触也不是一次两次了,你放心吧。
　　问：男的意思是：
　　　　A.他跟老王接触过很多次　B.他跟老王接触过一两次
　　　　C.他跟老王不是接触过一次,而是两次

18. 男：你看我的作业本上老师写的话："希望下次做作业的时候,字要写得更清楚一点儿。"老师是不是表扬我字写得很清楚啊？
　　女：什么呀,这不明明是在批评你吗？
　　问：女的意思是：
　　　　A.老师是在表扬你　　　　B.老师不是批评你　　　C.老师是在批评你

19. 这几年随着人们环境意识的不断加强,越来越注意保护自然环境了。经过几年的努力,我们这儿山也绿了,水也清了,空气也新鲜了,在这么好的环境里,人也觉得越活越有精神了。同时随着环境的变好呢,人们保护环境的意识就更强了,也就更自觉地保护环境了。
　　问：下面哪句话跟上面的话意思不一致？
　　　　A.人们注意保护环境是因为环境意识加强了
　　　　B.只有环境变好了,人们的环境意识才会加强
　　　　C.要很好地保护环境,最根本的就是要加强人们的环境意识

20. 在生活中,我们经常会听到一些借口。上班迟到了,会说"路上堵车"、"手表停了",或者"家务事太多"；考试不及格,会说"题太难了"、"题太多了"；工作没有做好,有借口；做生意赔了钱,有借口；只要细心去找,借口总会有的。找到借口的好处是能把自己的错误掩盖住,把自己的责任推卸掉,心理上得到平衡。但是长期这样继续下去,是很有害的,因为有各种各样的借口可以找,人就会不再努力,不再想方设法去争取成功。
　　问：
　　(1)在这段话中"借口"一词的意思是：　　　　(2)这段话是说做错了事：
　　　　A.说出事情的原因　　　　　　　　　　　　　A.应该找一个借口
　　　　B.为自己做错的事找理由　　　　　　　　　　B.怎样找借口
　　　　C.借别人的东西　　　　　　　　　　　　　　C.不应该找借口

(二)听下面的对话并做练习：

两个画家

　　有两个好朋友张三和李四,他们都是著名的画家,水平很高,人们都说他们画什么像什么,跟真的一样。但是谁的水平更高一些呢？有人说张三的水平要比李四高,有人说张三的水平比不上李四。张三听到这些议论,不太在意,觉得这些人很无聊；李四听有人说张三的水平比他高,心里觉得不舒服,他实在受不了。他终于决定要和张三比一比,看到底谁画得好,谁的水平高。于是他和张三约定,三天以后,每个人画出一幅画,比赛以前先用一块白布

盖上,比赛的时候再打开,让大家看看,谁的画儿画得像,能达到以假乱真的程度,谁就是胜利者。

　　三天很快就过去了。到了比赛的这天,他们俩都拿出了自己的作品,同时也来了很多人观看这场比赛。比赛开始了,李四先把他那幅画上的白布拿开,"哇……"人群中发出一阵惊叹,画儿上画的是一束玫瑰花,花上还有露水,就像是早上刚刚摘下来的一样。忽然,更让人惊奇的事发生了,一只小蜜蜂飞过来,落在那幅画上,在玫瑰花上爬来爬去。"快看呀,小蜜蜂还以为是真花呢!""太棒了!"有人大声地喊道。李四听了,心里乐开了花。他得意地看了看张三,说:"先生,把您画上的白布拿开吧。"张三轻轻地笑了笑说:"实在对不起,那块白布拿不下来,是我画上去的。"

练　　习

1. 听第一遍录音,判断正误:
　1) 张三和李四都是很有名的画家。　　　2) 对别人的议论,张三和李四的态度不一样。
　3) 他们约定每个人画一束玫瑰花,看谁画得像。
　4) 李四画的是一束玫瑰花和一只小蜜蜂。　5) 比赛的结果是张三的水平比李四高。

2. 听第二遍录音,选择正确答案:
　1) "人们都说他们画什么像什么。"这句话的意思是:
　　A.他们画的东西都很像　　　　B.他们想画什么就画什么
　　C.人们让他们画什么,他们就画什么
　2) "张三的水平比不上李四。"这句话的意思是:
　　A.张三的水平比李四高　　　　B.张三的水平不比李四高
　　C.张三的水平不能跟李四比
　3) "李四听了,心里乐开了花。"这句话的意思是李四:
　　A.笑了　　　B.看见了一朵花　　　C.心里很高兴
　4) "那块白布拿不下来,是我画上去的。"从这句话我们知道:
　　A.那块白布是他画的　　　　B.他的画儿画在一块白布上
　　C.白布的上边儿放着他的画

3. 听第三遍录音,回答问题:
　1) 三天前他们是怎么约定的?　　2) 李四画的玫瑰花像不像?为什么?
　3) 张三画的是什么?他画得像不像?为什么?
　4) 你觉得张三和李四谁的水平更高一些?为什么?

二、泛听练习

尔想学唱这首歌吗?请你写出歌词:

一封家书

　　亲爱的<u>爸爸妈妈</u>:
　　你们好吗?现在<u>工作</u>很忙吧?<u>身体</u>好吧?

我现在在广州挺好的,爸爸妈妈不要太牵挂。虽然我很少写信,其实我很想家。
爸爸每天都上班吗?管得不严就不要去了,干了一辈子革命工作,也该歇歇了。我买了一件毛衣给妈妈,别舍不得穿上吧。以前儿子不太听话,现在懂事他长大了。
哥哥姐姐常回来吗?替我问候他们吧!有什么活就让他们干,自己孩子有什么客气的。
爸爸妈妈多保重身体,不要让儿子放心不下,今年春节我一定回家。
好啦,先写到这儿吧!
此致敬礼! 此致那个敬礼! 此致敬礼! 此致那个敬礼!

第二十一课 "前后左右"和"东西南北"

一、听力理解练习

(一) 听后选择正确答案:

1. 小王和小李是由小刘介绍认识的。
 问:下面哪句话是对的?
 A. 小刘介绍小王和小李认识 B. 小李介绍小王和小刘认识
 C. 小王介绍小李和小刘认识

2. 哎,小王,你给我留个电话号码吧,或者呼机号也行,以后有什么事咱们好联系。
 问:他要电话号码或呼机号是因为:
 A. 他有事儿要找小王 B. 他觉得这样比较好
 C. 以后联系比较方便

3. 这位教授是环保专家,我看过很多他写的关于环境保护的文章。
 问:下面哪句话是对的?
 A. 我看过很多关于他保护环境的文章
 B. 我看过他写的很多关于环境保护的文章
 C. 我写的很多关于环境保护的文章给他看过

4. 今天的作业一个小时无论如何也做不完。
 问:下面哪句话是对的?
 A. 今天的作业一个小时不可能做完
 B. 今天的作业他不知道该怎么做 C. 今天的作业他没有做完

5. 你这当妈妈的太累了,小华都这么大了,你还帮他铺床。早就应该让他自己动手了。
 问:说话人的意思是:
 A. 让小华自己铺床 B. 让小华的手动一动 C. 让小华帮一下忙

6. 老师对学生的态度会对学生有很大的影响。如果批评过多,会影响学生的自信心,应该以鼓励代替批评。
 问:他的意思是:

A.老师应该多批评学生　　　　　B.应该鼓励学生,不应该批评
C.有时候要鼓励学生,有时候也要批评

7. 女:小李,这么高兴!吆,收到公司的录取通知了?还不赶快告诉你妈妈去!
   男:是啊,是啊。这不是还没来得及吗!
   问:男的意思是:
   A.他来不及告诉妈妈了　　　　B.现在告诉妈妈还来得及
   C.刚才一直没时间告诉妈妈

8. 女:哎,你看小王跑得最快了。今天的比赛没准儿小王得第一呢!
   男:他呀,总是开始的时候跑得很快,谁也追不上他。可是跑了一圈以后,他就会慢下来的。
   问:男的说小王怎么样?
   A.跑得越来越慢了　　B.以后他会下来的　　C.后来会越跑越慢

9. 男:小李,你知道吗?老刘已经出院了。
   女:是吗?我本来还打算今天去医院看看他呢。既然已经出院了,我就去他家看看吧。
   问:女的要做什么?
   A.去医院看老刘　　B.去老刘家看老刘　　C.看看老刘是不是出院了

10. 看来我还得搬家,这次倒不是因为邻居有孩子。我们楼上有一家养了很多鸟,早晨天刚亮,小鸟就开始叫,才四五点钟就不能再睡了。我本来睡眠就不好,再让那些小鸟一吵,每天更休息不好了。你说我不搬家行吗?
    问:他这次为什么要搬家?
    A.邻居家的孩子很吵　　B.楼上的小鸟很脏　　C.楼上的小鸟很吵

(二) 听下面的对话并做练习:

"前后左右"和"东南西北"

　　你也许已经发现,中国的南方人和北方人有很多不同。就连在方向的表达上也有一些不同,这一点不知道你发现了没有?

重点及难点提示

北方经常是晴天,一天到晚太阳都挂在天上。
　　"一天到晚"表示从早上到晚上整天都做某事或处于某种状态,天天如此。
　　1) 她一天到晚都在学习。　　　2) 最近他很忙,一天到晚在办公室工作。

女:张东,我告诉你吧。我第一次来北京的时候,跟一个人问路,去公共汽车站怎么走,他说:"您一直往北走,到十字路口往西拐,马路北边就是了。"然后我又问他:"对不起,请问,哪边儿是'北'呢?"那个人就愣愣地看着我,好像我这个人很奇怪,竟然不知道哪是"北"!
男:你这才真是找不着北了!
女:你不知道,我们南方人不习惯用"东西南北"表示方向,一般都说"前后左右",比如"您一

直往前走,到十字路口往左拐,马路右边就是了。"这样多清楚啊!因为"前后左右"根据你自己的身体就可以判断了,"东西南北"得根据太阳和街道来判断,第一次到北京的外地人当然弄不清楚了。

男:这可能是南方人和北方人的习惯不一样。

女:还有,北京的司机,他们不是根据地址路名认识路的,而是靠周围的环境,比如,过了路口,有一棵树,再往前,有一座红房子。但是如果他们去一个新地方,就会比较麻烦,会白白浪费很多时间。而我们上海的司机有很强的推理能力,他根据路名就可以把你送到要去的地方。

男:我想这种习惯的不同可能有很多原因。比如天气,南方常常阴天下雨,从早到晚不见太阳,如果人们没有随身带着指南针,恐怕很难分出东西南北。北方经常是晴天,一天到晚太阳都挂在天上,东西南北也就容易分辨。

女:肯定跟天气有关系。不过可能跟地形也有关系。南方山很多,在城市里,房子就建在山的周围,这样街道也就弯弯曲曲的,不像北方,城市里一般没有山,街道也总是方方正正的,不是东西向的,就是南北向的,东南向或西北向的街道很少,所以生活在这里的人们,对东南西北非常清楚,不像南方人那样模糊。

男:对啊,有的习惯就是由环境造成的。

练 习

1. 听第一遍录音,判断正误:

1) 女的不是北方人。　　　　2) 女的第一次来北京的时候分不清东西南北。

3) 给别人指路的时候,南方人习惯用"东西南北",北方人习惯用"前后左右"。

4) 北京的司机靠周围的环境来认识路。

5) 南方人和北方人这个习惯的不同跟天气、地形有关系。

6) 人们的一些习惯跟环境有关系。

2. 听第二遍录音,选择正确答案:

1) 女的觉得用"前后左右"比较清楚是因为:

　　A.她习惯用"前后左右"

　　B."前后左右"根据自己的身体就可以判断出来

　　C."前后左右"根据周围的街道就可以判断出来

2) 女的觉得外地人来北京不容易弄清"东西南北",是因为:

　　A.北京的街道是弯弯曲曲的

　　B."东西南北"要根据周围的街道才能判断出来　　C.北京经常阴天

3) 北京的司机如果去一个没去过的地方,常常会:

　　A.浪费很多时间　　　B.很顺利　　C.根据路的名字就可以找到

4) 上海的司机:

　　A.不是根据地址路名来认识路的　　B.去一个没去过的地方会很麻烦

　　C.有很好的推理能力

5) 表示方向的时候,南方人和北方人这种不同习惯跟天气有关系,因为:
   A. 南方经常阴天,北方晴天比较多　　B. 南方多晴天,北方阴天比较多
   C. 南方比较暖和,北方很冷

6) 南方人和北方人这种不同习惯跟地形有关系,因为:
   A. 南方有山,北方没有山　　B. 南方城市里也有山,北方城市里一般没有山
   C. 南方山比较少,北方山比较多

7) 南方的街道多是:
   A. 弯弯曲曲的
   B. 方方正正的
   C. 东西向或南北向

8) 北方的街道多是:
   A. 弯弯曲曲的
   B. 方方正正的
   C. 东南向或西北向的

3. 理解下面每句话的含义:
   1) "那个人就愣愣地看着我。"意思是那个人:
      A. 很害怕　　　　B. 很紧张　　　　C. 很吃惊

   2) "从早到晚不见太阳。"意思是:
      A. 从很早到很晚都见不到太阳　　B. 从早上到晚上都见不到太阳
      C. 从很早到晚上都见不到太阳

   3) "如果人们没有随身带着指南针,恐怕很难分出东西南北。"这句话的意思是:
      A. 告诉人们出门的时候要带着指南针
      B. 告诉人们怎样才能分出东西南北　　C. 说明要分辨东南西北很困难

   4) "一天到晚太阳都挂在天上。"句子中"一天到晚"的意思是:
      A. 一直到晚上　　　B. 从早上到晚上　　　C. 每天

4. 听第三遍录音,回答问题:
   1) 在表示方向的时候,南方人的习惯跟北方人有什么不同?(东西南北、前后左右)
   2) 女的第一次来北京时问路,那个人是怎么告诉她的?如果按南方人的习惯怎么说?
      (一直、拐)
   3) 女的觉得用"东西南北"或"前后左右"哪个比较清楚?(根据、判断)
   4) 北京的司机跟上海的司机有什么不一样?(不是……,而是……、靠、根据)
   5) 在表示方向的时候,南方人的习惯跟北方人不一样,这是什么原因?(天气、地形、弯弯
      曲曲、方方正正)

二、泛听练习

(一)东南西北话男人

中国每个地方的女士们性格有很大的不同,这在报纸杂志上经常有文章分析。其实,中国各地的男士们也有各自的特点。

先说北京的男人,他们最爱说话,甚至喜欢和陌生人聊天儿,这在中国其他城市是不多见的。许多出租车司机习惯于在车上向他的乘客讲述他的见闻,一口的北京话,很好听,一路听下去,使乘客忘记了烦恼。

上海的男士对人很有礼貌,但是你很难了解上海男人真实的想法。在他们的家中,女人占有重要的地位,丈夫对妻子,态度非常和蔼,让人觉得上海的女人很幸福。

东北的男士很豪放。他们喜欢喝酒,但一般不在家里喝。西式的快餐在东北始终兴旺不起来,因为无论是"麦当劳"还是"肯德基"都不允许顾客喝酒。对于女人,他们往往表现得特别友善,而一对夫妇在公共场合出现时,丈夫通常扮演"保护者"的角色。

广东的男人大概是最容易认出来的——短而结实的身体,比较黑的皮肤,大嘴巴、大鼻子、大眼睛。他们瘦而不弱,精力非常充沛。在中国最会做生意的是广东的男人,同时他们又很慷慨大方,赞助和捐款活动在广东很容易展开。

(根据左丹慧文章改写)

练 习

听录音,把相关内容用线连接起来:

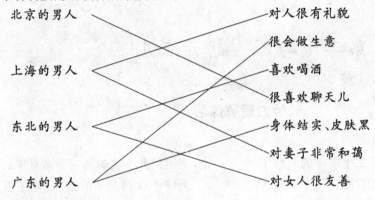

(二) 东西方女性

在美国的夏威夷流行着一个笑话:在一个风很大的地方,站着三个不同国籍的女孩子,大风一吹,双手按着帽子的是美国女孩儿,双手按着裙子的是日本女孩儿,一手按帽子,一手按裙子的是中国女孩儿。

这叫"一阵风看世界"。东西方女性的不同点,一下子就看得一清二楚。美国女孩儿新潮大胆,裙子被风吹起来没关系,帽子可是钱买的呀;日本女孩儿比较保守,帽子掉了可以再买,裙子飘起来羞死人了;中国女孩儿嘛,帽子吹掉了太可惜,裙子被吹起来太丢人。

另外,从女人走路的姿势和神情,大概就可以看出这个国家女人地位的高低。

在德国,女人走起路来抬头挺胸,充满自信。在德国的一个啤酒屋里,一位先生请客,看他高兴得什么似的,一问才知道,原来是他的太太答应明年生一个小孩儿。在德国,结婚以后,要不要生小孩,多由女方作主。这样一来,女人走路,能不神气吗?

在亚洲,以中国香港女人走路的姿势最中性化,女人和男人走路差不多。而日本的传统妇女,走路大多弯着腰低着头,大概在家里的地位也不高。

(根据 黄维芷《淑女东西说》改写)

练 习

听录音,把相关内容用线连接起来:

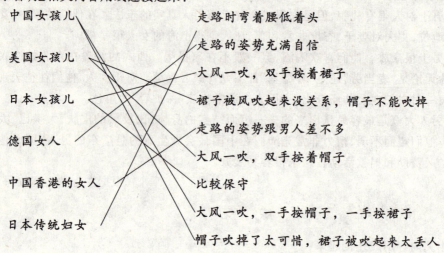

第二十二课　想开点儿

一、听力理解练习

(一) 听后选择正确答案:

1. 刘老师已经搞了二十多年的教学工作,很受学生们的欢迎。
   问:下面哪句话是对的?
   A.刘老师欢迎学生们来学习
   B.刘老师来了,学生们欢迎他
   C.学生们很喜欢刘老师

2. 老王的儿子去美国一个多月了。今天终于收到儿子的信了,老王看了一遍又一遍,还是觉得看不够。
   问:老王收到儿子的信以后:
   A.看了两遍
   B.看了很多遍
   C.看了一遍,还想再看一遍

3. 因为不能胜任那份工作,小李不得不调离了原来的单位。
   问:小李怎么样了?
   A.不喜欢那份工作
   B.只好去别的单位了
   C.非离开原来的单位不可

4. 今年7月,我由一个大学生变成了一个公司职员,觉得一切都很新鲜,当然也有很多不适应的地方。
   问:他现在是什么人?
   A.刚入学的大学生
   B.快参加工作的大学生
   C.刚参加工作的大学生

5. 我们几个都很喜欢中国的艺术,中国的音乐呀、书法呀、京剧呀,都很喜欢,我尤其喜欢京剧。

6. 今年春节期间,将会有几百万人坐火车回家过春节,虽然经过交通部门的各种努力,仍然不能保证每个

问：下面哪句话是对的？
A．他们几个人中，他最喜欢京剧
B．中国艺术中，他最喜欢京剧
C．他不喜欢中国的音乐、书法，喜欢京剧

人都能上车后有座位。
问：春节坐火车回家的人可能会：
A．在火车上没有座位
B．不能上火车
C．不能回家

7. 女：呵，小王，这是你买的日语书啊？你又在学日语呢？
   男：是啊。趁着年轻多学点儿东西，要不等老了，想学也记不住了。
   问：男的意思是：
   A．他想学习，但是总是记不住　　　B．年轻的时候应该多学习
   C．我虽然不年轻了，但是还应该学习

8. 男：哎，小李，下了班，咱们去打会儿球再回家吧。
   男：不行，我得赶紧回家，结了婚可不能再像以前那么自由了。
   问：小李的意思是：
   A．他现在不如以前自由了　　　B．他不想结婚
   C．以前可没有现在这么自由

9. 男：听说老王住院了，说是病得还不轻呢！
   女：可不是嘛！说是不停地吐血，不过治疗了几天，病情控制住了。
   问：老王怎么样了？
   A．他的病好了　　　　B．病情不再发展了　　　　C．病情越来越严重了

10. 男：小李，我们这次社会调查打算在寒假进行，你如果参加的话，恐怕就不能回家看望父母了，你舍得放弃回家的机会吗？
    女：那有什么舍不得的！
    问：女的意思是：
    A．没有什么舍不得的　　　B．真有点儿舍不得　　　C．她什么都舍不得

（二）听下面的对话并做练习：

想开点儿

在当今世界上，肥胖人口的增加越来越成为一个社会问题，于是很多人出于各种各样的目的都在减肥。即使是一个身体并不算肥胖的人，也会想尽办法减肥。身体稍微胖一点儿真的那么可怕吗？请听录音。

重点及难点提示

1. 女：……，我还真想买一个试试。
   男：算了吧！
   "算了吧"表示对方的想法、说法或行为应该停止。可用于劝止或制止。
   1) A：我想去一趟银行。
      B：算了吧，你看快下雨了。

267

   2) A:这事都怪我！
      B:算了吧,别难过了,谁都有不小心的时候。

2. 你真是<u>跟自己过不去</u>。
   "跟自己过不去"表示自己使自己处于困窘为难的境地。
   1) 你年纪大了,不能做的就不要做了,别跟自己过不去了。
   2) 你弄错了,大家都没有怪你,你也不要再跟自己过不去了。

3. 看到那么多漂亮的衣服,自己却<u>穿不下</u>……
   "穿不下"意思是衣服太小、太瘦,身体太高、太胖,所以不能穿。
   1) 这是我前几年的衣服,现在胖了,穿不下了。
   2) 这是我女儿的衣服,我穿不下。

男:哎,小于,咱们去三楼看看女装吧。小于,小于,看什么呢？唉,你呀,一看见这些减肥用品就走不动了。
女:小张,你看这种机器,叫"瘦得快"。我还真想买一个试试。
男:算了吧！难道你还相信这些？那么多减肥方法都试过了,跑步、游泳、减肥药、减肥茶,哪种办法有效果啊？都是越减越肥。
女:减肥药是没有用,游泳的话,当时体重下去了,一不游泳了,又上来了。其实半年前的那次减肥,效果还不错,就是后来没有坚持下来。
男:我看谁都坚持不下来,每天只吃水果和蔬菜。别人吃饭的时候你就吃两个西红柿。到后来,看见别人吃饭你都要哭了！何苦呢？随它去吧,胖一点儿、瘦一点儿有什么区别？
女:试过这么多方法以后,我现在确实不敢再随便相信任何一种减肥方法了。不过要是真有一种好的方法,我还是想试一试。
男:你真是跟自己过不去。你只比标准体重多八九斤,根本不算肥胖。我比标准体重多十多斤呢,也没觉得有什么不好的。
女:可是逛商场的时候,看到那么多漂亮的衣服,自己却穿不下,一到这时候,我就想减肥。
男:所以说,减肥的人,尤其是你们年轻的女性,很多都是为了漂亮才去减肥,有谁是为了健康？我告诉你,我在报纸上看到过,说是稍微胖一点儿的人,智商比较高。你如果减肥,有可能影响你的智商啊！
女:哈哈哈,胖一点儿的人智商高？你真是自己安慰自己。我倒听说,年轻的时候胖的人,等老了以后,容易得高血压什么的。
男:年纪大了,不胖也会生病。咳,该怎么样就怎么样吧！

练　习

1. 听第一遍录音,判断正误:
   1) 他们现在是在商场。   2) 小于看的那种机器名字叫"瘦得快"。
   3) 小于半年前的那次减肥是用游泳的方法。
   4) 小于已经试过很多减肥的方法,但是都没有效果。
   5) 小于现在的体重比标准体重多十来斤。
   6) 小于减肥的目的是为了健康。   7) 小张不赞成小于减肥。

2. 听第二遍录音,选择正确答案:

1) 小于用游泳的方法减肥:
   A.效果很好
   B.当时有效果;不游泳了,体重又增加了
   C.没有效果

2) 小于试过的比较有效的减肥方法是:
   A.游泳
   B.吃减肥药
   C.每天只吃水果、蔬菜

3) 半年前的那次减肥,小于没有坚持下来是因为:
   A.太痛苦了
   B.没有效果
   C.有了更好的方法

4) 小于现在对减肥的态度是:
   A.不相信任何方法了
   B.胖瘦没有什么关系
   C.有好的方法还想试一试

5) 小张认为人们减肥的目的:
   A.是为了健康
   B.很多人是为了漂亮
   C.为了提高智商

6) 小张看到报纸上说,胖一点儿的人:
   A.智商比较高
   B.老了以后容易得高血压
   C.不减肥会影响智商

7) 小于对小张关于体重跟智商的关系的说法:
   A.觉得很奇怪
   B.不相信
   C.很赞成

8) 小于听说年轻的时候胖的人:
   A.老了以后容易得高血压
   B.智商不高
   C.不减肥会影响智商

3. 理解下面每句话的含义:

1) "你呀,一看见这些减肥用品就走不动了。"意思是:
   A.你一看见这些减肥用品就累了　　B.你一看见这些减肥用品就不想走了
   C.看减肥用品的人太多了,没办法走开

2) 女:我还真想买一个试试。
   男:算了吧!
   男的意思是:
   A.别买了　　　　　B.买一个吧　　　　　C.快走吧

3) "随它去吧,胖一点儿、瘦一点儿有什么区别?"句子中"随它去吧"意思是:
   A.跟着它去　　　　B.随便它吧　　　　　C.让它去吧

4) "你真是跟自己过不去。"这句话的意思是:
   A.自己为难自己　　B.我不让你过去　　　C.你过不去

5) "看到那么多漂亮的衣服,可是自己却穿不下……"句子中的"穿不下"是说:
   A.衣服太肥了　　　B.衣服太瘦了　　　　C.衣服太贵了

6) "年纪大了,不胖也会生病。"这句话的意思是:
   A.如果年纪大了,即使不胖也会生病
   B.尽管年纪大了,但是如果不胖,也不会生病
   C.哪怕年纪大了,如果不胖的话,也不会生病

7)"该怎么样就怎么样吧!"这句话的意思是:
   A.应该是什么样的   B.该胖就胖,该瘦就瘦   C.应该怎么做就怎么做吧

4.听第三遍录音,回答问题:
   1)小于试过哪些减肥方法?
   2)半年前的那次减肥使用什么方法?效果如何?
   3)小于现在对减肥的态度怎么样?
   4)小于减肥的目的是什么?   5)小张对减肥是什么态度?

二、泛听练习

(一)关于减肥

在当今世界上,肥胖人口在不断增加,已经成了一个社会问题。根据统计,在过去的15年里,英国的肥胖人口已经增加了1倍;美国有30%的人开始肥胖;在中国,肥胖的人已经有7000万,更严重的是,在过去10年中,中国中小学生中的肥胖人数已经增加了3倍,而且正以每年7%到8%的速度增加。

肥胖会给人们的生活带来不方便,甚至是疾病。人们也已经认识到肥胖的危害,所以肥胖的人大都开始减肥;但是在对待肥胖的问题上有一些错误的想法。

一是很多人不清楚"胖"和"肥胖"不一样。人的标准体重有一个范围,就是你的身高减去100,就是你的标准体重。比如,一个身高160公分的人,他的标准体重应该是60公斤。在这个范围以内,有的人瘦一点儿,有的人胖一点儿,但都在正常范围以内,这些人不需要减肥;而"肥胖"是说他的体重已经完全超出了正常的范围,这些人是需要减肥的。

二是有些人过分相信减肥药的作用而不重视体育锻炼。多运动,使自己的身体强壮起来,才能达到健美的目的,而不能只是简单地减掉身上的那几斤肉。所以说瘦不是美,健康才是美。

练 习

听录音,判断正误:
1.现在肥胖问题已经成了社会问题。   2.在英国,现在的肥胖人口是15年以前的两倍。
3.在美国有30%的人开始肥胖。   4.在中国肥胖人口又增加了7000万。
5.在中国,中小学生中的肥胖人数比10年以前增加了3倍。
6."胖"和"肥胖"的意思不一样。   7.一个身高170公分的人,他的标准体重是70公斤。
8.健康才是美,瘦不是美。

(二)减肥

有一位先生身体太胖,想减肥。一天,他在报纸上看到一个减肥的广告:"本公司新方法减肥,每减掉1斤收10块钱。"他立刻给这家公司打电话要求减10斤。"好的,先生。请告诉我您的地址,明天上午我们就派人到您家。"

第二天,他打开门,看见一位漂亮的小姐站在门口儿,小姐说:"如果你追上我就可以吻

我。"于是小姐就跑,这位先生就追,当他实在跑不动的时候,小姐说:"你去称称你的体重吧!"说完就走了。他一称,果然减了10斤。

于是他又给这家公司打电话,要求减20斤;并且下决心,明天一定追上她。

第二天来了一位更漂亮的小姐。小姐也说了同样的话,同样是一个跑,一个追,也是同样的结果,小姐最后的一句话也是:"你去称称你的体重吧!"他一称,果然减了20斤。

他又给公司打电话要求减50斤。

"这怎么可以呢?一次不能减那么多。"公司的接待员说。

"你不要管这么多,我一定要减。"

第二天,他很早就做好了准备。听到敲门声,他打开门却一下子愣住了:门口儿站着一个长得非常难看的男人,对他说:"如果你让我追上,我就弄断你的脖子。"

听录音,回答问题:
1. 这家公司的减肥方法是什么?
2. 这位先生第一次要减多少斤?他减掉了吗?为什么?
3. 他第二次要减多少?达到目的了吗? 4. 第三次他为什么一定要减50斤?
5. 第三次来帮助他减肥的是什么人?他对这位先生说什么?

第二十三课 说说广告

一、听力理解练习

(一)听后选择正确答案:

1. 这场比赛能打赢,全凭我们大家配合得好。

    问:这句话的意思是:

    A.如果我们配合得好,就一定能打赢

    B.因为我们配合得好,所以才能打赢这场比赛

    C.要想打赢这场比赛,一定要依靠大家的配合

2. 现在在城里租一套这样的房子要三千多块呢,我哪儿租得起啊?

    问:这句话的意思是:

    A.这种房子在哪儿可以租到　　　　B.我不知道能不能租得到

    C.这种房租太贵了

3. 小王,你病了三天了都不去医院,光吃些自己买的药,也不见好起来。你别再这样坚持下去了,赶快去医院吧。

    问:说话人的意思是:

    A.你不要自己下去　　　　　　　B.你不能再继续这样了

    C.你一定要再坚持一下

4. 中国电视上虽然没有香烟的广告,但是电影、电视剧里却能看见很多人抽烟,这不是跟广告一样吗?

   问:对电影、电视剧里人们吸烟,她的看法是:
      A.跟广告的效果一样　　　　　　　B.不是广告
      C.这种广告的效果很好

5. 广告总是对产品的优点、长处、特点做详细的说明,而对它的缺点却一点儿不说。人们把商品买回家以后才发现,并不像广告上说的那么好。

   问:说话人的意思是:
      A.有的广告拍得不太好　　　　　　B.有的商品的广告说的不太好
      C.有些商品的广告说的很好,但商品不好

6. 男:小王,昨天那个电影怎么样?
   女:比想像的差多了。

   问:女的觉得那个电影怎么样?
      A.跟想像的差不多　　　　　　　　B.想像的很好,其实不好
      C.想像的很差,其实还可以

7. 男:老师,考试到几点啊?
   女:到10点。还有的是时间呢,不要着急,做完的同学再仔细检查一遍。

   问:老师的意思是:
      A.没有时间了　　　　　　　　　　B.还有一点儿时间
      C.还有很多时间

8. 男:小王,快点儿!
   男:离上课还有10分钟呢,何必那么着急呢!

   问:小王的意思是:
      A.只有10分钟了,你还不着急　　　B.还有10分钟,不用着急
      C.还有10分钟,你着急也没有用

9. 男:妈,放寒假以后我想去城里打工。
   女:什么?你还有半年就考大学了,你还是老老实实在家学习吧。去打工的话,哪儿还有时间学习啊?你不想考大学了?

   问:妈妈的意见是:
      A.打工可以,但是也要学习　　　　B.你不想考大学的话可以去打工
      C.不能去打工

10. 女:您真的是作家王刚先生?跟我想像的一点儿也不一样。
    男:你觉得王刚应该是什么样的?
    女:看您的小说,我觉得生活中的王刚应该像他的小说里的人一样,是一个穿西装、打着领带、还戴着一副眼镜儿,总之应该是个知识分子的样子。我这样说,您不会不高兴吧?
    男:哪里,我只是觉得很对不起我的读者。

问:作家王刚是什么样子?
　　A.像一个知识分子　　　　　　B.穿着西装、打着领带、戴着眼镜儿
　　C.不像一个知识分子

(二)听下面的对话并做练习:

说说广告

　　有人说广告在一定程度上反映了一个国家经济发展的水平,但是广告太多的话,你会有什么感觉呢?请听下面的一段对话。

重点及难点提示

1. 这电视里的广告,没完没了啦!
   "没完没了"表示不停地做某事,没有休止,让人厌烦或者不可理解。
   1) 这孩子不知道是什么原因,一到晚上就没完没了地哭。
   2) 每天没完没了地工作,一定要多注意身体。

2. 不过话说回来,广告拍得好的并不见得商品就好……
   "话说回来",插入语。表示说完一方面的事实或道理以后,再述说另一方面的事实或道理。可以对后一小句的表达起到舒缓语气的作用。
   　　你的父母出钱让你来这儿学习,你不好好学习,怎么对得起你的父母呢?不过话说回来,你不喜欢学习汉语,你的父母为什么一定要让你学习呢?
   "不见得",意思是"不一定"。表示一种主观的估计,语气比较委婉。
   1) 天气预报说今天有雨,我看不见得会下。
   2) 他虽然个子比较矮,但是不见得力气就小。

夫:你说,这电视里的广告,没完没了啦!都7点40了,过了10分钟了,球赛还没开始呢。
妻:不就是等那场足球比赛吗?再等一会儿,告诉你,要是没这些广告,你还看不着这场球赛呢!
夫:什么意思?
妻:这次比赛是这几家企业赞助的。
夫:哎,真是没办法。现在打开电视就是广告,换一个台还是广告;打开收音机是广告;收到的信上也是广告;报纸上是广告;走在路上,街上四处也是广告;出租车和公共汽车上还是广告。我最不能忍受的是在精彩的电视节目中间,突然插进广告,让你躲都躲不开。
妻:怎么躲不开呀?你不看不就行了?
夫:在火车上你躲得开吗?那儿的广播里也有广告,我总不能跳下车去呀!还有让人感觉最不舒服的,就是吃饭的时间,电视上播一些药品的广告,什么拉肚子之类的,你说让人还怎么吃得下去?
妻:不过广告多了也是好事,说明咱们的经济发展越来越好了嘛,1979年以前还没广告呢。其实,跟别的国家比起来,现在咱们国家的广告还真不算太多。
夫:说广告多,实际上是差的广告太多了;拍得好的广告,水平高的广告也还可以看看。不

过话说回来,广告拍得好的并不见得商品就好,这种广告不是欺骗消费者吗?

妻:这倒也是。不过也有这种情况,一种很好的商品,可是它的广告不好,还会影响企业的效益呢。

夫:哎,别说了,别说了,球赛开始了。

练 习

1. 听第一遍录音,判断正误:
   1) 他们说话的时候是7点50分。
   2) 男的在等着看足球比赛。
   3) 男的什么广告都不喜欢看。
   4) 女的认为中国的广告还不算太多。
   5) 男的认为有的广告会欺骗消费者。
   6) 女的认为好的产品需要有好的广告。

2. 听第二遍录音,选择正确答案:
   1) 那场足球比赛应该在几点播出?
      A.7点40
      B.7点半
      C.7点10分
   2) 现在电视上播的广告是:
      A.关于足球比赛的广告
      B.赞助这次比赛的企业的广告
      C.药品的广告
   3) 男的觉得现在哪儿都是广告,但是他没有提到的是:
      A.街上
      B.信件上
      C.杂志上的广告
   4) 男的认为最不能忍受的广告是:
      A.火车上广播里的广告
      B.吃饭时间电视上那些药品的广告
      C.精彩的电视节目中间插播的广告
   5) 男的认为躲都躲不开的广告是:
      A.火车上广播里的广告
      B.吃饭时间电视上那些药品的广告
      C.精彩的电视节目中间插播的广告
   6) 男的认为让人感觉最不舒服的广告是:
      A.火车上广播里的广告
      B.吃饭时间电视上那些药品的广告
      C.精彩的电视节目中间插播的广告
   7) 关于现在的广告,下面哪个不是女人的看法:
      A.1979年以前经济不好,所以没有广告
      B.广告多是好事
      C.拍得好的广告不多
   8) 关于现在的广告,下面哪个不是男人的看法:
      A.差的广告太多了
      B.广告拍得好不能说明商品就好
      C.有时候广告也会影响企业的效益

3. 理解下面每句话的含义:
   1) "这电视里的广告,没完没了啦!"这句话中"没完没了"的意思是:
      A.没完了   B.太没意思了   C.没了
   2) "要是没这些广告,你还看不着这场球赛呢!"这句话的意思是:
      A.要是不看这些广告,就不能看球赛
      B.要是没有这些广告,就看不到这场球赛
      C.要是没有看这些广告,就看不到球赛
   3) "让你躲都躲不开。"跟这个句子最接近的句子是:
      A.让你躲开可你躲不开   B.让你非躲开不可   C.让你连躲都躲不开

4)"让人还怎么吃得下去?"这句话的意思是:
   A.让人吃不下去　　　　B.让人吃了还怎么下去　　　　C.不知道怎么吃

5)"拍得好的广告,水平高的广告也还可以看看。不过话说回来,拍得好的广告并不见得是好商品。"这句话中"话说回来"的意思是:
   A.另一方面　　　　B.另外　　　　C.反而

6)"拍得好的广告并不见得是好商品。"这句话中"不见得"的意思是:
   A.不可能　　　　B.不一定　　　　C.不应该

7)男:这种广告不是欺骗消费者吗?
   女:这倒也是。
   问:女的意思是:
   A.这也是欺骗消费者　　B.你说得不对　　　　C.你说得也对

4.听第三遍录音,指出下面两段话中哪些不是他(她)的观点?
   男的认为:(1)现在的广告太多了。
   　　　　(2)他最不喜欢在精彩的电视节目中间插进广告。
   　　　　(3)跟其他国家比起来,中国的广告不太多。
   　　　　(4)拍得好的广告太少了。　　(5)不好的商品广告会影响到企业的效益。
   女的认为:(1)现在到处都是广告。
   　　　　(2)她不喜欢吃饭的时候电视上播药品的广告。
   　　　　(3)广告多了,说明经济发展了。　　(4)广告拍得好不一定商品就好。

二、泛听练习

(一) 广告的妙用

有一次,一位先生对一个商人说:"上个星期,我的伞在电影院被人偷走了。因为那把伞是朋友送的礼物,所以我花了两把伞的价钱登报寻找,可还是没有找回来。"

"您的广告是怎么写的?"商人问。

"广告在这儿。"那人一边说,一边从口袋里拿出一张从报纸上剪下来的纸片。商人接过来念道:"上星期日傍晚在电影院丢失黑色雨伞一把,如果有哪位先生拾到,请送到第五大街十号,定有重谢。"

看完后商人说:"广告的写法可有学问,咱们再写个广告试试。"

说着,商人从口袋里拿出一张纸,在上面写道:"上星期日,有人看到某人在电影院偷了一把伞,拿伞的人如果不愿意找麻烦,最好把伞送到第五大街十号。"

这条广告登在报上了。第二天早上,这位先生打开门,大吃一惊。原来,门前放着十多把雨伞。他自己那把黑色的也在里边。好几把雨伞上还拴着字条,说是没注意拿错了,实在对不起等等。

练　习

听录音,回答问题:
1.他的那把伞是什么时候丢的?在哪儿丢的?　　2.他为什么要把那把伞找回来?

3. 他第一次登广告花了多少钱?
4. 他的第一个广告是怎么写的?结果怎么样?
5. 第二个广告是怎么写的?结果呢?

(二)广告集锦

1. 金利来领带,男人的世界。
2. 北方的味儿,北方的香,京华茉莉花茶。
3. 光明牛奶,随时随地的新鲜。
4. 燕京啤酒,中国驰名商标,人民大会堂特供酒。燕京啤酒,清爽宜人。北京燕京啤酒股份有限公司。
5. 男:感冒就像天气的变化随时随地可能发生。康必得,治感冒,见效快,疗效好。
   女:康必得治感冒,常备重要啊!
6. 女:哇塞,你戴的眼镜好酷啊!哪儿配的?
   女:学生眼镜专卖店。
   女:哪儿有学生眼镜专卖店?
   女:当然有了,雪亮啊!还不快去!
   旁白:自2月1号起,到2月29号,凡在雪亮学生专卖店配框架眼镜,即可获赠隐形眼镜一副。雪亮咨询电话69794948。
7. 男:金星彩电,世纪雄风。   女:金星彩电,金色品质。
   男:金星彩电,星相恒久。   女:金星彩电,数码科技。
   男:金星彩电,看到未来。   女:让我们一起拥有金星彩电。

练 习

把上面几则广告的序号写在括号内:
(4)啤酒   (5)感冒药
(6)眼镜店   (7)彩电
(3)牛奶   (1)领带
(2)茶

第二十四课 电脑的用途

一、听力理解练习

(一)听后选择正确答案:
  1. 我们班只有17个学生,可是光女生就有11个。
     问:下面哪句话是对的?
       A.他们班只有女生   B.他们班女生比较多   C.他们班女生比较少

2. 由于身体的关系,小王的爸爸今年提前退休了。
   问:关于小王的爸爸,下面哪句话是对的?
   A.今年退休了,所以身体很好   B.今年退休了,所以身体不太好
   C.他之所以今年退休,是因为身体不好

3. 小王你还不了解吗? 他决不会干出这样的事儿来。
   问:这句话的意思是:
   A.这件事儿一定不是小王做的
   B.小王坚决不做这样的事儿   C.小王决定不做这件事儿

4. 小李,你现在总是盼着能快一点儿大学毕业,早一点儿参加工作。可是真的即将大学毕业的时候,你就不会这么想了。
   问:小李现在:
   A.快大学毕业了   B.已经大学毕业了   C.在找工作

5. 经过四年的努力,你们终于可以毕业了。希望你们到工作单位以后,好好工作,不要辜负我们和家长对你们的希望。
   问:说话的大概是什么人?
   A.学生的家长   B.老师   C.学生

6. 当我第一次看见这个招聘启事的时候,还是很有信心的。可谁知,我到招聘的公司去一看,一个职位竟有50多个人报名,有的还是博士毕业呢!
   问:下面哪句话是对的?
   A.有的招聘启事上要求博士毕业
   B.招聘启事上有50多个职位 C.他现在不是很有信心

7. 小刘在美国学习的时候,生活很艰苦,但他暗暗发誓:不拿到博士毕业证书决不回国。
   问:小刘曾经下过什么决心?
   A.将来他一定不回国   B.他一定要读到博士毕业
   C.拿到博士毕业证书以后才回国

8. 男:你都是结了婚的人了,还看这些征婚启事干什么?
   女:结了婚的人就不能看了? 我们同事有好几个小伙子还没对象呢!
   问:女的为什么看征婚启事?
   A.她喜欢看   B.她要给同事介绍对象   C.她还没对象呢

9. 女:我最怕我儿子来信了。他一来信,我就得查词典。
   男:你已经很幸运了。我儿子一来信,我就得上银行。
   问:男的意思是:
   A.儿子一来信就要钱   B.他儿子经常给他寄钱
   C.他儿子在银行工作

10. 男:在我们家所有的大事都由我决定,所有的小事都由我妻子决定。
    女:对,但是哪些事儿是大事、哪些事儿是小事都是由你妻子决定的,对吗?

问:从上面的话我们知道在男的家里:
　　A.所有的事儿都要让妻子决定　　B.所有的事儿都要让丈夫决定
　　C.丈夫和妻子要互相商量

(二)听下面的短文并做练习:

电脑的用途

　　说起电脑,我知道你一定会说出它的很多用途。然而有一种用途你也许从来没有想到过。请听录音。

　　现在电脑普遍进入家庭,很多作家也换用电脑写作。可我却坚持用笔写作,原因是我从小拼音学得不好,感到自己实在很难掌握它。

　　但在今年七月,一个偶然的原因,使我与电脑发生了关系。一天,一位朋友打电话来,告诉我另一位朋友得了肺癌。他劝我少吸烟,我说我吸烟已经有42年的历史了。虽然我知道吸烟对身体有害,但是每次拿起笔来,另一只手就自然地点着了一支烟,常常是一支烟刚刚抽完,另一支烟就已经点着了。抽烟已经成了我的习惯,香烟成了我生活中的朋友,我不可能戒掉。

　　他说:"有一个办法你试试怎么样?"

　　我不认为他能解决我的吸烟问题。我妻子是个医生,她对我已经说过许多许多,都没能改变我的生活习惯;再说我是一个很固执的人。他能有什么好办法帮我戒烟呢?

　　他说:"你玩玩电脑怎么样?两只手在键盘上忙来忙去,可能会让你忘了吸烟,这有可能改变你吸烟过多的毛病。再说,您写的小说也够多的了,玩玩儿电脑也是一种精神放松。

　　也许是这个"玩"字吸引了我,我把儿子以前送给我的那台电脑搬出来,请人给安装了起来。没想到,我这一玩,竟然再也离不开它了。

　　半个月后,我用电脑写出的第一个作品产生了。我感到了从来没有过的快乐——过去写在纸上的歪七扭八的汉字,变得方方正正;以前自己有些不标准的字形,也得到了纠正。一个本来拒绝使用电脑的人,一来二去竟然成了对电脑入迷的人。更让我快乐的是,由于用上了电脑,键盘占去了我的两只手,烟吸得比过去少多了。

　　电脑的这个用途恐怕你们没有想到吧?

　　　　　　　　　　　　　　　　　　　　　　(根据从维熙《告别"刀耕火种"》改写)

练　习

1. 听第一遍录音,判断正误:
　　1)他是一位作家,妻子是一位大夫。
　　2)他和电脑发生关系是由于一个偶然的原因。
　　3)有一天,一位朋友打电话来,说他得了癌症。
　　4)那位朋友打电话来劝他戒烟。
　　5)他吸烟已经有很长时间了。　　6)因为玩电脑使他戒了烟。

2. 听第二遍录音,选择正确答案:
1) 当初他拒绝使用电脑,是因为:
   A. 他不喜欢用电脑
   B. 他的拼音学得不太好
   C. 他没有电脑

2) 他吸了很多年的烟,是因为:
   A. 吸烟已经成了他的习惯
   B. 他不认为吸烟对身体有害
   C. 他很喜欢吸烟

3) 他当初认为朋友不可能解决他的吸烟问题,是因为:
   A. 朋友告诉他的办法不好
   B. 他的朋友很固执
   C. 大夫都不能解决他的问题

4) 朋友为了让他少吸烟,给他想的办法是:
   A. 不要再写小说了
   B. 玩电脑
   C. 精神放松放松

5) 他接受朋友的建议,是因为:
   A. 他喜欢用电脑
   B. 他家里正好有一台电脑
   C. 朋友说"玩"电脑,他喜欢"玩"

6) 那台电脑是:
   A. 朋友送他的
   B. 儿子送他的
   C. 他自己买的

7) 他玩电脑以后吸烟少了,是因为:
   A. 一玩电脑,他就忘了吸烟
   B. 键盘占去了两只手,没办法吸烟
   C. 他对吸烟没有兴趣了

8) 用电脑"写"的第一个作品产生以后,让他最快乐的是:
   A. 他会用电脑了
   B. 他对电脑入迷了
   C. 他吸烟少了

3. 理解下面每句话的含义:
1) "我吸烟已经有42年的历史了。"这句话的意思是:
   A. 我已经42岁了
   B. 香烟已经有42年的历史了
   C. 我已经吸了42年的烟了

2) "一支烟刚刚抽完,另一支烟就已经点着了。"这句话说明:
   A. 他吸烟吸得很快
   B. 他吸烟吸得太多了
   C. 他可以两支烟一起吸

3) "我妻子是个医生,她对我已经说过许多许多。"这句话的意思是:
   A. 妻子每天总是不停地说话
   B. 妻子告诉过我许多事儿
   C. 妻子劝我戒烟劝过很多次

4) "您写的小说也够多的了。"意思是:
   A. 您写的小说已经够了
   B. 您写的小说很多了
   C. 您写的小说我已经看够了

5) "竟然再也离不开它了。"意思是:
   A. 竟然不再离开它了
   B. 竟然再也不能离开它了
   C. 竟然没有再离开过它

6) "我感到了从来没有过的快乐。"意思是:
   A. 我从来没感到快乐过
   B. 我从来没有这么快乐过
   C. 我感到很不快乐

7) "一个本来拒绝使用电脑的人,一来二去竟然成了对电脑入迷的人。"这个人是指:
   A. 他的朋友   B. 他的妻子   C. 他自己

4. 听第三遍录音,回答问题:
   1) 请你说一说他当初吸烟的情况。
   2) 他当初认为朋友不可能解决他的吸烟问题,他是怎么想的?
   3) 朋友让他用玩电脑的方法来减少吸烟,朋友是怎么说的?
   4) 当他用电脑"写"出第一个作品时,他很快乐,为什么?

二、泛听练习

(一) 如何爱护电脑

目前,电脑已进入千家万户。作为高科技产品的电脑,对环境是有一定要求的,在众多的环境因素中,气象因素对电脑的影响最大。

首先是温度,电脑的温度适宜范围较广,一般在0~30摄氏度都可以正常工作,但是由于电脑长时间工作会产生热量,机内的温度上升,因此电脑连续使用的时间应为四小时左右。如果超过了四小时,中间应关机休息片刻,从而避免因为温度过高而引起的故障。

其次是湿度,电脑对空气湿度的要求比较高,最好在40%~70%,湿度过高或过低,都会对电脑产生不好的影响,所以下雨的时候,房间内应放置干燥剂并及时关闭门窗,降低房内的湿度;冬季房间内比较干燥,应使用加湿器,并且房间内最好铺上防静电地毯。

最后还有通风的问题。电脑需要有良好的通风环境,所以在温度、湿度等气象条件合适的情况下,房间的门窗应保持空气对流,但必须要保证灰尘不能随风进入,如果遇到雷雨天气,应停止使用电脑。

(根据黄渭铭文章改写,原载于《读者》1997.3)

练 习

听录音,判断正误:
1. 电脑的温度适宜范围是0~30摄氏度。　2. 录音中讲了两种气象因素对电脑的影响。
3. 电脑连续工作的时间是10个小时。　　4. 湿度在40%~70%对电脑是最好的。
5. 有电脑的房间要注意通风。

(二) 网上学校

学校,对于你我来说,是再熟悉不过的地方了。但不知道你是否走进过网络学校的大门。近期在网络上的一所学校开学了,它就是"国联网校"。

无论你是小学生、中学生还是大学生,"国联网校"都能满足您的需要,您需要哪位著名的教师为您解答问题,您只要选择好时间,用您的鼠标轻轻一点,就可以与这位教师交谈;您希望听哪位名人聊天儿,也只要轻轻一点,就可以听他聊。期中、期末考试,打开网上教材,重点、难点的分析,能给你很大的帮助。

"国联网校"除了帮你掌握知识,还为你提供娱乐空间,到"讨论园地",可以与你的同学和老师交流思想,聊聊天儿;到"在线广播"中可以听听音乐、美术讲座;到"趣味数理化"中寻找学问中的无尽乐趣;在"有奖问答"中展示自己的聪明才智,也许还会获得一份礼物,为你繁忙的生活增添一份喜悦。

"国联网校"有一大批具有丰富教学经验的特级、高级教师,使您在家中就可以轻松愉快地跟他们交谈。走进"国联网校"的大门,缩短了同学之间的距离、学生与老师之间的距离以及时空的距离,为您的学习生活开辟了一个新的空间。

无论您在世界的任何一个地方,都可以进入网校学习。国内用户只需拨"169"这个号码就可以上网,使用十分方便。

欢迎您进入这所全国第一家网络学校。

练 习

听录音,找出课文中没有提到的内容:
1. 这所网校办学的目的。　　　　　　2. 哪些人比较适合上国联网校。
3. 在国联网校怎样请老师回答问题。
4. 在国联网校可以跟名人聊天儿,也可以跟同学聊天儿。
5. 在国联网校可以听音乐。　　　　　6. 在国联网校可以送朋友礼物。
7. 国联网校的教师情况。　　　　　　8. 在哪些地方可以上国联网校。
9. 上国联网校的方法。

第二十五课　保护环境

一、听力理解练习

(一) 听后选择正确答案:

1. 这孩子刚5岁,体重就50多斤了,这样胖下去,恐怕跑都跑不动了。

　　问:说话人的意思是:

　　　　A.这孩子胖得下楼都跑不动了　　　　B.这孩子很胖,很害怕跑步

　　　　C.要是再胖一些的话就跑不动了

2. 这段时间总是下雨,难得有今天这样的好天气,不如出去玩儿玩儿吧。

　　问:下面哪句话是对的?

　　　　A.今天又在下雨　　　　　　　　　　B.今天天气不错

　　　　C.今天不能出去玩儿

3. 这种葡萄价钱贵不说,吃起来味道也不觉得怎么好。

　　问:关于这种葡萄,下面哪句话是对的?

　　　　A.这种葡萄的味道不知道该怎么说才好

　　　　B.这种葡萄虽然不太贵,但是味道很好

　　　　C.这种葡萄不但贵,而且味道也不好

281

4. 昨天傍晚我和小王刚走出学校,只见一辆出租车就开过来了。
   问:昨天怎么了?
   A.他们只看见了一辆出租车　　　　　B.他们看见一辆出租车开过来了
   C.只有他看见了出租车,小王没看见

5. 当时那种激动的心情真是无法用语言来表达。
   问:这句话的意思是:
   A.他当时不太激动　　　　　　　　　B.他当时没有说话
   C.他当时激动得不知道怎么说

6. 女:我们知道让您在这么短的时间里把文章写出来,确实有点儿为难。不过我们后
      天就要用,您看能不能……
   男:好,好,我努力争取吧。
   问:男的意思是:
   A.他一定能写出来　　　　　　　　　B.他会尽力写出来
   C.他已经很写出来了

7. 男:小王那么聪明,当然学习好了。
   女:人家学习好,不只是因为聪明。
   问:女的意思是:
   A.小王学习好,不是因为他聪明　　　B.聪明的人就是学习好
   C.小王学习好,除了聪明以外还有别的原因

8. 自从那次带着女儿去香山饭店看了一个朋友之后,女儿就每天要求让我带她去香
   山饭店,还要在那儿住几天,我只好耐心地跟她解释:"那儿不是咱们的家,咱们住
   不起。"
   问:他对女儿说话时的心情是:
   A.很无奈　　　　　　　　　B.很烦恼　　　　　　　　　C.很痛苦

9. 女:王经理,您看我这次是不是没希望了?
   男:你的英语很好,又有两年的工作经验,这些都符合我们的招聘要求。只是你的
      电脑水平要是再高一点儿就好了。
   问:从上面的话我们知道:
   A.女的电脑水平比较高　　　　　　　B.女的没有被录取
   C.女的很符合他们的招聘要求

10. 小王,你知道吗?中央电视台的教育频道现在正播这套《走遍美国》。每个星期的一、
    三、五的中午12点到1点教新课,二、四、六的下午5点到6点再重新播一次前一天的
    内容。所以你现在可以跟着电视学习英语了。
    问:从这段话我们知道每课的内容可以在电视上:
    A.看两次　　　　　　　　　B.看三次　　　　　　　　　C.看一次

282

(二)听下面的短文并做练习：

保护环境

　　随着经济的发展,环境保护的问题也越来越引起了人们的重视。但是不同城市的人们对保护环境的认识也有些不同。请听录音。

重点及难点提示
市民环境意识的好坏<u>跟</u>城市环境污染的程度几乎是<u>成正比</u>的。
　　"A跟B成正比"意思是随着A的增加,B也增加;随着A的减少,B也减少。
　　1)一般来说,孩子的年龄跟他的体力成正比。
　　2)你努力的程度几乎跟你的学习成绩成正比。

　　今年春天,国际环境监测公司对24个国家进行了一次关于环境意识的调查。中国第一次参加了这种调查,有北京、上海、沈阳、广州、杭州、武汉、成都、深圳、珠海9个城市参加。
　　调查一共有两个问题,一是关于发展经济和保护环境的关系,9个城市有47.5%的被调查者认为,即使降低经济发展的速度,也要先保护环境;有31.9%的被调查者认为,经济发展和环境保护同样重要;只有15.6%的被调查者认为,即使环境受到破坏,也要发展经济。这个调查结果跟其他国家居民的环境意识基本一样。
　　从这9个城市来看,武汉居民的环境意识最强,57%的武汉居民认为,保护环境比发展经济重要;北京、沈阳、珠海3个城市有一半的居民认为保护环境更重要;杭州人的环境意识最差,只有20.5%的居民认为保护环境比发展经济重要,但是却有23%的人认为经济发展比保护环境更重要。广州人的环境意识比北京、沈阳、珠海、成都的居民低,但比上海、深圳的居民高。
　　第二个问题是关于环境污染对人的身体健康的影响,65.5%的人认为,环境问题对人类健康有"很大影响",只有5.8%的人认为环境问题对健康没有太大影响。从这9个城市来看,沈阳人对这个问题最担心,有78%的沈阳人认为,环境污染对人的健康有很大影响;广州人第二,有77%的人这样认为;杭州人对环境问题最不担心,只有32%的杭州人认为环境对健康有影响,有23.5%的杭州人认为环境对健康没有太大影响。
　　从这次调查的结果看,市民环境意识的好坏跟城市环境污染的程度几乎是成正比的,也就是说,环境污染越严重的城市,市民的环境意识越强。
　　调查还表明,学历越高的人,其保护环境的意识也越强;而工资收入的高低和性别差异对环境的态度没有什么影响。

练　习

1.听第一遍录音,判断正误:
　1)今年春天,中国环境监测公司进行了一次环境意识的调查。
　2)在中国是第一次做这种调查。　　　3)这次调查一共有9个国家参加。
　4)这次调查一共有两个问题。

5）居民环境意识的好坏跟城市的污染程度有关系。
6）居民环境意识的好坏跟他的收入、性别都有关系。

2. 听第二遍录音,选择正确答案:
   1) 9个城市中,环境意识最好的是:
      A. 杭州居民
      B. 武汉居民
      C. 沈阳居民
   2) 9个城市中,环境意识最差的是:
      A. 武汉居民
      B. 上海居民
      C. 杭州居民
   3) 广州居民的环境意识:
      A. 比上海居民好,比北京居民差
      B. 比武汉居民好,比深圳居民差
      C. 比成都居民好,比上海居民差
   4) 对环境污染最担心的是:
      A. 北京居民
      B. 武汉居民
      C. 沈阳居民
   5) 最不担心环境污染的是:
      A. 沈阳居民   B. 杭州居民   C. 广州居民
   6) 对居民的环境意识跟城市环境污染的关系,下面哪句话不对?
      A. 城市的环境污染越严重,居民的环境意识越差
      B. 城市的环境污染越严重,居民的环境意识越好
      C. 居民的环境意识越好,城市的环境污染越轻
   7) 居民的环境意识跟他的学历有什么关系?
      A. 没有关系   B. 学历越高,环境意识越好
      C. 学历越高,环境意识越差
   8) 根据这段话,下面哪句话是错的?
      A. 在9个城市中,武汉、沈阳的污染最严重
      B. 中国人的环境意识比其他国家的人要差
      C. 在9个城市中,杭州的污染最轻

3. 听后填出下列百分比:
   1) 在九个城市中,认为哪怕降低经济发展的速度,也要先保护环境人有 __47.5%__ ;认为经济发展和环境保护同样重要的人有 __31.9%__ ;认为哪怕环境受到破坏,也要发展经济的人有 __15.6%__ 。
   2) 认为保护环境比发展经济重要的居民,在武汉占 __57%__ ,在北京占 __50%__ ,在杭州占 __20.5%__ ,但是在杭州认为发展经济比保护环境更重要的人占 __23%__ 。
   3) 在9个城市中,有 __65.5%__ 的人认为,环境问题对人类健康有很大影响,有 __5.8%__ 的人认为环境问题对健康没有太大影响。
   4) 认为环境污染对人的健康有很大影响的人,在沈阳有 __78%__ ;在广州有 __77%__ 。有 __23.5%__ 的杭州人认为环境对健康没有太大影响。

4. 听第三遍录音,回答问题:
   1) 这次调查有多少国家参加?中国有哪些城市参加?
   2) 这次调查的两个问题是什么?   3) 这次调查的结论是什么?

二、泛听练习

(一) 孩子的环保意识

女儿五岁,在幼儿园上中班。在我和爱人心中是最可爱的孩子。

也许是受幼儿园老师的影响,也许是由于受了电视的影响,女儿保护环境的意识越来越强了。在家里也像个监督员似的:爸爸,您吸烟会污染空气的;妈妈,这种塑料袋会造成白色污染,您应该用布袋子;爸爸,吃完口香糖用这张纸包一下啊;妈妈,这种洗衣粉会不会污染地下水呀?在女儿这种"严厉"的监督之下,我和爱人不敢犯一点儿"错误",每天都"老老实实"、"规规矩矩"的。

谁知,女儿并不满足于在家里取得的"成绩"。一天晚饭过后,跟往常一样,我们正准备去湖边散步,女儿提出她要去湖边拣垃圾。是啊,想起经常散步的湖边,确实常常见到一些人们随意丢弃的垃圾,跟美丽的风景很不协调。然而让我惭愧的是,我无论如何没有想过要去拣这些垃圾。一个五岁的孩子能想到这些,作为母亲,我还能说什么呢?二话没说,我赶紧给女儿拿了一个装垃圾的袋子和一双手套,于是我们高高兴兴地去散步了。

一路上,女儿见到垃圾就拣到袋子里,一切都做得那么自然,没有一点儿的不好意思。看着女儿天真无邪的样子,我也不知不觉地拣了起来。

练 习

听录音,回答问题:
1. 说说她女儿的情况。　　2. 女儿为什么环保意识比较强?
3. 女儿在家里是怎么做的?
4. 一天吃完晚饭后,女儿想做什么?为什么?妈妈是怎么想的?

(二) 中国概况

中国位于东半球,地处亚洲东部,太平洋的西岸。陆地上有15个邻国,全国国土面积约960万平方公里,是亚洲最大的国家。中国东西距离5000公里,中国南北距离5500公里。北方的黑龙江还是冬天的季节,南方的海南岛已经是夏天了。

中国是世界上人口最多的国家,但人口分布不均匀,东部人口密度大,特别是东部沿海地区,每平方公里在300人以上,有些地方超过400人。中国又是一个统一的多民族的国家,全国共有56个民族,汉族人最多,约占全国人口总数的94%,主要分布在东部。中国的地形西部高东部低,地形复杂。山地占33%,高原占26%,盆地约19%,平原12%,丘陵约占10%。全国水资源丰富,生物资源种类多,数量大。中国已找到矿物资源150种,是目前世界上已知矿种比较齐全的少数国家之一。中国还有丰富的地热资源。

练 习

听录音,找出课文中没有提到的内容:
1. 中国的位置和面积。　　2. 中国有哪些邻国。

3. 中国的季节特点。
4. 中国东西、南北的距离。
5. 中国人口的数量。
6. 中国人口的分布。
7. 中国有哪些民族。
8. 中国的地形特点和资源。

复习(五)

一、听力理解练习

(一)听后选择正确答案:

1. 快下雨了,你带把雨伞吧,到时候好用。

   问:这句话的意思是:

   A.这把伞有时候很好用　　B.带着伞下雨的时候可以用

   C.这把伞很好用

2. 因为时间的关系,我今天就说这些吧,谢谢大家。

   问:这句话的意思是:

   A.由于时间不多,他只说这些　　B.因为时间比较多,他就说了这些

   C.他说的这些内容和时间有关

3. 最近老王单位的工作让他忙得团团转,一天到晚都不回家。

   问:老王怎么了?

   A.最近整天不回家　　B.有一天晚上没有回家

   C.每天回家都很晚

4. 昨天的足球比赛,我们中国学生队进了两个球,外国留学生队没进一个球。

   问:这场比赛的结果是:

   A.中国学生队以1:2输给了外国留学生队

   B.中国学生队以2:0赢了外国留学生队

   C.外国留学生队以2:0赢了中国学生队

5. 我们学校只有110名教师,可是光研究生以上学历的就有70多名。

   问:这句话的意思是他们学校:

   A.只有70多名研究生　　B.有研究生学历的老师只有70名

   C.有研究生以上学历的老师比较多

6. 老王太固执了,好说歹说他就是不同意,这不是故意跟我过不去吗!

   问:说话人的意思是:

   A.老王不让他过去　　B.老王为难他　　C.他不想过去

7. 小王刚才怎么当着那么多人的面就哭了?小李,你不是说中国人在别人面前应该

尽量控制住自己的感情吗?
　　问:从这句话我们知道:
　　　A.他想知道小王哭的原因　　　B.中国人一般不在别人面前哭
　　　C.中国人怎么控制住自己的感情

8. 我有了钱就去旅游。趁着年轻,身体好,多出去看看,也算长点儿见识。要不等以后老了,想去哪儿也去不了了。
　　问:从这句话我们知道:
　　　A.他年轻时没去旅游,现在很后悔　　B.他想去旅游,但是去不了
　　　C.他现在还年轻

9. 为了让我上大学,我的父母辛辛苦苦地挣钱,拼命地工作。如今我工作了,要好好报答他们,决不能再让他们像以前那样受苦受累了。
　　问:这段话的意思是:
　　　A.他不会让父母像以前那样辛苦　　B.他的父母像以前一样受苦受累
　　　C.他的父母现在不像以前那样辛苦了

10. 小李,你看,现在怎么办呢?这个饭店现在只剩下15个两个人的房间了,我们旅游团的人住不下。
　　问:从这句话我们知道他们旅游团:
　　　A.有30个人　　　　　　　　B.有两个人不想住在这儿
　　　C.饭店的房间不够住

11. 你看你们现在上学有这么多书多好啊!我小时候上学没有什么书,像教唐诗什么的,就是老师凭记忆来教的。
　　问:从这句话我们知道:
　　　A.他上学的时候没有多少书　　B.他的老师记忆力很好
　　　C.老师教的内容他现在还记得

12. 女:小王说要想真正了解一个国家,必须要先学好这个国家的语言。小李,你看呢?
　　男:我看不见得。
　　问:男的意思是:
　　　A.我看不见他　　B.我不想见他　　C.我觉得不一定

13. 男:小王,你一个大男人怎么还买香水啊?
　　男:男人就不能买香水啦?后天是我跟李华的结婚纪念日啊!
　　问:小王为什么买香水?
　　　A.自己用　　　B.送给一位要结婚的朋友　　　C.送给他的妻子

14. 女:小李是经济系毕业的,可是对中国古代文学也很有研究啊!
　　男:你不知道,他本来是中文系的,大学二年级的时候改到经济系去的。
　　问:关于小王,下面哪句话是对的?
　　　A.他本来很喜欢中文　　　B.他在中文系学习过
　　　C.他在经济系学习的时候也学过中文

15. 男：你把那西服放回去吧，我真的不想穿。穿那么好的衣服去挤公共汽车，太可惜了。
    女：看你每天穿的什么衣服啊！了解情况的人知道你是有好衣服舍不得穿，不了解情况的人还以为是我舍不得给你买呢！
    问：下面哪句话是对的？
    A．男的有好衣服舍不得穿　　　　B．男的每天都穿很好的衣服
    C．女的舍不得给男的买好衣服

16. 男：你平时老说我丢三落四的，我今天总算没丢东西吧。你看，我把雨伞带回来了！
    女：我不得不告诉你，你今天出去的时候并没有带雨伞！
    问：从上面的话我们知道：
    A．男的把丢的雨伞找回来了　　　　B．男的拿的那把雨伞不是他的
    C．男的今天出去的时候带的不是这把雨伞

17. 男：小明，明天出去旅游，你自己的包可要自己背啊！
    女：他还那么小，你何必勉强他呢！
    问：女的意思是：
    A．不要勉强小明　　　B．必须小明自己背　　　C．不一定要勉强他

18. 我国的有些地区，由于不重视对环境的保护，使环境遭到了严重的破坏，树木减少了、水土流失、河流被污染、空气被污染。像我们这个大工业城市，空气的污染尤其严重。
    问：下面哪句话是对的？
    A．他们这个城市环境被破坏得最严重　　　　B．大工业城市污染都很严重
    C．他们那个城市空气污染最严重

19. 有一个人总是吹牛，说自己画画儿画得很好，于是他的朋友就请他给画幅画儿。可是他根本就不会画画儿，怎么办呢？他左思右想，想出了一个主意。过了几天，他的朋友来了，只见墙上贴着一张纸。朋友问他："我请您给我画的画儿画好了吗？"
    "好了，就在这儿。"他说着，指了指墙上的那张纸。
    　　朋友看了半天，问道："你画的这是什么呢？"
    　　"我画的是一头牛在吃草。"
    　　"草呢？"
    　　"草被牛吃完了。"
    　　"那牛呢？"
    　　"没有草了，牛还会在这儿吗？"
    问：那张纸上画着一幅什么画？
    A．一头牛在吃草　　　B．只有一头牛　　　C．什么也没有

20. 在现代社会中，广告对人们的影响越来越大。各个企业也都认识到了这一点，在广告上很下功夫，因为只要你有钱做广告，即使商品的价钱再高，质量再差也会有很多人来买。所以说有时候商品的价钱跟它的质量并不一定是成正比的。

问:下面哪句话跟上面这段话的意思一致?
A.价钱高的商品质量也会比较好
B.做了广告的商品价钱一定会很高
C.价钱高的商品质量不一定好

(二) 听下面的短文并做练习:

有一天,几个好朋友在一起聊天儿,谈着谈着就谈到了广告。

一个朋友忽然问大家:"你们注意过没有? 在电视的广告中,女性角色最多的是在做什么? 男性角色最多的又是在做什么?"她这一问,突然提醒了我们。可不是,广告中的女性,尤其是成年女性,最多的角色就是在做饭、洗衣服、擦地、整理房间;而男性最多的镜头呢,则是潇洒地开着汽车,或是回到家里坐在摆着丰盛饭菜的饭桌旁吃着饭,或是举起酒杯很满足地喝上一口。

难怪我的女儿总是感叹:"还是男的好,不用做家务。"

在女儿的意识中,觉得这是理所当然的。我想起了女儿以前画的一幅画儿,画儿的左边,我端着一盆脏衣服站在洗衣机旁边儿,女儿在中间坐着,玩着她的那些玩具,右边是她的爸爸,坐在沙发上看电视。这不能怪孩子,因为这是她经常看到的家庭情景,更何况还有电视的影响呢!

不过,这也不全是电视的责任,这种意识男人有、女人也有,比如在朋友聚会的时候,经常听到这样的对话:

女的问男的:"你最近脸色不太好,你妻子是怎么搞的?"

男的回答:"哎,她最近工作很忙,没有顾得上照顾我。"

男的问女的:"你今天出来参加聚会,你先生和孩子的晚饭怎么办?"

女的回答:"我出来之前,饭和菜都给他们做好了。"

这一问一答,大家都觉得很自然,但是如果仔细想一想,是不是就觉得有什么地方不太对呢?

(根据韩小惠《当代女子家政两篇》改写)

练 习

1. 听第一遍录音,判断正误:
1) 这篇文章主要谈的是关于男女平等的问题。
2) 作者平时很注意广告中男人和女人做的事情不同。
3) 作者认为男女之间在做家务的问题上应该有所不同。
4) 女儿的意识中男人在家里不做家务是理所当然的。

2. 听第二遍录音,选择正确答案:
1) 广告中的女性最多的是在做什么?
A.做饭、洗衣服、擦地、整理房间
B.做饭、洗衣服、擦桌子、整理房间
C.做饭、晒衣服、擦地、整理房间

2) 广告中的男性最多的是在做什么？
   A.开车、做饭、喝酒　　　B.开车、吃饭、看电视　　　C.开车、吃饭、喝酒

3) 女儿画的那幅画儿中，几个人在做什么？
   A.妈妈在洗衣服、女儿在玩儿、爸爸在看报纸
   B.妈妈在做饭、女儿在玩儿、爸爸在看电视
   C.妈妈在洗衣服、女儿在玩儿、爸爸在看电视

3. 听第三遍录音，回答问题：
   1) 你能为这篇文章加一个题目吗？　　　2) 女儿为什么说"还是男的好，不用做家务。"
   3) 文章中有这样一段话：女的问男的："你最近脸色不太好，你妻子是怎么搞的？"男的回答："哎，她最近工作很忙，没有顾得上照顾我。"从这段话可以了解到什么情况？
   4) 文章中有这样一段话：男的问女的："你今天出来参加聚会，你先生和孩子的晚饭怎么办？"女的回答："我出来之前，饭和菜都给他们做好了。"从这段对话你可以知道什么？
   5) 对上面的两段话你会觉得有什么地方不对吗？为什么？

二、泛听练习

学"东西"(小相声)

甲：你好，麦克。

乙：你好，山口。

甲：麦克，我来是向你请教一个问题。

乙：有什么问题，你尽管问，我是有名的汉语专家！

甲：你不要吹牛。我问你一个词。

乙：什么词？

甲：就是"东西(dōngxi)"。

乙：咳，我以为什么词呢，"东"就是东边儿，"西"就是西边儿，"东西(dōngxī)"就是……

甲：不对，不对。

乙：怎么不对？

甲：我说的是"东西(dōngxi)"，不是"东西(dōngxī)"。

乙：噢，知道了。"东西"、"东西"嘛，什么都可以叫东西，比如说，这张桌子是东西，这把椅子是东西，你这双鞋是东西，这条裤子是东西，这件上衣是东西。对了，你也是一个东西。

甲：什么话！你才是个东西！

乙：怎么了？你不是个东西吗？

甲：我不是东西！不对！我是东西，唉，也不对！

乙：怎么都不对？你到底是不是东西？如果你不是东西，那你是什么？如果你是东西，那你是个什么东西？

甲：(生气地)别说了！

乙：怎么，你生气了？

甲：告诉你，不能说"你不是东西"，也不能说"你是个什么东西"。
乙：为什么？
甲：这些话不好，是骂人的话。
乙：哎呀，对不起，我不知道。
甲：没关系，没关系。记住：不能说人是东西。
乙：噢，不能说人是东西。
甲：对！
乙：（思考片刻），不对！
甲：怎么不对？
乙：记得有一次我在街上，看见一个小伙子，他骑着自行车，骑得很快，差点儿把前边儿的一个老大爷撞倒，可这个小伙子很不讲道理，还对老大爷说了一句："你这个老东西！"
甲：这个小伙子真不懂事儿！
乙：你听他说："你这老东西！"老大爷不是人吗？
甲：是，是呀。
乙：那你为什么说："不能说人是东西"？
甲：这，这个，这是因为……
乙：还有，上个星期天我去颐和园玩儿，看见一个姑娘在跟一个小伙子谈恋爱，"谈恋爱"你懂吗？
甲：懂，当然懂。
乙：他们在前边儿走，我就在后边儿跟着。
甲：干嘛？偷听啊？
乙：学汉语嘛！我想听听中国人是怎么谈恋爱的。
甲：没见过你这样学汉语的！
乙：注意，走着走着，我就听见这个姑娘对小伙子说了一句。
甲：什么？
乙：（装作姑娘的样子，对甲）"你这个坏东西！"
甲：嘻嘻嘻！
乙：你先别高兴，听见姑娘说了吗？"你这个坏东西！"那个小伙子不是人吗？
甲：是，当然是。
乙：那你为什么说"不能说人是东西"？
甲：这个，这个嘛，大概、也许、可能……
乙：还有，就是刚才，在操场旁边儿，我看见一个人抱着一个小孩儿，这时候，过来一个老太太，她看着孩子问这个大人："这小东西真好玩儿，多大啦？"
甲：（做抱孩子状，回答）才十个月零十天。
乙：你别打岔。你听见没有？她说："这小东西真好玩儿。"小孩子不是人吗？
甲：是呀，当然是呀。
乙：（有力地）那你为什么说："不能说人是东西？"
甲：这个，这大概是因为……所以……，既然……那么……当然就……，你明白了吧？
乙：什么呀，（对观众）原来他也不懂！

练　习

听后回答问题:
1. 为什么不能说"你不是东西",也不能说"你是个什么东西"?
2. 山口说"不能说人是东西",可是麦克说了三个例子来反问山口,请你说一说这三个例子。

第二十六课　衣服和人

一、听力理解练习

(一) 听后选择正确答案:

1. 今天早上碰见小李,他说我今天看上去脸色不太好。

    问:下面哪句话是对的?

    A.我觉得小李的脸色不太好　　B.小李说我今天的脸色看起来不太好

    C.我跟小李说我的脸色看起来不太好

2. 我跟哥哥长得很像,别说老师了,就是朋友们也经常搞错。

    问:对我和哥哥:

    A.老师不会搞错,朋友们经常搞错　B.老师会搞错,朋友们也会搞错

    C.朋友们都经常搞错,老师就更会搞错了

3. 昨天小王和小李闹矛盾了,今天俩人见了面,连招呼都不打,仿佛谁也不认识谁。

    问:小王和小李怎么了?

    A.他们互相不认识了　　　B.他们今天忘了打招呼　　　C.他们俩有矛盾了

4. 王老师给我辅导了那么长时间,可我还是没有考上。他不但不怪我,反而还安慰我,让我觉得更对不起他了。

    问:下面哪句话是对的?

    A.王老师埋怨我了　　　　B.我安慰王老师了　　　　C.王老师没有责怪我

5. 今年我以全省第一名的成绩考上了北京大学。昨天收到妈妈的信,她说为有我这样的女儿感到骄傲和自豪。

    问:妈妈在信中说什么?

    A.有你这样的女儿是我的骄傲和自豪

    B.我作为一个女儿感到骄傲和自豪　　　C.我为你的女儿感到骄傲和自豪

6. 山田来中国,与其说是来学习汉语,还不如说是来旅游。这一年,他玩儿遍了北京所有有名的地方。他还打算明年到别的城市玩儿,他要走遍中国所有的名胜古迹。

    问:下面哪句话是对的?

A．山田是来中国旅游的　　　B．北京有名的地方他都去过了
C．中国的名胜古迹他都去过了

7. 男：爸爸，您非得让我学书法，不是我不想好好学，而是我觉得这些东西以后不会有什么用！
   男：哎，小明，你怎么能这么说呢！咱们先不说你现在学得怎么样，就拿你这个态度来说，就有很大的问题！
   问：爸爸的意思是：
   A．小明对学习书法的态度不对　　　B．小明对爸爸的态度不对
   C．小明书法学得不好是因为学习态度不对

8. 王教授的这本书以前我在书店里见过，水平实在不怎么样。我甚至怀疑这本书是不是王教授写的。
   问：他觉得王教授的这本书怎么样？
   A．他怀疑不是王教授写的　　B．他不知道怎么样　　C．水平不太高

9. 男：寒假去旅行吗？
   女：去是肯定要去，至于去哪儿，还要跟朋友商量商量。
   问：女的意思是：
   A．去不去她要跟朋友商量一下儿　　B．她要跟朋友商量一下儿去哪儿
   C．去不去旅行、去哪儿旅行都要跟朋友商量

10. 男：小李，你看，这是前两天一位画家为我画的像，怎么样？像不像？
    男：像，像，真像，你看这帽子相当像。
    问：小李觉得那幅画儿画得像不像他朋友？
    A．画得非常像　　　　B．除了帽子以外，别的地方也很像
    C．画得不像

(二) 听下面的短文并做练习：

衣服和人

　　中国有一句俗话叫"人靠衣装"，意思是服装对人来说是很重要的，一件漂亮得体的衣服会立刻让人精神很多。现在人们也越来越重视"包装"自己。青年工人小周也开始注意"包装"自己了。请听录音。

重点及难点提示
1. 那么多人就你穿着工作服，难看<u>死</u>了
   "死"在形容词、动词后作补语，表示程度达到了极点。
   1) 今天爬山爬了一天，我快累死了。　　2) 最近又要工作，又要学习，都要忙死了。
   3) 他听了这个好消息，高兴死了。

2. 话到嘴边儿,又咽回去了。

"话到嘴边儿,又咽回去了。"意思是有一句话想说但是又没有说。

现在都讲究包装。商品要包装,歌手要包装,而青年工人小周要包装自己是最近的事儿。

那天,他在公共汽车站等车,正好妻子上街从那儿经过,像不认识他似的,匆忙躲了过去,弄得他上班后,心里一天都不舒服。

晚上回家,他问妻子,妻子说:"看你打扮的那个样,那么多人就你穿着工作服,难看死了。"

小周很生气,想不到因为穿工作服连妻子都看不起他。小周心想:现在的人都注重包装,妻子对自己的态度就可以说明这个问题。于是,小周发誓也要包装包装自己。

他拿出准备买电脑的钱,花了600多块钱,买了一套休闲装,又理了理发,刻意打扮了一下儿。第二天,高高兴兴地上班去了。

穿惯了工作服的小周,突然穿了一身漂亮的休闲装,同事都很惊奇,对他说:"小周,今天有什么事吗?"

"现在不是都要讲究包装吗?"

"样式不错呀,多少钱买的?"

"猜猜看。"小周有点儿得意地说。

"60元?"

"80元?"

"90元?"

"反正不会超过100元!"

小周瞪大眼睛看着大家,心里觉得奇怪:怎么回事?这么贵的衣服穿在我身上就不值钱了?

"小周,到底多少钱呀?"

"60元。"小周不知道为什么自己也给衣服降了价。他觉得,既然人家认为自己的衣服不值钱,就是我说出来,人家也不会相信,弄不好别人还以为我吹牛呢。

周末,小周穿了这套衣服去姐姐家,一进屋,姐姐就问:"怎么,又发了一套工作服?"小周一愣,想解释解释,可是话到嘴边儿,又咽回去了,只说了一声:"嗯。"回家后,小周把600元的休闲装脱下来,又换上了工作服。妻子问:"这么好的衣服,怎么不穿了?"小周懒懒地说了句:累。他就再也不说话了。

(根据牛玉平文章改写,原载《青年博览》1997.12)

练 习

1. 听第一遍录音,判断正误:

   1) 有一天,小周在公共汽车站,他的妻子路过那儿没有认出他来。

   2) 小周那天在公共汽车站身体不舒服。   3) 小周一直很注意包装自己。

   4) 小周要包装自己,所以他买了一身西服,还理了理发。

   5) 小周为了打扮自己花了600块钱。

2. 听第二遍录音,选择正确答案:

   1) 那天在公共汽车站,妻子没跟他说话是因为: 2) 妻子那天在公共汽车站对小周的态度说明:

A.妻子没认出他来
　　　B.妻子觉得他长得太难看了
　　　C.妻子觉得他打扮得太难看了

　　3) 小周要包装自己是因为：
　　　A.妻子让他包装一下儿自己
　　　B.妻子的态度使他想包装一下儿自己
　　　C.同事们都很注意包装自己

　　5) 看见小周穿了一身休闲服,同事们以为：
　　　A.今天发生了什么事儿
　　　B.小周今天有什么事儿
　　　C.小周要去办什么事儿

　　7) 小周跟同事说他的那身衣服：
　　　A.是降价的
　　　B.600块钱
　　　C.60块钱

　　9) 姐姐看见他穿的休闲装：
　　　A.问他怎么又买了一身衣服
　　　B.以为是工作服
　　　C.问他为什么又发了一身工作服

　　　A.妻子不喜欢他
　　　B.现在人们很注重包装
　　　C.妻子那天很生气

　　4) 那天小周去上班,同事们都很惊奇是因为：
　　　A.那身衣服很漂亮
　　　B.那身衣服很贵
　　　C.没见过他穿这种衣服

　　6) 同事们以为小周的那身衣服：
　　　A.一定很贵
　　　B.样式不好
　　　C.一定很便宜

　　8) 小周没跟同事们说那身衣服的价钱是因为：
　　　A.他怕同事不相信
　　　B.他不喜欢吹牛
　　　C.他也不知道多少钱

　　10) 小周对姐姐的误解：
　　　A.想解释一下儿,但最后没有解释
　　　B.根本不想解释
　　　C.解释了一下儿

　　11) 小周最后对"包装"的感觉是：
　　　A.很得意　　B.很累　　C.很奇怪

3. 理解下面每句话的含义：
　　1) "那么多人就你穿着工作服。"意思是：
　　　A.那些人里边穿工作服的人就是你
　　　B.那些人里边只有你穿着工作服　　C.如果人很多,你就穿工作服

　　2) "一进屋,姐姐就问:'怎么,又发了一套工作服?' 小周一愣……"小周的态度是：
　　　A.很好奇　　B.很生气　　C.很吃惊

　　3) "小周一愣,想解释解释,可是话到嘴边儿,又咽回去了。"这句话中被小周"咽回去"的话可能是：
　　　A.告诉姐姐这身衣服不是工作服　　B.告诉姐姐这身衣服多少钱
　　　C.问姐姐这身衣服漂亮不漂亮

4. 听第三遍录音,回答问题：
　　1) 那天在公共汽车站发生了什么事？　　2) 在车站妻子为什么没有跟小周说话？
　　3) 妻子对小周穿工作服的态度对小周有什么影响？

4) 小周怎样包装自己？　　　　　　5) 对小周的那身休闲装，同事们怎么说？
6) 小周为什么没有告诉同事们他衣服的价钱？
7) 小周的姐姐以为他的衣服是工作服，小周为什么没有解释？
8) 小周最后对"包装"的问题是什么态度？

二、泛听练习

(一)

　　服装是人的第二层皮肤，在人们的交往中起着重要的作用。通过服装，不但可以表现自己，还可以了解别人，影响别人。

　　人们发现，服装确实可以在某种程度上使穿衣人的感觉发生变化，从而影响穿衣人的行为。一位警察在谈到自己穿不同服装的感受时说："当我穿便装跟家人在一起时，基本上是内向的，轻声说话。而一旦穿上警察的服装，感觉完全不同，觉得自己是一个很有权威的人。"同样，一位职业足球运动员也曾经说："如果我穿了一套自己喜欢的球衣，就能在心理上感觉良好，球也踢得顺心。"

　　另外，通过服装，我们还可以影响别人。有一个人曾经做过这样一个实验：他穿着不同的服装出现在同一条街道上。当他穿着西服出现的时候，接近他的人，无论是向他问路，还是问时间，大多彬彬有礼。当他穿上很邋遢的服装时，接近他的多半是流浪汉，或是跟他借烟，或是跟他对火，甚至有向他借钱的乞丐。可见，尽管服装本身不会说话，但是人们可以通过服装判断一个人的地位、身份、职业等，也可以了解一个人的性格和情绪。

（根据刘卫东文章改写，原载于《公共关系报》）

练　习

听录音，回答问题：
1. 你觉得下面哪句话作这段文章的题目比较合适？
　　1) 服装和人的行为　　　2) 服装怎样影响别人　　　3) 服装和人们的交往
2. 服装在人们的交往中有什么作用？
3. 那位警察和足球运动员说他们穿上不同的服装会有什么不同？
4. 有一个人曾经做过一个实验，当他穿着西服时，接近他的人都怎么样？当他穿着邋遢的服装时，接近他的人又是什么样？

(二) 到底多少钱？

　　上个月我搬了新家。为了装饰新家，我要买一个花瓶，星期天我就去了装饰市场。说是市场，其实就是一条南北向的街，街的两边儿就是商店，每家商店卖的东西也都差不多，都是一些房间装饰用品。我是穿着西服、打着领带去的。一到市场，我就看上了一种蓝色的很漂亮的花瓶，一问，600块。我从南往北走，看见好多家商店都有这种花瓶，我一连问了好几家，最便宜的也要550块。后来，我越走越热，就把西服脱了，把领带也摘下来了。看见那种蓝色的花瓶再去问，只要400块，我想可能是这几家的花瓶质量不太好，就又回到开始的那几家商店去问,结果300块钱!同样的东西,怎么刚才600,现在才300?我看了看自己的衣服,忽然明白了。

练　习

听录音,回答问题:
1. 他为什么去装饰市场?　　2. 这是一个什么样的装饰市场?
3. 他这天是什么打扮?
4. 他开始问的几家商店,那个花瓶多少钱?后来呢?你觉得这是为什么?

第二十七课　中国菜

一、听力理解练习

(一)听后选择正确答案:
1. 我父亲虽然年纪大了,不过身体还算结实。
    问:下面哪句话是对的?
    A.尽管父亲年纪大了,但是身体还是很结实
    B.因为父亲年纪大了,所以身体也不太结实
    C.即使父亲年纪大了,身体也还会很结实

2. 这个试验不算这次的话,我已经做过五次了,但是都失败了。我希望这次能成功。
    问:算上这次,这个试验他做过几次?
    A.五次　　　　　　　B.六次　　　　　　　C.四次

3. 这儿太干燥了,大概有半年多没有下雨了,就算现在下上三天三夜也不算多。
    问:下面哪句话是对的?
    A.算一算,这场雨下了三天三夜了
    B.这场雨下得不太多　　C.即使下三天三夜也不多

4. 小王,这件事你放心吧。只要我能帮忙的地方,一定尽量帮忙。
    问:他的意思是:
    A.会尽可能帮助小王　　B.请小王一定帮忙
    C.他请小王帮他找一个地方

5. 小华又聪明又漂亮,学习成绩又好,老师们也都很喜欢他,可是也免不了有的同学会嫉妒他。
    问:小华怎么样?
    A.很嫉妒他的同学　　B.有的同学嫉妒他
    C.老师们喜欢他,不喜欢他的同学

6. 这虽然是一家小饭馆儿,可是要说饭菜的味道,附近的饭馆儿没有哪家能比得过。

   问:下面哪句话是对的?

   A.附近的饭馆儿他哪家也没有去过

   B.这几家饭馆儿饭菜的味道他没有比较过

   C.这家饭馆儿饭菜的味道比附近的饭馆儿都好

7. 小明,今天考试你怎么又是第一个交试卷?你忘了考试以前我跟你说的话了?

   问:考试以前他大概跟小明说什么了?

   A.考试的时候不要第一个交试卷　　B.考试的时候一定要第一个交试卷

   C.考试的时候一定要记住我说的话

8. 男:这道题我真不应该错,当时没有好好地检查一下儿就交了卷。

   女:你不要再埋怨自己了。就算再细心的人,也难免会出错的。

   问:女的对男的是什么态度?

   A.埋怨他　　　　　　B.安慰他　　　　　　C.嘱咐他

9. 男:小王还没起床呢?

   男:他这段时间老是开夜车,所以早上能多睡一会儿就多睡一会儿。

   问:下面哪句话是对的?

   A.这段时间小王晚上总是开车　　B.小王早上尽量多睡一会儿

   C.小王今天早上多睡了一会儿

10. 女:王教授的很多观点我都不太赞成,所以他的课我也不喜欢听。

    男:他的一些观点确实值得讨论,不过他的课还是不妨听听嘛。

    问:男的是什么意思?

    A.喜欢跟王教授讨论问题　　B.他也不喜欢听王教授的课

    C.有些观点他也不同意,但是还是应该去听课

(二) 听下面的对话并做练习:

中国菜

你一定吃过中国菜,你喜欢吃吗?对中国菜,你想多了解一点儿吗?请听录音。

重点及难点提示

这还不简单啊! 哪天你到我家里去,我教你。

"这还不简单啊",反问句,意思是"这很简单"。再比如:

1) 这还不容易啊!　　　　　2) 这还不好说啊!

"哪",虚指,表示不确定的一个。

1) 哪天有时间来我家玩啊!　　2) 你需要哪本书就拿走吧。

男:老师,我来中国好几个月了,现在已经喜欢吃中国菜了。

女：中国菜是很好吃,在世界上几乎每个大城市都有中国餐馆。中国菜很讲究"色、香、味、形"。

男：是什么意思?

女："色"是"颜色"的"色",是说菜的颜色,要漂亮、鲜艳,让人一看就想吃;"香"是闻起来有香气;"味"是指味道要鲜美;"形"是指菜的形状很好看。

男：真是非常讲究啊。不过我最爱吃的是四川菜,又麻又辣,一边吃一边擦汗,尤其是冬天吃很舒服。

女：看来你很喜欢吃辣的。其实其他地方的菜也都有自己的特色。

男：对,北京的烤鸭也很好吃。

女：不过虽然叫"北京烤鸭",但最早的烤鸭店却不是北京人开的,是山东人开的。

男：噢,对了。山东菜是不是就是"鲁菜"?

女：对。山东菜在北方很受欢迎。北京就有很多大饭馆,都是鲁菜馆。

男：老师,我听说过一句话,叫"食在广东"。

女：没错,广东菜是很好吃。在中国还有这样一句话,说广东人"四条腿的东西,除了桌子,他们什么都吃。"意思是他们吃的东西很广。在广东菜里有一道菜叫"龙虎斗","龙"是指蛇,"虎"呢,就是指猫,这道菜就是把蛇肉和猫肉弄在一起做成的。广东人不光吃蛇肉,还用蛇皮做菜。有一道菜叫"鸭掌龙衣",就是用鸭掌和蛇皮做的。

男：我没吃过,不知道是什么味道。我对中国菜很感兴趣,真想学做几个中国菜。

女：这还不简单啊! 哪天你到我家里去,我教你。

练 习

1. 听第一遍录音,判断正误:
    1) 对话中的两个人是师生关系。
    2) 男的一直喜欢吃中国菜。
    3) 世界上差不多每个大城市都有中国菜。
    4) 男的喜欢吃川菜。
    5) 男的还没有吃过北京烤鸭。
    6) 广东人吃的东西很广。

2. 听第二遍录音,选择正确答案:
    1) 关于四川菜,下面哪句话不对?
        A.冬天很好吃
        B.它的特点是麻辣
        C.吃的时候会觉得很热
    2) 关于北京烤鸭,下面哪句话是对的?
        A.不是用北京的鸭子做的
        B.北京的烤鸭店都是山东人开的
        C.最早的烤鸭店不是北京人开的
    3) 关于山东菜,下面哪句话是错的?
        A.北京的大饭馆都是鲁菜馆
        B.北方人很喜欢山东菜
        C.山东菜也叫"鲁菜"
    4) "食在广东"的意思是:
        A.在广东吃东西
        B.广东菜最好吃
        C.广东菜很贵
    5) "四条腿的东西,除了桌子,他们什么都吃。"这句话的意思是:
        A.他们不吃桌子
        B.他们吃有四条腿的东西
        C.他们吃的东西很广
    6) "龙虎斗"是哪个地方的菜?
        A.山东
        B.广东
        C.四川

7）"龙虎斗"是用什么做的？
   A. 龙和虎的肉
   B. 蛇和猫的肉
   C. 蛇的皮和猫肉

8）"鸭掌龙衣"中的"龙衣"是：
   A. 蛇的皮
   B. 龙的皮
   C. 蛇的肉

3. 理解下列句子的含义：
1）"广东人不光吃蛇肉，还用蛇皮做菜。"句子中"不光"的意思是：
   A. 不仅　　　　B. 不总是　　　　C. 不但不

2）"这还不简单啊。"这句话的意思是：
   A. 这很不简单　　B. 这太简单了　　C. 这简单不简单

3）"哪天你到我家里去，我教你。"这句话的意思是：
   A. 问你哪天到我家里去　　B. 如果你到我家里去的话，我就教你
   C. 你到我家里去的时候，我教你

4. 听第三遍录音，回答问题：
1）中国菜讲究"色、香、味、形"，它们分别是什么意思？
2）川菜有什么特点？　　3）关于北京烤鸭，你知道什么？
4）广东菜有什么特点？请你介绍两道广东菜。

二、泛听练习

（一）四季的饮食

一年之中，春、夏、秋、冬四季变化。在这种变化中，人的身体也会随着季节发生变化，那么对饮食的要求也会随着季节不断变化。

春天的天气由冷变暖，在饮食上，也应该清淡。因为冬天一般蔬菜的品种比较少，身体的营养也往往不足，因此，春天应该多吃一些新鲜的蔬菜，尤其是一些绿色蔬菜，少吃肥肉。在味道上应该少吃辛辣的食品，尤其要少喝酒。

夏天温度升高，天气很热。人们没有食欲，大多数人都不喜欢吃肥肉和油腻的东西。所以要特别注意食物的味道，尽量能引起人的食欲，使身体得到足够的营养。那么，夏天的饮食如何安排呢？一般来说，要少吃肉，多吃一些凉菜和豆制品、绿豆、西瓜等食物。另外可以适当地吃一些蒜来增加食欲。

秋天天气逐渐凉快、干燥，人们的食欲也逐渐恢复。同时这个季节的食物也最丰富，水果、蔬菜品种很多，鱼类、肉类也不少，因此这个季节在饮食上只要注意营养平衡就可以了。另外可以适当多吃一些辛辣的东西，如辣椒，也可以喝一些酒。

冬天气温很低，天气很冷，所以可以多吃一些炖肉、火锅之类的食物。在味道上可以多用一些辛辣的食物，如辣椒、葱、姜、蒜等。特别应该注意的是，冬天绿色蔬菜品种不多，往往会造成营养不足，所以应该尽可能多吃一些绿色蔬菜。

练 习

听录音,把左右两边相关的内容用线连接起来:

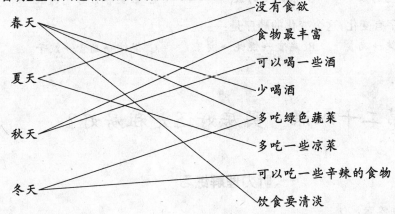

(二) 饺子

  饺子是中国北方的一种食物,每年腊月三十的晚上,也就是除夕,还有正月初一的早上,在中国北方家家都要吃饺子。因为按中国汉族的习惯,春节是全家人团圆的节日,所以春节吃饺子又叫做"吃团圆饺子"。因为饺子很好吃,所以人们在平常的日子里也经常吃饺子。

  中国的饺子已经有一千多年的历史了。早在1700多年以前就出现了一种叫做"馄饨"的食品,不过与现在的"馄饨"不一样,那时的"馄饨"和现在的饺子做法一样,形状也相似。到了唐代,也就是1300多年以前,饺子已经是很普通的食物了,成为家常便饭了。饺子作为中国春节的传统食品也有四百多年了,四百多年以前在北京地区,为庆贺春节就有吃饺子的风俗,不过那时饺子叫"扁食"。到了清代,也就是二三百年以前,人们往往在除夕半夜的时候吃饺子来迎接新年,这个新年和旧年交替的时刻又叫做"更岁交子",所以后来就用"交子"的音,把"扁食"改名叫"饺子"了。

  人们春节吃饺子,不仅因为饺子好吃,还有"全家团圆"、"全年吉利"的意思。有的地方还在一两个饺子里放上干净的硬币,意思是谁如果吃到这个饺子就会发财;还有的在饺子里放入花生米,因为花生米又叫长生果,谁吃到这个饺子就能健康长寿。当然,这只是人们的一种美好的愿望。

练 习

1. 听录音,判断正误:
   1) 春节的时候中国人都要吃饺子。　　　2) 中国的饺子已经有1000多年的历史了。
   3) 饺子作为春节的传统食品已经有二三百年了。
   4) 春节吃饺子还有"全家团圆"、"全年吉利"的意思。
   5) 春节的时候,如果你吃到一个有硬币的饺子,意思是你会健康长寿。

2. 选择正确答案:
   1) 1700多年以前的"馄饨"跟现在的饺子:

A. 不一样 　　　　　B. 做法、形状都一样 　　C. 做法一样、形状差不多

2) "饺子已经是很普通的食物了,成为家常便饭了。"这句话中"家常便饭"的意思是:
   A. 家里日常吃的饭 　　B. 很方便的饭 　　C. 家里非常好吃的饭

3) "饺子"的名字有变化,这个变化的顺序是:
   A. 饺子→馄饨→扁食 　　B. 扁食→馄饨→饺子 　　C. 馄饨→扁食→饺子

第二十八课　买房好还是租房好?

一、听力理解练习

(一)听后选择正确答案:

1. 这些内容我一天也看不完啊!
   问:这句话的意思是:
   A. 内容太多了 　　　　B. 连一天也没有看 　　C. 看了一天也没看完

2. 难怪麦克汉语说得那么好,原来他妈妈是中国人。
   问:说话人原来不知道什么情况?
   A. 麦克的汉语说得好不好
   B. 麦克的妈妈是中国人 　　C. 麦克为什么会说汉语

3. 今天去商场想给孩子买一条裤子。到那儿一看,呵,现在小孩的衣服一点儿都不比大人的便宜,一条裤子两百来块钱呢!
   问:下面哪句话是对的?
   A. 小孩儿的裤子比大人的便宜两百来块钱
   B. 大人的裤子比小孩儿的便宜两百来块钱 　　C. 小孩儿的裤子两百来块钱

4. 我们公司今年经营得不错,这对我们当然有好处了。这不,这个月的工资又比上个月增加了一千多块呢!
   问:他们这个月的工资怎么样?
   A. 增加到了一千多块 　　B. 比上个月多一千多块 　　C. 有一千多块

5. 这个问题他们已经研究了十来年了,最近又有了一些新的发现;如果研究下去,很有可能取得重大的突破。
   问:下面哪句话是对的?
   A. 最近他们的研究取得了重大突破 　　B. 要是继续研究也许会有重大突破
   C. 如果下去研究可能会有重大突破

6. 目前这个城市的空气污染越来越严重,空气中的有害气体越来越多,听说很多疾病是由于空气污染造成的,对这种说法我是毫不怀疑的。
   问:他的态度怎么样?

A.一点儿也不怀疑　　　　　B.有一点儿怀疑　　　　　C.非常怀疑

7. 女:今天的音乐会太精彩了。尤其那个钢琴家演奏得多棒啊!
   男:是啊,除了这个节目以外,其他的也不错啊。
   问:男的意思是:
   A.只有钢琴演奏这个节目好　　　　B.钢琴演奏得不好,其他的节目好
   C.今天的节目都很好

8. 男:小王,明天早上7点半集合,别迟到啊!
   女:7点半?后来说推迟一个小时,你还不知道?
   问:他们到底几点集合?
   A.6点半　　　　　　　　　B.7点半　　　　　　　　　C.8点半

9. 男:小姐,这件羽绒服是不是因为质量不好才降价的?
   女:我们现在是因为季节降价,质量一点儿问题也没有。
   问:从上面的话我们知道,现在大概是什么季节?
   A.秋天　　　　　　　　　　B.冬天　　　　　　　　　　C.春天

10. 小刘跟他女朋友分手不到一个星期就后悔了。人呀,总是这样,好的东西,当你拥有它时,不知道去珍惜,而一旦失去了,才觉得它很好。就像冬天的时候,我们常常会怀念夏天的游泳池和冰激凌;而到了夏天,又会思念冬天的滑冰场和白雪一样。
    问:这段话的主要意思是:
    A.人们对失去的东西会非常怀念　　　B.你拥有的东西会常常失去
    C.有的人喜欢冬天,有的人喜欢夏天

(二) 听下列对话并做练习:

买房好还是租房好?

现在,房子成了人们经常议论的话题,那么是买房子好还是租房子好呢?请听录音。

男:哎,小刘,听说你要结婚了。恭喜你啊!
女:谢谢,谢谢。
男:有房子了吗?
女:唉,要是有房子,不早就结婚了吗?这不正为房子的事儿发愁呢!
男:是想买房子还是租房子啊?
女:我想租房……
男:租房好啊,省心。房子的什么地方坏了,让房东去找人来修就可以了,省得自己跑来跑去地找人来修。
女:可我那位想买房子……
男:买房子也不错啊,买了房子心里踏实,住在一个固定的地方,心情也稳定啊!
女:不过最后我那位还是同意我的想法,租房子。
男:对,还是租房子好,租房子的话,就可以经常搬家,经常搬家好啊!可以帮你调节心情。

比如你最近心情不好,就可以去郊区安静的地方租一间房子,住上几个月;你现在心情好了,想热闹热闹,那你又可以换一处城里的房子;想住新房子了,那就可以去找新房子。买房子的话恐怕就没有这个好处了。

女:你不是说住在固定的地方心情比较稳定吗?
男:老在一个地方住着,时间长了也会觉得很无聊吧?
女:可我们周围的朋友劝我们还是买房子。
男:对,有钱的话当然是买房好啦!租房子说不定一年要搬好几次家,太累了。再说,时间长了,租房子的钱都够买房子了,还是买房子好。
女:你说买房的话,是一次性付款好呢?还是分期付款好?
男:分期付款好,这样不会让你的生活太紧张。
女:可是一次性付款有优惠呢!
男:那就一次性付款,免得以后万一有什么变化,交不起钱了怎么办呢?
女:老王,我知道为什么大家都叫你"好好先生"了。
男:"好好先生"?我吗?

练　习

1. 听第一遍录音,判断正误:
   1) 小刘早就结婚了,但是一直没有房子。　　2) 小刘不会为房子的事儿发愁。
   3) 小刘想租房子,可是她爱人想买房子。　　4) 小刘跟她的爱人最后决定买房子。
   5) 小刘周围的朋友都是买的房子。

2. 听第二遍录音,把左右两边意思相关的内容用线连起来:

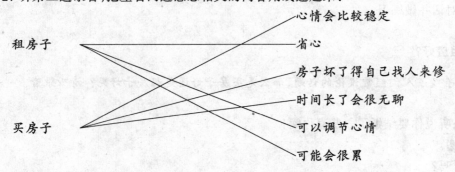

3. 听第三遍录音,填空:
   1) 还是租房子好,租房子的话,就可以经常搬家,经常搬家好啊!可以帮你调节心情。比如你　最近心情不好　,就可以　去郊区安静的地方租房子　;你现在　心情好了　,　想热闹热闹　,那你又可以　换一处城里的房子　;想住新房子了,那就可以去找新房子。买房子的话恐怕就没有这个好处了。

   2) 女:你说买房的话,是一次性付款好呢?还是分期付款好?
      男:分期付款好,这样　不会让你的生活太紧张　。
      女:可是一次性付款有优惠呢!
      男:那就一次性付款,　免得以后万一有什么变化　,　交不起钱了　怎么办呢?

4. 回答问题：
   1) "好好先生"是什么意思？　　2) 你来说一说小刘为什么说老王是"好好先生"？

二、泛听练习

（一）你喜欢这个城市吗？

男：我来这儿打工已经五六年了，在这儿也住了这么多年了，可是我对这个城市就是喜欢不起来。

女：是吗？我在这儿工作也这么多年了，我倒觉得对这个城市特别有感情。我觉得最喜欢它的自由自在，大家都各忙各的，没有人会对你特别关注，更不会有人在背后议论你，你可以自由地生活。还有这儿的气候好，即使是冬天也可以穿裙子。

男：别提了，我最不喜欢的就是这儿的气候，根本没有冬天嘛，据说这儿有很多人一辈子都没见过雪。一年到头见不到雪，对我这个北方人来说，实在是不能忍受。还有一点我不能忍受的就是夏天这儿的蚊子特别多，而且个儿又大，不是有人开玩笑说这儿的蚊子三个就能炒一盘菜吗？

女：但是你不能否认这儿吃得好吧？不仅色、香、味俱全，而且又注意营养保健，国内有哪个城市可以比呢？

男：所谓吃得好，是指一些大菜。不过你注意过吗？这个城市里没有小吃，对不对？比较起来，还是小吃更能体现一个城市的特色。还有这儿的人说的普通话，我听了就害怕，好像舌头永远都伸不直似的。

女：你自己说的普通话也不是很标准嘛！不管怎么说，这个城市工作效率很高，每个人都好像是在和时间赛跑，他们不是按年、月、日计算时间，而是按分来计算时间。这一点很适合我们年轻人的特点。

男：工作效率高？你看马路上堵的那些车，趴在那儿，半天都一动不动，效率高在哪儿呢？

女：算了，不跟你说了，反正我喜欢。

练　习

听后回答问题：
1. 他们俩谁比较喜欢这个城市？谁不太喜欢？
2. 请你说一说他们喜欢和不喜欢这个城市的理由。

（二）北京的胡同

　　北京城到底有多少条胡同？老北京人说："有名的胡同三百六，没名的胡同似牛毛。"意思是说北京的胡同多得数不清。

　　北京城的胡同大多数都是正南正北、正东正西的，也有一些斜的或弯的。最长的胡同有六七公里，最短的只有三十来米长，最窄的胡同只有四十厘米，胖一点儿的人没有办法通过。

　　而北京城胡同的名称更是各种各样，不过大致来说，一般有下面四种命名的方式：一是用人名作为胡同的名字。这样的胡同就有百十来条，既有用英雄的名字命名的，也有用过去的历史人物命名的,也有不少用普通百姓的名字命名的。二是用市场或商品的名字命名。像灯市、花市、菜市口这些名字,一看就知道以前这些地方曾经是买卖灯、鲜花和蔬菜的市场。用商品的名字命名的胡同,如玻璃胡同、椅子胡同、帽儿胡同、裤子胡同等等。还有用建筑物命名的胡同。建筑物包括的范围很广,既有寺庙、花园,也有以前的政府机构、工厂什么的。另外还有根据地形命名的胡同。比如有很多胡同是根据它的特点和形状来命名的。如大喇叭胡同、小喇叭胡同,一定是形状像一只喇叭。

不过,近些年来,由于北京市城市建设的需要,很多胡同已经不存在了,这对于我们了解北京的历史文化来说,不能不说是一个遗憾。

(根据翁立《北京的胡同》改写)

练 习

听录音,判断正误:

1. 北京的胡同很多。
2. 北京最短的胡同只有20多米。
3. 北京最窄的胡同,胖一点儿的人不能通过。
4. 胡同的名字不能用普通人的名字命名。
5. 叫"花市"的胡同以前一定是卖画的地方。
6. 裤子胡同是根据胡同的形状命名的。
7. 小喇叭胡同是根据商品的名字命名的。
8. 由于城市建设的需要,北京有很多胡同已经没有了。

第二十九课　你想买汽车吗?

一、听力理解练习

(一)听后选择正确答案:

1. 我跟李华是大学同学,我还比较了解他,但也还算不上是朋友。

    问:他和李华的关系怎么样?

    A.他们是朋友　　B.李华不算是他最好的朋友　　C.他们不是朋友

2. 小李,你把词典还给小王吧,人家等着用呢。

    问:谁在等着用这本词典?

    A.小李　　　　B.小王　　　C.说话的人

3. 小王今天这是怎么了,他从来没对什么事这么认真过。

    问:这句话的意思是:

    A.他不知道小王今天为什么这么认真
    B.他不知道小王今天为什么这么不认真
    C.他不知道小王今天怎么样了

4. 虽然现在中国足球的水平不如其他一些国家,可中国球迷热爱足球的程度却丝毫不亚于其他国家的球迷。

    问:下面哪句话是对的?

A.中国的足球水平不比其他国家差
B.中国球迷热爱足球的程度不如其他一些国家
C.中国球迷热爱足球的程度不比其他国家的球迷差

5. 老王最近老是失眠,休息不好。他去医院看了看,人家说就是因为他生活太没规律了。
问:这段话中"人家"这个词是指:
A.老王　　　　　B.医院的大夫　　　C.老王家的人

6. 我们单位的小王,那可是真正的球迷。他可以不吃饭,可以不睡觉,但却不能不看足球比赛。
问:从这段话我们可以知道:
A.小王喜欢足球的程度　B.小王为什么喜欢足球
C.小王每天的生活情况

7. 小明这孩子,昨天只顾看动画片儿了,作业都忘了做了。
问:小明昨天怎么了?
A.只看了动画片儿,没看别的　　B.因为看动画片儿忘了做作业
C.因为做作业,没有看动画片儿

8. 男:昨天我们公司的小李辞职了。
女:我说什么来着!人家是博士生,不可能在你们那种小公司里干下去。
问:下面哪句话不对?
A.女的以前说过小李会辞职　　B.小李是博士生
C.小李不会到下面的小公司去干

9. 女:这次世界杯足球比赛的转播几乎都是在晚上,如果是在12点以前的你可以看,要是12点以后的就别看了吧,要不第二天会影响工作。
男:12点以前也好,12点以后也好,反正我都得看。
问:男的意思是:
A.他不知道转播是在12点以前还是以后
B.无论是什么时间转播,他都要看
C.他得看一看转播是什么时间

10. 女:小明,你自己去玩儿吧,老师让我们写的作文我还没写呢!
男:哎呀,这有什么难的,你(耳语)……
女:那能行吗?老师会发现的。
男:现在作文书那么多,你抄一段,老师哪知道是哪本书上的!
问:男孩儿告诉女孩儿什么?
A.不交作业老师不会发现　　B.去买一本作文书　　C.从作文书上抄一段

(二) 听下面的对话并做练习:

你想买汽车吗?

现在,汽车越来越多地进入家庭,购车也成了人们茶余饭后的话题。这不,在这次同学

聚会上,几个老同学又议论开了。

重点及难点提示

1. 现在一辆车十几万、几十万,对我们工薪阶层来说,<u>少说</u>也得攒十年八年的钱,……

   "少说"表示对事物某方面的数量做最低限度的估计。

   1) 我看他的年纪,少说也有四十岁了。

   2) 我给他写了少说也有五封信了,可他一直没给我回信。

2. <u>除非</u>汽车的价钱降到摩托车的价钱,我<u>才</u>考虑买汽车。

   "除非……才……"表示一定要这样,才能产生某种结果。

   1) 除非你去,他才会去。　　2) 除非你做完作业,才让你看电视。

3. 有了钱,我<u>宁愿</u>去买房子,也不买汽车。

   "宁愿"表示在比较利害得失以后作出的一种选择。

   1) 我宁愿晚睡一会儿,也要把今天的作业做完。　　2) 他每天宁愿不吃饭,也要抽烟。

小宋:我的车是去年春节以后买的。买车以后一个明显的感觉就是,这个城市变小了。以前骑自行车的时候,每天的活动范围也就是几公里,有了车,想去哪儿就去哪儿,多方便啊。所以,有了钱,买一辆汽车还是不错的。

小赵:小宋,你自己开着一家公司,当然有钱买车了。现在一辆车十几万、几十万,对我们工薪阶层来说,少说也得攒十年八年的钱,我看,除非汽车的价钱降到摩托车的价钱,我才会考虑买汽车。

小刘:要我说呀,即使有钱,我大概也不会买车。我觉得买车完全是给自己找麻烦,你看,有了汽车,我要给它准备放车的地方;我要给它上保险;晚上,防盗器一响,我要从床上起来去看是不是有人偷。另外买了车,我每个月要花很多钱去养车,买汽油啊,维修啊。再说,咱们这个城市的道路发展还很不够,你开着车去办一件急事,在路上,很可能会堵车;到了要去的地方,又可能找不到停车的地方;等你办完了事出来,你的车又被别的车堵在里面出不来了。所以说啊,有了钱,我宁愿去买房子,也不买汽车。买汽车,真是一点儿好处都没有。

小高:也不能这么说。买车有买车的好处,不买也有不买的道理。不过,随着家庭用车的增加,堵车现象越来越严重,环境污染也越来越厉害,所以,为了减少城市道路的拥挤和保护城市环境,我看倒不如大家都骑自行车。

练　习

1. 听第一遍录音,判断正误:

   1) 小宋的车是去年春节买的。　　2) 小宋觉得这个城市太小了。

   3) 小宋有一家自己的公司。　　4) 第二个人觉得现在的汽车对他来说太贵了。

   5) 第三个人不想买汽车。　　6) 第四个人觉得还是买车有好处。

2. 听第二遍录音,选择正确答案:
   1) 小宋买了车以后感觉怎么样?
      A.每天的活动范围大了
      B.每天的活动范围有几公里
      C.经常想去哪儿玩儿
   2) 关于第二个人,下面哪句话是对的?
      A.想买一辆摩托车
      B.十年八年以后再买车
      C.汽车跟摩托车的价钱一样的时候再考虑买车
   3) 第三个人不想买汽车是因为:
      A.没有钱
      B.买汽车没有什么好处
      C.汽车太贵了
   4) 第三个人说如果他有钱的话:
      A.就买汽车
      B.买房子
      C.买摩托车
   5) 第三个人认为买了车会有很多麻烦,下面哪种情况是他没提到的?
      A.担心汽车被别人偷走
      B.要为汽车准备好停放的地方
      C.现在汽车质量不好,经常会坏
   6) 关于现在道路的情况,下面哪一个不是第三个人的想法?
      A.道路发展得很好
      B.人们不遵守交通规则,经常堵车
      C.有时连停车的地方都找不到
   7) 第四个人认为随着家庭用车的增加:
      A.城市的环境污染越来越严重
      B.人们保护环境的意识越来越强
      C.骑自行车的人越来越多
   8) 第四个人建议大家都骑自行车是因为:
      A.自行车很便宜
      B.自行车很方便
      C.自行车保护环境

3. 理解下面每句话的含义:
   1) "以前骑自行车的时候,每天的活动范围也就是几公里。"这句话的意思是:
      A.以前骑自行车每天都要骑几公里　　B.以前骑自行车每天的活动范围很大
      C.以前骑自行车每天的活动范围很小
   2) "少说也得攒十年八年的钱。"这句话中"少说"的意思是:
      A.很少说话　　　　　　B.最少　　　　　　C.我少说几句话
   3) "除非汽车的价钱降到摩托车的价钱,我才会考虑买汽车。"这句话中"除非"的意思是:
      A.只有　　　　　　　　B.除了　　　　　　C.非……不可
   4) "买车有买车的好处,不买也有不买的道理。"这句话的意思是:
      A.买车很有好处　　B.不买车有道理　　C.买车、不买车都有自己的原因

4. 听第三遍录音,回答问题:
   1) 小宋买了车以后,他觉得有什么变化?为什么会有这种变化?
   2) 第二个人想不想买车?他什么时候才会买车?
   3) 第三个人想不想买车?为什么?　　4) 第四个人对买车是什么看法?

二、泛听练习

(一) 聊车

甲:怎么,老刘,还天天骑你那辆破自行车上班呢?

乙：呵,小王,听你这口气,好像买汽车啦?
甲：也没买多少,就买了一辆。
乙：嚯,你还想买几辆?
甲：跟您开个玩笑。你别说,汽车就是快,原来骑车上班一个小时,现在不到二十分钟就到了。
乙：快是快,可堵车的时候呢?你看那一辆辆的汽车就像钉在马路上,半个小时一动不动。上班迟到了怎么办?可自行车呢,一点儿也不耽误。所以说,还是自行车方便。
甲：堵车的时候,汽车是麻烦点儿。可带女朋友出去的时候,汽车就有优越性了。
乙：什么优越性?
甲：你看,你坐在这儿,你女朋友坐在你旁边,汽车往左拐弯儿的时候,她自然就会往你身上靠,一拐弯她就靠,一拐弯她就靠。嘻嘻……
乙：那我给你出个主意,你带你女朋友到操场上开去吧。告诉你吧,这一点,汽车也比不了自行车。
甲：怎么呢?
乙：你想,你骑自行车,你那位坐在后边,你突然一刹车,她在后边非抱住你的腰不可。
甲：不管你怎么说,有一点自行车比不上汽车。
乙：什么?
甲：汽车舒服。坐在车里,风吹不着、雨淋不着、太阳晒不着。
乙：哼,是太舒服了,舒服得你现在上五层楼都气喘吁吁的。我每天骑自行车那就是锻炼身体,每天爬八层楼都脸不红、心不跳。
甲：这倒也是。
乙：还有,汽车污染环境。自行车可是"绿色交通工具"。
甲：是吗?你的车不是红色的吗?
乙：你就爱开玩笑。"绿色交通工具"意思是说不污染空气,对保护环境有好处。

练 习

听录音,判断正误:
1. 小王现在上班比以前快了二十分钟。
2. 老刘觉得马路上堵车的时候,自行车不受影响。
3. 小王觉得带女朋友出去的时候,汽车有优越性。
4. 小王现在爬五层楼都会觉得很累。   5. 老刘爬八层楼很轻松。
6. 自行车不污染环境,所以说是"绿色交通工具"。

(二) 出租车管理

  目前,本市对出租车进行管理,采用了很多办法,比如统一汽车内座位上的座套,都使用白色的座套;司机统一服装。因为有的顾客常把东西忘在车上,所以还统一安装了语音提示器。除此之外,还统一安装了交通信息接收器以及对出租车进行统一喷色等。
  但是这些办法实行以后,人们有很大的反映。根据采访,对统一座套有100%的人赞成,对统一服装有98%的赞成。而对语音提示器和交通信息接收器则没有一人赞成,原因是质量不好,安上没多久就坏了。人们意见最大的是对出租车统一喷色。这次统一的颜色是车的上部分是灰色,下部分是红色,很多司机和乘客都反对这样做。他们觉得这种颜色很不舒服,因为城市的空气本来就不好,天色灰蒙蒙的,再看到车的灰色,使人更加不舒服。另外这种颜色晚上也看不清楚。所以目前给出租车统一喷色的工作停止了。

练　习

听录音,判断正误:
1. 为了使司机及时了解道路交通情况,安装了语音提示器。
2. 对司机统一服装有98%的人赞成。
3. 对安装语音提示器和交通信息接受器没有一个人赞成,所以司机都不安装。
4. 这次为出租车统一的颜色是上部分是灰色,下部分是黄色。
5. 人们不喜欢这次为出租车统一的颜色,因为那两种颜色不协调。

第三十课　请跟我来

一、听力理解练习

(一) 听后选择正确答案:
1. 今天有点儿不舒服,早饭也没吃多少。
   问:他今天早晨怎么了?
   　　A.吃了早饭有点儿不舒服　　B.没吃早饭　　C.早饭吃得很少

2. 妈妈早上走的时候让他在家把房间收拾干净,可他早就忘得一干二净了。
   问:下面哪句话是对的?
   　　A.他忘了妈妈说的话了　　B.妈妈把房间收拾干净了
   　　C.他把房间收拾干净了

3. 从我家到学校来回就要3个小时,有时候来学校开会只开一个小时。开会的时间还不如我在路上的时间长呢!
   问:从他家到学校要多长时间?
   　　A.三个小时　　　　B.一个半小时　　C.一个小时

4. 最近这几年,这个村子里的人都富了,有钱了,家家都住上了楼房,而且一座比一座漂亮。
   问:下面哪句话是对的?
   　　A.这个村子里有一座楼房很漂亮　　B.这个村子里有两座楼房很漂亮
   　　C.这个村子里的楼房都很漂亮

5. 男:昨天小王不知道为什么哭了。
   女:嗨,还不是因为考试成绩吗!
   问:小王为什么哭了?
   　　A.因为考试成绩　　　　B.不是因为考试
   　　C.不知道是不是因为考试

6. 女:这次汉语节目表演,你们班准备表演什么节目?
   男:到时候你就知道了。

问：男的意思是：
　　A.你已经知道了　　　　　　B.我们准备的时候你就知道了
　　C.我们表演的时候你就知道了

7. 人们休闲娱乐的方式跟很多因素有关系。收入高的家庭喜欢外出旅行；女性一般喜欢安全的娱乐方式；年纪大的人喜欢在一个固定的地方，跟一些熟悉的老人一起玩儿。
问：上面一段话没有提到什么跟娱乐方式的关系？
　　A.年龄　　　　　　B.性别　　　　　　C.职业

8. 别人给小王介绍了一个女朋友，今天下午见面。这不，从来不跟镜子打交道的小王，今天也对着镜子打扮起来了。
问：从这句话我们知道小王：
　　A.没跟女孩子打过交道　　B.不太喜欢打扮　　C.今天也没有打扮一下儿

9. 男：今天我请大家看电影啊。喏，这是电影票。
　　女：哎，小王，这是10张电影票，平均还不到一人一张呢，我们怎么去呀？
问：女的意思是：
　　A.他不知道怎么去　　B.电影票正好一人一张　　C.电影票太少了

10. 每天上班坐公共汽车吧，太不准时了，再说路上一堵车，上班肯定就迟到；骑自行车吧，家离单位太远，骑起来太累；自己买辆汽车吧，又没钱；所以就买了这一辆车，问题不就都解决了？
问：他大概买了一辆什么车？
　　A.汽车　　　　　　B.摩托车　　　　　　C.自行车

（二）听下面的短文并回答问题：

请跟我来

　　如果你来北京旅游、购物，可能会不知道怎样安排，才能花的时间少，而逛的地方又多，那你听这位"导游"的一定没错。

　　外地人来北京旅游，除了去那些名胜以外，许多人要专门留出一天来逛街购物，可是看着地图，常常不知道怎么安排这一天，才能走的路最少，逛的地方最多，还能欣赏一些北京特色。那，就请您跟我来吧。

　　咱们先去西单，早上9点到就行，因为所有商场都是9点以后才开门，早去也没有用。到西单的车很多，可以坐1路、4路、57路、109路、105路、808路，还可以坐地铁，在西单路口下车，一下车就能看到位于长安街北边儿的北京市最大的图书商场——北京图书大厦。出了图书大厦，沿着长安街向西，就是北京最热闹的商业街之一——西单大街。沿东侧往前走，依次是中友大厦、西单购物中心、西单商场。中友大厦很具有现代感，商品都很流行，而且购物环境不错；西单购物中心共有八层，还有很多是出租柜台；西单商场紧挨着西单购物中心，这儿的商品价格不贵，尤其是这儿的旅游鞋和中老年服装，被认为是品种最多最全的。

　　出了西单商场，马路对面就是西单赛特商城，这里的商品比较贵，多是一些国内外名牌商品。

从西单乘22路可以直达天安门南边儿的前门大街,这条大街也是有名的商业街。逛了一上午,也该吃午饭了,咱们可以到这儿的全聚德去品尝一下儿北京烤鸭。吃完烤鸭,咱们可以到街对面去逛一逛,在这条不长的大街上,聚集了众多的具有北京特色的老字号,相信你在这儿不但会有所收获,而且能感觉到真正的北京文化。

逛完前门大街,咱们接着坐120路或20路到另一个有名的商业街——王府井,王府井大街的东侧有北京工艺美术大厦和新东安市场,西侧则是北京百货大楼。

从王府井大街往北走大约一站地,过一个十字路口,就可以看到中国美术馆的大楼,咱们可以顺路去看看画展,也是一种享受。到这儿,咱们这一天的活动也该结束了。

我给您介绍的这条路线怎么样?这一路下来,您一定会觉得这一圈走得有些意思,而且效率高、收获多。

练 习

1. 听第一遍录音,判断正误:
   1) 他介绍的这条路线走的路少,逛的地方多。　2) 西单的商场9点多开门。
   3) 坐地铁可以去西单,在西单路下车就可以。　4) 北京图书大厦是中国最大的图书商场。
   5) 西单大街是北京最热闹的商业街。　6) 西单赛特商城在西单大街的西侧。
   7) 西单大街和王府井大街都是有名的商业大街。　8) 王府井大街有很多北京的老字号。

2. 听第二遍录音,做练习:
   1) 画出他介绍的路线图。
   2) 标出下列地方的位置: A.西单大街　　B.前门大街　　C.王府井大街

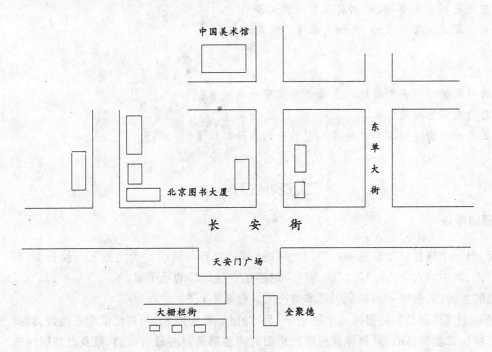

3. 听第三遍录音,选择正确答案:
   1) 到西单可以坐哪些公共汽车?
      A.7路、57路、109路
      B.10路、105路、808路
      C.4路、57路、109路
   2) 中友大厦:
      A.一共有八层
      B.购物环境很好
      C.商品的价格比较便宜
   3) 为老年人买衣服的话,去哪儿比较好?
      A.西单购物中心
      B.北京百货大楼
      C.西单商场
   4) 西单购物中心:
      A.商品都很流行
      B.有很多出租柜台
      C.商品比较贵
   5) 买外国名牌商品去哪儿比较好?
      A.西单赛特商城
      B.西单商场
      C.西单购物中心
   6) 从西单到前门可以坐几路公共汽车?
      A.22路
      B.20路
      C.120路
   7) 从前门大街到王府井大街可以坐几路车?
      A.20路或22路
      B.120路或20路
      C.22路或120路
   8) 中国美术馆在什么地方?
      A.王府井大街的东侧
      B.王府井大街的西侧
      C.王府井大街的北边儿
   9) 在王府井大街上:
      A.北京工艺美术馆在大街的东侧、新东安市场在西侧
      B.东侧有新东安市场、西侧有北京百货大楼
      C.东侧是北京百货大楼、西侧是北京工艺美术馆

4. 回答问题:
   1) 在西单大街可以去哪些地方?每个地方有什么特点?
   2) 在前门大街可以做什么?
   3) 在王府井大街可以去哪些地方?它们分别在什么位置?

二、泛听练习

(一) 幸福的球迷

今天,当一个球迷是很幸福的。中国的球迷也很多,有句笑话,"天上掉下一块石头,砸伤了五个人,其中有六个人是球迷,因为一个球迷还在他妈妈的肚子里。"

球迷的生活,从星期一到星期天都非常充实。你看:

星期一,上班以前,先到报摊儿上买一份《足球》报。晚上回家,匆匆忙忙吃完晚饭,就要看中央电视台二套节目的《世界体育报道》,里面的内容都是目前最有权威、最及时的国际体育信息。

星期二,要买《中国足球报》和《体育参考》。

星期三,要买《现代体育报》。

星期四,《足球》报的第二期又来了。晚上中央电视台第五套节目有长达四个小时的《足球之夜》,分国内足球和国际足球两部分节目,这样可以看到一周内地球上发生的跟足球有关系的所有的事儿。

星期五,晚上又得看中央电视台第五套节目的《体育沙龙》。

星期六和星期天,更是球迷大忙的日子。周六晚上要看德国足球甲级联赛、英国足球甲级联赛;周日晚上要看意大利足球联赛,简直忙死了。

话说回来,每个球迷心里的愿望都是看到中国队出现在世界杯决赛的赛场上,只有在那时,球迷才能成为"最幸福的球迷"。

(根据吴法农文章改写,原载于《南方周末》)

练 习

听录音,把左右两边相关的内容用线连起来:

买《足球》报
买《现代体育报》
星期一　　　　看电视节目:《足球之夜》
星期二　　　　看电视节目:《世界体育报道》
星期三　　　　买《中国足球报》
星期四　　　　看电视节目:英国足球甲级联赛
星期五　　　　买《体育参考》
星期六　　　　看电视节目:意大利足球联赛
星期天　　　　看电视节目:德国足球甲级联赛
　　　　　　　看电视节目:《体育沙龙》

(二) 北京世界公园

北京世界公园位于北京西南,是近年来北京市新建的公园中最大的一个。园内有将近50个国家的100多处著名的微缩景观。进门以后,沿着入口向左前行,有日本园、澳大利亚的悉尼歌剧院、非洲部落、美国白宫等。沿着入口处向右游览,可以看到意大利名胜、荷兰风车、美国的金门大桥等。漫步在公园中,您可以观赏世界奇观,又可以了解各国风土人情。

目前,从北京市区到世界公园的旅游车有两条路线:可以在西便门坐390路,也可以在西三环阜成路乘323路,然后在六里桥南里换乘340路公共汽车。旅游车每隔30分钟一趟,票价2到3元。公园全年开放,票价周一到周五40元;周六、周日48元。1米1以下的儿童免票,团体在50人以上,优惠15%。

公园每天上午10点半在主要道路的两旁,举行由世界公园艺术团表演的世界民俗大游行,节目内容是世界主要民族的代表性舞蹈。下午在露天剧场,公园还为游客送上一台精彩的外国歌舞节目。

练 习

听录音,判断正误:
1. 北京世界公园是北京最大的公园。　　2. 园内有100多个国家的著名景物。

3．进门以后往右拐可以看到意大利的名胜。
4．坐390路或332路可以从市区到北京世界公园。
5．北京世界公园的门票周末比平时贵8块钱。　　6.1米以下的孩子可以免费。
7．团体在50个人以上可以优惠5%。　　8．公园每天都有歌舞表演。

复习（六）

一、听力理解练习

（一）听后选择正确答案：

1．老师，您能尽量说得慢一点儿吗？不然我记不下来。
　　问：下面哪句话是对的？
　　　A．老师现在说话有点儿快
　　　B．老师现在说话有点儿慢
　　　C．老师说的话他记不住

2．小王可是个音乐迷，今天的音乐会他会不去？我看除非他病了。
　　问：这句话的意思是：
　　　A．小王病了
　　　B．不知道小王会不会去听音乐会
　　　C．今天的音乐会小王一定会去

3．这座建筑看上去非常古老，据一位专家介绍，它建于19世纪，少说也有100年的历史了。
　　问：这座建筑：
　　　A．最多有100年
　　　B．最少有100年了
　　　C．是90年以前建的

4．下午的招待会小王不可能来，小李说他可能不来，老王说他来不来不一定，反正老刘是一定来。
　　问：下午的招待会：
　　　A．小王和小李可能不来
　　　B．老王一定不来
　　　C．老刘肯定会来

5．我4点多到了机场才知道，本来5点半的飞机要推迟两个小时起飞，登机的时候已经7点了。
　　问：飞机几点起飞的？
　　　A．七点
　　　B．七点半
　　　C．五点半

6．别人都说坐飞机旅行再舒服不过了，可我每次去旅行，宁愿坐火车，觉得这样安全。
　　问：说话人的意思是：
　　　A．他喜欢坐火车
　　　B．坐飞机不舒服
　　　C．坐火车不安全

7．我爱人工作太辛苦了。这些年头发都白了一半，哪像46岁的人啊，看上去倒像64岁似的。
　　问：她爱人多大年纪？
　　　A．不到46岁
　　　B．46岁
　　　C．64岁

8．5年以前在我们学校300名教师中，女教师只占1/3，到今年我们学校增加了200名教师，女教师也增加到了40%。
　　问：他们学校今年有多少女教师？
　　　A．300名
　　　B．100名
　　　C．200名

9. 在我们这个城市,人们都很喜欢骑自行车。根据去年的统计,全市有300万辆自行车,平均不到两个人就有一辆自行车。
   问:从这句话我们知道这个城市的人口有:
   A.600来万　　　　　　B.150多万　　　　　　C.600多万

10. 每天晚上睡觉以前,我都要躺在床上听汉语磁带,同屋非常佩服我,能抓紧时间学习。他哪里知道,听着磁带能很快睡着,效果还不错呢。
    问:他听汉语磁带是因为:
    A.他想抓紧时间学习　　B.听着磁带睡觉　　C.那盘磁带的效果很好

11. 要是遇到烦恼的事儿,先不要着急生气,不妨去做做自己感兴趣的事儿,或者跟朋友聊聊。
    问:这段话告诉我们:
    A.有烦恼的时候该怎么做　　　B.着急生气的害处
    C.跟朋友聊天儿的好处

12. 中国的出口商品有很多在质量上并不亚于国外的商品,但是中国的商品不重视包装,所以在价格上也往往竞争不过外国的商品。
    问:从这句话我们知道中国的很多出口商品:
    A.质量不如外国的商品　　B.价格比外国的商品贵
    C.质量不比外国的商品差

13. 女:这次试验又没成功!
    男:只是出了一点点问题而已,算不上失败。
    问:男的意思是这次试验:
    A.出了一点儿问题,所以没有成功
    B.不能说是失败　　　　C.跟上次一样,失败了

14. 男:小王,今天咱们喝点儿白酒怎么样?
    女:不行,不行。别说白酒了,就是啤酒,我也不敢喝呀。
    问:小王的意思是:
    A.不喝白酒,只喝啤酒　　B.她不敢喝白酒,只敢喝啤酒
    C.她不敢喝啤酒,更不敢喝白酒

15. 男:昨天小王在来这儿的路上自行车坏了,等找到修车铺修好车,都过了快半个小时了。
    女:难怪他昨天没能准时来。
    问:女的原来不知道什么情况?
    A.小王昨天是不是准时来的　　B.小王的自行车昨天坏了
    C.小王修自行车用了半个小时

16. 男:老王生什么气,他自己做得不对,我给他提意见,他还不接受!
    女:小李,你说话太不考虑后果了。先不说你的意见对不对,就算是对的,你说得那么不客气,老王能不生气吗?
    问:女的意思是:
    A.小李给老王提的意见是对的　　B.小李刚才对老王不太客气
    C.她不知道小王的意见对不对

17. 男:我最爱吃的中国菜就是鱼香肉丝,可我不知道是怎么做的,挺想学学。
    女:这还不容易啊,哪天我教你。
    问:女的意思是学做鱼香肉丝:

A.很容易　　　　　　　B.不容易　　　　　　　C.不知道容易不容易

18. 男:王丽,刚才李明请你帮他翻译这篇文章,你为什么说"我试试看"?难道你的英语水平翻译这样的文章还有问题吗?
    女:麦克,你不知道,我说"试试看",不是表示我的英语水平低,而是一种谦虚,中国人经常会这样。
    问:王丽说"试试看"是因为:
    A.谦虚　　　　　　B.她的英语水平低　　　　　C.这篇文章有问题

19. 英国著名作家毛姆当初刚刚发表小说时,读者很少,因此收入不多。为了吸引大家买他的小说,就在报纸上登了一个征婚广告:"我是年轻而有教养的百万富翁,现在单身一人,很想寻找一位合适的女人做我的妻子,她必须跟毛姆小说中的女主人公相当。"其实这只是为自己的小说做的广告,但广告登出以后,毛姆的小说一下子全都卖出去了。
    问:毛姆的小说为什么一下子卖出去了?
    A.她的小说很吸引人　　　B.她是很有名的作家
    C.人们想知道小说中女主人公的样子

20. 我学习书法是五十岁以后的事儿。由于五十岁以后,经常生病,才开始想起锻炼,散步、爬楼梯、太极拳、游泳、跳舞,什么都试过,但什么都坚持不下来,原因是没有一项运动是我感兴趣的,我只是对艺术感兴趣。我想还是要把锻炼身体和我的艺术爱好联系起来,于是我就开始学习书法。
    问:下面哪句话是对的?
    A.练习书法是他锻炼身体的一种方法
    B.因为对运动不感兴趣,他现在不锻炼了
    C.他学习书法没有坚持下来

(二) 听下面的短文并做练习:

茶

　　茶在中国人的日常生活中有着很重要的地位,几乎是"不可一日无茶",可见茶的重要。
　　中国人从什么时候开始喝茶,我们不太清楚。但在公元8世纪的唐代,茶是一种很普遍的饮料。唐代有一个叫陆羽的人,还把喝茶的经验总结起来,写了一本书叫《茶经》,一直流传到现在。
　　在中国,茶叶主要生长在南方,北方适合茶叶生长的地方比较少。而且由于各地气候、土壤以及加工方法的不同,每个地方的茶叶形成了不同的特色。安徽的红茶、浙江的龙井绿茶都是非常有名的。
　　茶叶分春、夏、秋三个季节采摘,经过加工,制成茶叶。由于加工方法的不同,一般分为红茶、绿茶和花茶,茶树长的叶子是一样的,一棵茶树的叶子,可以制成花茶,也可以制成绿茶或红茶。
　　一般的说,生活在寒冷地区的人们喜欢红茶,而热带的人们喜欢绿茶。我国出口的红茶一般是出口到欧洲,绿茶主要是出口到非洲。中国的北方人一般喜欢喝花茶,南方人多喜欢喝绿茶。各种茶的滋味不同,但对人体来说,还是绿茶最好。

练 习

1. 听第一遍录音,判断正误:
   1) 在中国人的生活中,茶是很重要的。
   2) 中国人是从公元 8 世纪开始喝茶的。
   3) 在中国茶叶都生长在南方。
   4) 不同的地方出产的茶叶具有不同的特色。
   5) 茶叶一年四季都可以采摘。
   6) 生活在不同地区的人们喜欢喝的茶叶也不一样。

2. 听第二遍录音,选择正确答案:
   1) 文章中说中国人"不可一日无茶",意思大概是:
      A. 一天不喝茶都不行
      B. 喝茶不可以喝一天
      C. 不可以每天都喝茶
   2) 《茶经》一书的主要内容是:
      A. 中国人喝茶的历史
      B. 喝茶的经验
      C. 介绍中国茶叶的种类
   3) 不同的地方茶叶的特色也不一样,这是因为:
      A. 茶树的种类不一样
      B. 每个地方的人喜欢的味道不一样
      C. 每个地方气候、土壤和加工方法不一样
   4) 茶叶一般分为红茶、绿茶和花茶,是由于:
      A. 茶树的种类不一样
      B. 加工的方法不一样
      C. 采摘的季节不一样
   5) 生活在热带的人一般喜欢喝:
      A. 红茶
      B. 花茶
      C. 绿茶
   6) 生活在寒冷地区的人一般喜欢喝:
      A. 红茶
      B. 花茶
      C. 绿茶
   7) 中国的红茶一般出口到:
      A. 非洲
      B. 欧洲
      C. 亚洲
   8) 中国的绿茶一般出口到:
      A. 非洲
      B. 欧洲
      C. 亚洲
   9) 中国的北方人一般喜欢喝:
      A. 红茶
      B. 花茶
      C. 绿茶
   10) 中国的南方人一般喜欢喝:
      A. 红茶
      B. 花茶
      C. 绿茶
   11) 对身体最好的是:
      A. 红茶
      B. 花茶
      C. 绿茶

3. 讨论题:
   1) 你喜欢不喜欢喝茶?为什么?
   2) 关于茶叶,你还了解哪些?

二、泛听练习

你想学唱这首歌吗？请你写出歌词：

常回家看看

<table>
<tr><td>

找点空闲，
找点时间，
领着孩子常回家看看，
妈妈准备了一些唠叨，
爸爸张罗了一桌好饭，
生活的烦恼跟妈妈说说，
工作的事情向爸爸谈谈，
常回家看看，
回家看看，
哪怕帮妈妈刷刷筷子洗洗碗，
老人不图儿女为家做多大贡献呀，
一辈子不容易就图个团团圆圆。

</td><td>

带上笑容，
带上祝愿，
陪同爱人常回家看看，
妈妈准备了一些唠叨，
爸爸张罗了一桌好饭，
生活的烦恼跟妈妈说说，
工作的事情向爸爸谈谈，
常回家看看，
回家看看，
哪怕帮爸爸捶捶后背揉揉肩，
老人不图儿女为家做多大贡献呀，
一辈子总操心就奔个平平安安。

</td></tr>
</table>

词 汇 表

A

| 挨 | (动) | āi | 30 | 安眠药 | (名) | ānmiányào | 15 |
| 安装 | (动) | ānzhuāng | 29(泛) | | | | |

B

芭蕾	(名)	bāléi	Fx(三)(泛)	白大褂	(名)	báidàguà	15(泛)
拜年		bài nián	13	般配	(形)	bānpèi	Fx(二)
半夜	(名)	bànyè	27(泛)	傍晚	(名)	bàngwǎn	23(泛)
包装	(动)	bāozhuāng	26	饱	(形)	bǎo	12(泛)
保健	(动)	bǎojiàn	28(泛)	保姆	(名)	bǎomǔ	9
保守	(形)	bǎoshǒu	21(泛)	保准	(副)	bǎozhǔn	15
报刊	(名)	bàokān	Fx(三)(泛)	报社	(名)	bàoshè	6(泛)
报摊儿	(名)	bàotānr	30(泛)	抱歉	(形)	bàoqiàn	6(泛)
奔跑	(动)	bēnpǎo	17(泛)	笔画	(名)	bǐhuà	19
避免	(动)	bìmiǎn	10(泛)	鞭炮	(名)	biānpào	13
扁食	(名)	biǎnshí	27(泛)	便装	(名)	biànzhuāng	26(泛)
彬彬有礼		bīnbīn yǒulǐ	26(泛)	病毒	(名)	bìngdú	15(泛)
脖子	(名)	bózi	22(泛)	博士	(名)	bóshì	6(泛)
哺乳动物		bǔrǔ dòngwù	17(泛)	不得不	(副)	bùdébù	11
不见得		bùjiàndé	23	不耐烦		bùnàifán	18(泛)
不知不觉		bù zhī bù jué	25(泛)				

C

采摘	(动)	cǎizhāi	Fx(六)	参考	(名)	cānkǎo	30(泛)
残忍	(形)	cánrěn	10(泛)	侧	(名)	cè	30
测试	(名)	cèshì	17(泛)	策划	(动)	cèhuà	25
茶馆	(名)	cháguǎn	10	产卵		chǎn luǎn	17
产品	(名)	chǎnpǐn	19(泛)	长生果	(名)	chángshēngguǒ	27(泛)
长寿	(形)	chángshòu	27(泛)	常用	(形)	chángyòng	19(泛)

钞票	（名）	chāopiào	5		超过	（动）	chāoguò	26
朝	（名）	zhāo	12(泛)		车厢	（名）	chēxiāng	Fx(一)
撑	（形）	chēng	18(泛)		盛	（动）	chéng	1(泛)
成年人	（名）	chéngniánrén	14(泛)		成熟	（形）	chéngshú	6
乘客	（名）	chéngkè	21(泛)		翅膀	（名）	chìbǎng	17
充电		chōngdiàn	12		充实	（形）	chōngshí	30(泛)
出产	（动）	chūchǎn	17(泛)		出口	（动）	chūkǒu	Fx(六)
出息	（名）	chūxi	20		初	（头）	chū	13
除非	（连）	chúfēi	29		穿着	（名）	chuānzhuó	5
传播	（动）	chuánbō	15(泛)		传染	（动）	chuánrǎn	15(泛)
传说	（名）	chuánshuō	18		春联	（名）	chūnlián	13(泛)
雌	（形）	cí	17		村子	（名）	cūnzi	2(泛)
存活	（动）	cúnhuó	15(泛)		寸	（量）	cùn	16(泛)

D

打火机	（名）	dǎhuǒjī	14		打猎		dǎ liè	Fx（三）(泛)
打扰	（动）	dǎrǎo	12		大多数	（名）	dàduōshù	9(泛)
大方	（形）	dàfāng	21(泛)		大致	（形）	dàzhì	28(泛)
单身	（名）	dānshēn	6		耽误	（动）	dānwu	6(泛)
倒	（动）	dào	9(泛)		到处	（名）	dàochù	14
登报		dēng bào	23(泛)		地下水	（名）	dìxiàshuǐ	25(泛)
地形	（名）	dìxíng	21		点(歌)	（动）	diǎn (gē)	4
叼	（动）	diāo	17		钓鱼		diào yú	Fx（三）(泛)
调查	（动）	diàochá	9(泛)		调节	（动）	tiáojié	15
丁克	（名）	dīngkè	8		钉	（动）	dìng	29(泛)
定时	（副）	dìngshí	20(泛)		丢弃	（动）	diūqì	25(泛)
丢失	（动）	diūshī	23(泛)		懂事		dǒng shì	Fx(一)
独生子女		dúshēng zǐnǚ	9(泛)		独特	（形）	dútè	4(泛)
端	（名）	duān	3(泛)		端	（动）	duān	11
断	（动）	duàn	22(泛)		对流	（名）	duìliú	24(泛)
对门	（名）	duìmén	2(泛)		炖	（动）	dùn	11

E

噩梦	（名）	èmèng	15		儿媳妇	（名）	érxífur	7(泛)

F

发达	（形）	fādá	11(泛)		翻	（动）	fān	10(泛)
翻动	（动）	fāndòng	3(泛)		烦人		fánrén	7
反比	（名）	fǎnbǐ	10(泛)		反而	（副）	fǎn'ér	8

反感	(形)	fǎngǎn	19(泛)		反正	(副)	fǎnzhèng	10(泛)
反正		fǎnzheng	20		范围	(名)	fànwéi	22(泛)
范围	(名)	fànwéi	29		方方正正	(形)	fāngfāng-zhèngzhèng	21
方式	(名)	fāngshì	4(泛)		防盗器	(名)	fángdàoqì	29
防止	(动)	fángzhǐ	11		房东	(名)	fángdōng	28
放	(动)	fàng	13		放松	(动)	fàngsōng	12(泛)
放松	(动)	fàngsōng	15		肥胖	(形)	féipàng	22(泛)
肥肉		féiròu	27(泛)		肺癌	(名)	fèi'ái	24
分别	(副)	fēnbié	3(泛)		分别	(副)	fēnbié	16
分布	(动)	fēnbù	19(泛)		分期付款		fēnqī fùkuǎn	11(泛)
分期付款		fēnqī fùkuǎn	28		丰盛	(形)	fēngshèng	Fx(五)
缝	(动)	féng	16(泛)		否认	(动)	fǒurèn	28(泛)

G

改掉		gǎidiào	9		概况	(名)	gàikuàng	25(泛)
赶路		gǎn lù	16		感叹	(动)	gǎntàn	Fx(五)
高级	(形)	gāojí	20		高考	(名)	gāokǎo	20
高雅	(形)	gāoyǎ	4(泛)		稿费	(名)	gǎofèi	7(泛)
告辞	(动)	gàocí	14		隔	(动)	gé	30(泛)
各种各样		gè zhǒng gè yàng	12		根本	(副)	gēnběn	2(泛)
更正	(动)	gēngzhèng	6(泛)		工薪阶层	(名)	gōngxīn jiēcéng	29
工作服	(名)	gōngzuòfú	26		公共场合	(名)	gōnggòng chǎnghé	Fx(一)
共同	(形)	gòngtóng	6		钩	(动)	gōu	3(泛)
构造	(名)	gòuzào	17(泛)		固执	(形)	gùzhì	24
关注	(动)	guānzhù	28(泛)		冠军	(名)	guànjūn	17(泛)
管	(动)	guǎn	10		惯	(动)	guàn	26
光柱	(名)	guāngzhù	14(泛)		广告	(名)	guǎnggào	6(泛)
规规矩矩	(形)	guīguī-juju	25(泛)		规律	(名)	guīlǜ	19
规则	(名)	guīzé	17(泛)		柜台	(名)	guìtái	8(泛)
柜台	(名)	guìtái	30		贵族	(名)	guìzú	8
棍子	(名)	gùnzi	16		国营	(名)	guóyíng	7(泛)
过	(动)	guò	23		过	(副)	guò	24
过分	(形)	guòfèn	22(泛)		过问	(动)	guòwèn	2

H

海鲜	(名)	hǎixiān	16(泛)		害怕	(动)	hàipà	6
寒冷	(形)	hánlěng	Fx(六)		豪放	(形)	háofàng	21(泛)

好在	(副)	hǎozài	5	合	(动)	hé	20
合资		hézī	7(泛)	何苦	(副)	hékǔ	22
何况	(连)	hékuàng	8	和蔼	(形)	hé'ǎi	21(泛)
狠心	(形)	hěnxīn	16	横批	(名)	héngpī	13(泛)
红包	(名)	hóngbāo	4	猴子	(名)	hóuzi	12(泛)
呼吁	(动)	hūyù	25	花白	(形)	huābái	15(泛)
划算	(形)	huásuàn	11	灰色	(名)	huīsè	29(泛)
恢复	(动)	huīfù	10(泛)	烩	(动)	huì	11
婚姻	(名)	hūnyīn	6	馄饨	(名)	húntun	27(泛)

J

机器	(名)	jīqì	22	基本	(形)	jīběn	1
及时	(形)	jíshí	4(泛)	极限	(名)	jíxiàn	10(泛)
极限	(名)	jíxiàn	18	急	(形)	jí	1
疾病	(名)	jíbìng	14(泛)	集体	(名)	jítǐ	Fx（三）(泛)
忌讳	(名)	jìhuì	18(泛)	季节性	(名)	jìjiéxìng	11(泛)
既……又……	(连)	jì…yòu…	4	既然	(连)	jìrán	4
加	(动)	jiā	1(泛)	家常便饭		jiācháng biànfàn	13
家务	(名)	jiāwù	12	监测	(动)	jiāncè	25
监督	(动)	jiāndū	25(泛)	煎	(动)	jiān	11
减少	(动)	jiǎnshǎo	7	剪	(动)	jiǎn	16(泛)
简直	(副)	jiǎnzhí	9	见闻	(名)	jiànwén	21(泛)
建	(动)	jiàn	21	建设	(名)	jiànshè	28(泛)
健美	(形)	jiànměi	22(泛)	键盘	(名)	jiànpán	24
将近	(动)	jiāngjìn	20	讲究	(动)	jiǎngjiu	26
降低	(动)	jiàngdī	25	降价		jiàngjià	26
酱油	(名)	jiàngyóu	8(泛)	交替	(动)	jiāotì	27(泛)
交往	(动)	jiāowǎng	26(泛)	郊游	(动)	jiāoyóu	6(泛)
狡猾	(形)	jiǎohuá	10(泛)	教学	(名)	jiàoxué	12
接近	(动)	jiējìn	19(泛)	街道	(名)	jiēdào	3
节省	(动)	jiéshěng	5	结实	(形)	jiēshi	21(泛)
解答	(动)	jiědá	24(泛)	仅	(副)	jǐn	17(泛)
尽可能		jǐnkěnéng	1	尽力		jìn lì	19
进口	(形、动)	jìnkǒu	8(泛)	禁止	(动)	jìnzhǐ	Fx（三）(泛)
经验	(名)	jīngyàn	Fx(六)	惊奇	(形)	jīngqí	Fx(四)
惊叹	(动)	jīngtàn	Fx(四)	精明	(形)	jīngmíng	11(泛)
精确	(形)	jīngquè	17(泛)	警惕	(动)	jǐngtì	5(泛)
静悄悄	(形)	jìngqiāoqiāo	18(泛)	镜头	(名)	jìngtóu	Fx(五)
救火车	(名)	jiù huǒ chē	14(泛)	居民	(名)	jūmín	9(泛)

居民	（名）	jūmín	25		举手		jǔ shǒu	5(泛)
拒绝	（动）	jùjué	11		具体	（形）	jùtǐ	25
俱	（副）	jù	28(泛)		聚	（动）	jù	4(泛)
聚集	（动）	jùjí	30		剧烈	（形）	jùliè	10(泛)
角色	（名）	juésè	9(泛)		均匀	（形）	jūnyún	25(泛)

K

开花		kāihuā	Fx(四)		慷慨	（形）	kāngkǎi	21(泛)
靠	（动）	kào	2(泛)		可	（副）	kě	2
可怜	（形）	kělián	16		刻意	（形）	kèyì	26
课堂	（名）	kètáng	5(泛)		空间	（名）	kōngjiān	24(泛)
口香糖	（名）	kǒuxiāngtáng	25(泛)		裤衩	（名）	kùchǎ	16(泛)
夸张	（形）	kuāzhāng	7		捆	（动）	kǔn	16

L

邋遢	（形）	lāta	26(泛)		喇叭	（名）	lǎba	28(泛)
腊月	（名）	làyuè	13		唠叨	（动）	lāodao	7(泛)
老伴儿	（名）	lǎobànr	2(泛)		老字号	（名）	lǎozìhào	30
乐趣	（名）	lèqù	22		礼节	（名）	lǐjié	1
礼貌	（名）	lǐmào	1(泛)		礼貌	（名）	lǐmào	Fx(一)
理所当然		lǐsuǒdāngrán	Fx(五)		理由	（名）	lǐyóu	Fx(三)
历史学家	（名）	lìshǐxuéjiā	19(泛)		例外	（动）	lìwài	5
栗子	（名）	lìzi	12(泛)		连续	（动）	liánxù	24(泛)
恋爱	（名）	liàn'ài	17		猎豹	（名）	lièbào	17(泛)
猎杀	（动）	lièshā	17(泛)		邻国	（名）	línguó	25(泛)
灵活	（形）	línghuó	17(泛)		流传	（动）	liúchuán	Fx(六)
流浪汉	（名）	liúlànghàn	26(泛)		留	（动）	liú	3
留	（动）	liú	13(泛)		露水	（名）	lùshuǐ	Fx(四)
路过	（动）	lùguò	8(泛)		驴	（名）	lǘ	16
乱糟糟	（形）	luànzāozāo	18(泛)		轮	（量）	lún	21

M

麻	（形）	má	27		猫	（名）	māo	27
冒险	（动）	màoxiǎn	11(泛)		玫瑰	（名）	méigui	Fx(四)
迷路		mí lù	7		密度	（名）	mìdù	25(泛)
蜜蜂	（名）	mìfēng	Fx(四)		民俗	（名）	mínsú	30(泛)
名牌	（名）	míngpái	9		明显	（形）	míngxiǎn	10(泛)
模糊	（形）	móhu	21		摩托车	（名）	mótuōchē	29
拇指	（名）	mǔzhǐ	3(泛)		暮	（名）	mù	12(泛)

N

内向	（形）	nèixiàng	Fx(二)		难道	（副）	nándào	8

难得	（形）	nándé	1	难看	（形）	nánkàn	26
脑部	（名）	nǎobù	12(泛)	脑子	（名）	nǎozi	5(泛)
捏	（动）	niē	3(泛)	宁愿	（连）	nìngyuàn	29
农民	（名）	nóngmín	16(泛)	女装	（名）	nǚzhuāng	22
女字旁	（名）	nǚ zì páng	19(泛)				

P

判断	（动）	pànduàn	21	培训	（动）	péixùn	12
喷色		pēn sè	29(泛)	喷嚏	（名）	pēntì	15(泛)
皮肤	（名）	pífū	21(泛)	品质	（名）	pǐnzhì	9(泛)
品种	（名）	pǐnzhǒng	27(泛)	平房	（名）	píngfáng	2
平衡	（形）	pínghéng	27(泛)	凭	（介）	píng	6(泛)
普遍	（形）	pǔbiàn	24				

Q

乞丐	（名）	qǐgài	26(泛)	企鹅	（名）	qǐ'é	17
企业	（名）	qǐyè	19(泛)	企业	（名）	qǐyè	23
气喘吁吁		qìchuǎn xūxū	29(泛)	气味	（名）	qìwèi	2(泛)
气象	（名）	qìxiàng	24(泛)	汽油	（名）	qìyóu	29
千差万别		qiān chā wàn bié	12	浅睡眠	（名）	qiǎnshuìmián	15
强项	（名）	qiángxiàng	9(泛)	强壮	（形）	qiángzhuàng	22(泛)
亲密	（形）	qīnmì	2	亲戚	（名）	qīnqi	18(泛)
区别	（名）	qūbié	22	娶	（动）	qǔ	6(泛)
权威	（名）	quánwēi	26(泛)	缺点	（名）	quēdiǎn	7(泛)

R

让	（动）	ràng	Fx(一)	人家	（代）	rénjia	4
忍受	（动）	rěnshòu	23	任务	（名）	rènwù	8(泛)
入口	（名）	rùkǒu	30(泛)				

S

仨	（数）	sā	18(泛)	赛跑		sàipǎo	28(泛)
沙龙	（名）	shālóng	30(泛)	刹车		shā chē	29(泛)
傻	（形）	shǎ	16	商品	（名）	shāngpǐn	19(泛)
商品	（名）	shāngpǐn	23	上联	（名）	shànglián	13(泛)
上铺	（名）	shàngpù	Fx(一)	上市		shàng shì	11(泛)
稍微	（副）	shāowēi	22	舌头	（名）	shétou	28(泛)
蛇	（名）	shé	27	舍不得		shě bu de	4
社交	（名）	shèjiāo	4(泛)	身材	（名）	shēncái	3
神情	（名）	shénqíng	21(泛)	甚至	（副）	shènzhì	1
生硬	（形）	shēngyìng	1	绳子	（名）	shéngzi	16

省得	(连)	shěngde	28	省心		shěng xīn	28
盛	(动)	chéng	1(泛)	湿度	(名)	shīdù	24(泛)
时兴	(动)	shíxīng	6(泛)	实际	(名)	shíjì	3
实行	(动)	shíxíng	29(泛)	食品	(名)	shípǐn	27(泛)
食物	(名)	shíwù	12(泛)	食欲	(名)	shíyù	27(泛)
食指	(名)	shízhǐ	3(泛)	市场	(名)	shìchǎng	28(泛)
视察	(动)	shìchá	16(泛)	适宜	(形)	shìyí	24(泛)
适应	(动)	shìyìng	14	收拾	(动)	shōushi	16(泛)
手电筒	(名)	shǒudiàntǒng	14(泛)	手掌	(名)	shǒuzhǎng	3(泛)
寿命	(名)	shòumìng	7(泛)	寿命	(名)	shòumìng	18
受不了		shòubuliǎo	14	受伤		shòu shāng	17
书籍	(名)	shūjí	Fx(三)(泛)	蔬菜	(名)	shūcài	22
鼠标	(名)	shǔbiāo	24(泛)	数学	(名)	shùxué	9(泛)
顺路	(形)	shùnlù	8(泛)	顺序	(名)	shùnxù	3
说到底		shuōdàodǐ	15	塑料袋	(名)	sùliàodài	25(泛)
随意	(副)	suíyì	25(泛)				

T

踏实	(形)	tāshi	28	太阳	(名)	tàitáng	21
逃避	(动)	táobì	18	讨厌	(形)	tǎoyàn	18(泛)
特色	(名)	tèsè	27	特意	(副)	tèyì	14
提高	(动)	tígāo	12	提前	(动)	tíqián	4
提示器	(名)	tíshìqì	29(泛)	天真无邪		tiānzhēn wúxié	25(泛)
调节		tiáojié	15	跳水		tiào shuǐ	Fx(三)(泛)
听诊器	(名)	tīngzhěnqì	15(泛)	通讯	(名)	tōngxùn	3
同名		tóng míng	19	土壤	(名)	tǔrǎng	Fx(六)
兔子	(名)	tùzi	Fx(三)(泛)	团体	(名)	tuántǐ	30(泛)
团圆饭	(名)	tuányuánfàn	13	推迟	(动)	tuīchí	9(泛)
推理	(动)	tuīlǐ	21				

W

歪七扭八		wāi qī niǔ bā	24	弯弯曲曲	(形)	wānwān-qūqū	21
完整	(形)	wánzhěng	12(泛)	玩具	(名)	wánjù	Fx(五)
晚辈	(名)	wǎnbèi	18	万一	(副)	wànyī	10
网校	(名)	wǎngxiào	24(泛)	危害	(名)	wēihài	14(泛)
维修	(动)	wéixiū	29	喂	(动)	wèi	16(泛)
未婚		wèi hūn	6(泛)	位置	(名)	wèizhì	3(泛)
胃部	(名)	wèibù	12(泛)	文静	(形)	wénjìng	6(泛)
蚊子	(名)	wénzi	28(泛)	吻	(动)	wěn	22(泛)

327

稳重	（形）	wěnzhòng	6(泛)	窝	（名）	wō	17
卧铺	（名）	wòpù	5(泛)	握手		wò shǒu	1(泛)
无所谓	（动）	wúsuǒwèi	6(泛)	物质	（名）	wùzhì	6

X

媳妇	（名）	xífù	6(泛)	洗衣粉	（名）	xǐyīfěn	25(泛)
下降	（动）	xiàjiàng	15	下联	（名）	xiàlián	13(泛)
下铺	（名）	xiàpù	Fx(一)	先后	（副）	xiānhòu	19(泛)
鲜艳	（形）	xiānyàn	27	嫌	（动）	xián	8(泛)
县	（名）	xiàn	20	现象	（名）	xiànxiàng	15
相反	（形）	xiāngfǎn	3	相似	（形）	xiāngsì	6(泛)
香烟	（名）	xiāngyān	14(泛)	项目	（名）	xiàngmù	17(泛)
消费量	（名）	xiāofèiliàng	14(泛)	消费者	（名）	xiāofèizhě	23
潇洒	（形）	xiāosǎ	Fx(五)	销售	（动）	xiāoshòu	19(泛)
小气	（形）	xiǎoqi	11	小手指	（名）	xiǎoshǒuzhǐ	3(泛)
笑话	（动）	xiàohuà	5(泛)	效率	（名）	xiàolǜ	12(泛)
效益	（名）	xiàoyì	23	校园	（名）	xiàoyuán	4(泛)
协调	（形）	xiétiáo	19	写作	（动）	xiězuò	24
辛辣	（形）	xīnlà	27(泛)	心跳		xīn tiào	10(泛)
心眼儿	（名）	xīnyǎnr	13(泛)	心意	（名）	xīnyì	4(泛)
信任	（动）	xìnrèn	5(泛)	形状	（名）	xíngzhuàng	17
姓氏	（名）	xìngshì	19(泛)	雄	（形）	xióng	17
羞	（形）	xiū	21(泛)	休闲装	（名）	xiūxiánzhuāng	26
学会	（名）	xuéhuì	17(泛)	学问	（名）	xuéwèn	23(泛)
血液	（名）	xuèyè	12(泛)	寻问	（动）	xúnwèn	20
寻找	（动）	xúnzhǎo	23(泛)				

Y

压岁钱	（名）	yāsuìqián	13	鸭掌	（名）	yā zhǎng	27
牙科	（名）	yákē	7(泛)	轧	（动）	yà	14(泛)
咽	（动）	yàn	26	沿海	（名）	yánhǎi	25(泛)
严厉	（形）	yánlì	25(泛)	严重	（形）	yánzhòng	22(泛)
叶子	（名）	yèzi	Fx(六)	一辈子	（名）	yībèizi	20
一旦	（副）	yīdàn	10(泛)	一连	（副）	yīlián	18(泛)
依次	（副）	yīcì	30	依靠	（动）	yīkào	6(泛)
医术	（名）	yīshù	15(泛)	以	（介）	yǐ	20
以假乱真		yǐ jiǎ luàn zhēn	Fx(四)	议论	（动）	yìlùn	20
意义	（名）	yìyì	4	因素	（名）	yīnsù	24(泛)
饮料	（名）	yǐnliào	Fx(六)	饮食	（名）	yǐnshí	27(泛)
隐私	（名）	yǐnsī	2	英雄	（名）	yīngxióng	28(泛)
迎接	（动）	yíngjiē	27(泛)	营养	（名）	yíngyǎng	2(泛)

应聘	（动）	yìngpìn	20(泛)	用品	（名）	yòngpǐn	22
用途	（名）	yòngtú	24	优点	（名）	yōudiǎn	7(泛)
优惠	（形）	yōuhuì	28	优越性	（名）	yōuyuèxìng	29(泛)
幽默感	（名）	yōumògǎn	18(泛)	游行	（名）	yóuxíng	30(泛)
有害	（形）	yǒuhài	24	友善	（形）	yǒushàn	21(泛)
娱乐	（名）	yúlè	24(泛)	语文	（名）	yǔwén	9(泛)
雨衣	（名）	yǔyī	10	预防	（动）	yùfáng	15(泛)
约定	（动）	yuēdìng	Fx(四)	约好		yuēhǎo	5(泛)
允许	（动）	yǔnxǔ	17(泛)				

Z

砸	（动）	zá	9	在意	（动）	zàiyì	Fx(四)
攒	（动）	zǎn	29	赞助	（动）	zànzhù	23
脏	（形）	zāng	10	窄	（形）	zhǎi	28(泛)
占	（动）	zhàn	Fx(一)	张	（动）	zhāng	11
张嘴		zhāng zuǐ	2	朝	（名）	zhāo	12(泛)
招待	（动）	zhāodài	1(泛)	真心	（名）	zhēnxīn	4
诊所	（名）	zhěnsuǒ	7(泛)	睁	（动）	zhēng	11
征婚		zhēng hūn	6(泛)	正比	（名）	zhèngbǐ	25
正面	（形）	zhèngmiàn	10(泛)	正月	（名）	zhēngyuè	13
正直	（形）	zhèngzhí	Fx(二)	直达	（动）	zhídá	30
值钱		zhíqián	26	职位	（名）	zhíwèi	1(泛)
指南针	（名）	zhǐnánzhēn	21	治疗	（动）	zhìliáo	15(泛)
智商	（名）	zhìshāng	22	忠诚	（形）	zhōngchéng	17
中性化	（动）	zhōngxìnghuà	21(泛)	中指	（名）	zhōngzhǐ	3(泛)
中专	（名）	zhōngzhuān	12	中毒		zhòng dú	5(泛)
众多	（形）	zhòngduō	30	重谢		zhòngxiè	23(泛)
周期	（名）	zhōuqī	10(泛)	猪	（名）	zhū	16(泛)
主人	（名）	zhǔrén	1	主意	（名）	zhǔyi	14
著名	（形）	zhùmíng	Fx(四)	注意力		zhùyìlì	12(泛)
专长	（名）	zhuāncháng	20(泛)	专门	（形）	zhuānmén	30
专心	（形）	zhuānxīn	5	准确	（形）	zhǔnquè	7
姿势	（名）	zīshì	21(泛)	资源	（名）	zīyuán	25(泛)
字条	（名）	zìtiáo	23(泛)	字形	（名）	zìxíng	19
总结	（动）	zǒngjié	12(泛)	醉	（动）	zuì	14(泛)
尊敬	（形）	zūnjìng	1(泛)	尊敬	（动）	zūnjìng	Fx(一)
作文	（名）	zuòwén	9(泛)	座套	（名）	zuòtào	
做操		zuò cāo	Fx(三)(泛)				

专有名词

安徽	Ānhuī	Fx(六)(泛)	奥林匹克	Àolínpǐkè	17(泛)
白雪公主	Báixuě Gōngzhǔ	5(泛)	包公	Bāogōng	18
《茶经》	《Chájīng》	Fx(六)(泛)	成都	Chéngdū	25
川菜	Chuāncài	27	龙虎斗	Lónghǔdòu	27
鲁菜	Lǔcài	27	陆羽	Lù Yǔ	Fx(六)(泛)
南极洲	Nánjízhōu	17	前门	Qiánmén	30
赛特	Sàitè	30	沈阳	Shěnyáng	25
唐代	Táng Dài	Fx(六)(泛)	武汉	Wǔhàn	25
夏威夷	Xiàwēiyí	21(泛)	新东安市场	Xīn Dōng'ān Shìchǎng	30
浙江	Zhèjiāng	Fx(六)(泛)	郑州	Zhèngzhōu	5
珠海	Zhūhǎi	25			